華北交通の
日中戦争史

Lim Chaisung
林 采成

日本経済評論社

はじめに

1．研究課題

　本書は、日中戦争期に中国の鉄道を占領した日本側が、華北交通株式会社を設立して華北地域で展開した輸送戦の実態と内部資源動員を明らかにし、それが戦争以前の中国国民党の中国統一化政策と戦後中国共産党の新国家建設といった歴史的断面で占められる意義を探ることである。

　辛亥革命によって清王朝が倒されてからの中国は、「中体西用」の終着点とその否定としての近代国家の建設を如何に実現するかをめぐって分裂し、なおかつ対立した。アンシャンレジームは崩壊したにもかかわらず、それに取って代わる新しい国家権力は未だ形成途上にあったのである。各地域ごとに独自の武装力を基礎として軍閥政府が成立し、互いに競い合う「群雄割拠」の時代が到来した。とくに、1919年に北京の学生達が起こした五・四運動後、孫文の影響のもとで中華革命党が中国国民党に改められ、第一次国共合作を通して民衆性が確保されたあと、中国を再統一するため、北伐が準備された[1]。孫文死後、蒋介石が総司令官になった国民党の国民革命軍は中国統一のための実行段階に入り、1926年7月に「北伐宣言」を闡明し、北伐戦争を開始した。国民革命軍はこの過程で上海クーデターを敢行し、共産党と労働者を武力で弾圧した。国民革命軍が1928年6月北京に入城し、さらに日本軍の圧殺で父張作霖を失った東北軍閥の張学良も東北易幟[2]で国民政府に合流すると、共産党を排除した中国の統一が完結したかに見えた。

　ところが、このような国民党を中心とする新中国の建設への道のりにおいて最大の撹乱要因となったのは、国民党内部の反蒋介石あるいは外部の共産党と

いうより、大陸進出を狙った日本であった。蒋介石の北伐軍が満州に影響力を及ぼすことを妨げるため、早くも1927年5月には日本は山東出兵を敢行し、中華民国の初期軍閥政治家であり、北洋軍閥の流れを継ぐ奉天派の総帥張作霖を爆殺してまでも、日露戦争以来の既得権を維持、拡大しようとしたのである[3]。その後1931年に、満州事変を起し、清王朝最後の皇帝愛新覚羅溥儀を首長とする傀儡の満州国を樹立することによって、日本は英米との協調路線を崩してまでも、中国の分割占領に乗り出した。中国における近代国家の登場が、日本側の既得権の喪失をもたらしうることを恐れて、これに対抗して、侵略→占領→分割経営という帝国主義的国家戦略を模索したのである。そして、この国家戦略は、日中両国間の全面戦争へとエスカレートし、さらに英米との対立が外交水準を超えるところから、日米開戦を見るにいたった。

　一方、中国共産党は日中両国の全面戦争の中で再起の時間と空間が提供され、広大な「海」たる農民の間に根を下ろし、「人民革命」を勝利させるイニシアティヴを握った[4]。これが、アメリカの「強い中国」という戦後アジア政策の破局と、「強い日本」への政策の軌道修正を引き起こす要因となった[5]。それだけでなく、その結果は朝鮮戦争でみられるように、朝鮮半島の冷戦体制を北のほうから支える一つの条件となった。このように、日本の戦争は逆説的にも、東アジアにおいて戦前の帝国主義的秩序が戦後の冷戦体制の秩序へと変容する契機となっている。同時に、これは、戦前日本にとって自己否定する契機であったことは再論を待たない。

　この破滅的国家戦略の動力は、明治憲法体制によって統帥権の独立という自由な行動力が許された軍部にあったことは言うまでもない。そこでの梃子となったのは、満州事変、「北支事変」からみれば、「大日本帝国」の「東インド会社」たる南満州鉄道（満鉄）にほかならない[6]。満鉄は満州国の成立におけるその貢献にもかかわらず、満州国統制経済運営が、新しい国策会社の満州重工業開発株式会社を中心として再編されたことから、満鉄は盧溝橋事件後の華北における総合国策会社への脱皮をもくろみ、どの会社よりも華北進出に積極的であった。しかし、これに対して、南北統一を達成した国民党は、中国工業化

十ヵ年計画を立てるとともに、その前提条件として「鉄道管理統一」を追求し、新線建設や中央統制力の強化を励行していた。因みに、両国の対立の中、鉄道は、日本軍部にとって中国を侵略し勢力圏を拡大していく基盤であると同時に、国民党政府にとっても統一国家の樹立や国民経済の建設を可能とする物的基礎であったのである。

　日中両国間に蓄積されていた緊張のエネルギーは、盧溝橋事件を発端とする日中全面戦争を勃発させた。それによって、日本側は華北、華中、華南という広闊な占領地を確保できた。そこで、占領鉄道の運営は中国大陸の占領地を維持し、蒋介石の重慶政府に対する軍事作戦を展開する物的基盤となり、ひいては日本の戦時経済の再生産に必要な石炭、鉱石などの重要物資を大陸から日本に供給するための前提条件であった。こうしたシステムが日本にとって未経験のものであったため、その運営には外部から大規模な物的および人的資源を調達して、鉄道運営主体を創り出さなければならなかった。また、会社体制を整えるにあたっては、経営資源の供給源となる既存鉄道との関係を新しく再定立することが要請された。なかでも華北では、満鉄、日本鉄道省、朝鮮鉄道局から人員および鉄道車両などが調達され、それに基づき華北交通株式会社という新たな交通主体が創り出された。

　ところが、この占領鉄道の運営は極端な資源的制約のもとに展開されたものであって、つねに資材の割当や要員の確保は計画通りには行われず、華北交通に要請された輸送需要に対して、充分な輸送力を供給することは決してできなかった。にもかかわらず、華北交通は超過需要の常態化を背景に、戦前には考えられなかった高いレベルの輸送効率化を実現したのである。このように「日本帝国」の大陸鉄道システムは日中戦争の全面化に伴い、朝鮮・満州から中国大陸にまで拡大されるが、その一連の展開は該当地域の範囲を超え、満州および朝鮮における政策展開とも強い連動性を持ち、大陸鉄道システムの全体を再編することとなった。

　さらに、日米開戦後、対外輸入能力に代わって、海上輸送能力が日本の物動計画を規定する要因となった。しかし、米軍の執拗な日本船舶に対する攻撃に

より、海上輸送能力の減退が避けられなかった。そのため、日本戦時経済の運営が危うくなると、その対応策として陸運転嫁輸送が開始された。こうして中国華北から満州と朝鮮を経由して日本に至る対日物資輸送が重視されるにしたがって、他の鉄道との統一的運営の必要性が高まっていった。

こうした重要性をもつだけに、華北交通は中国人にとって対抗・破壊すべき対象となり、戦争勃発から日本占領が終息するまでの8年間、絶え間ない「匪害」にさらされた[7]。そのため、日本の中国占領支配は「点と線」すなわち鉄道と都市を中心としたものとなり、その外延的拡大は極めて制限されざるを得なかった。これは日本の支配が中国社会全面に浸透していなかったことを意味しており、まさにこの点で、中国は日本にとって植民地ではなく、占領地であった。とはいうものの、華北交通が10万人以上の中国人を採用し、交通施設を経営したことから、戦後中国の鉄道の運営にも当然何らかの影響を及ぼすこととなった。要するに、華北交通は、一方では戦時下の中国人民にとって経済収奪の機構であり、他方では、戦後の新中国の建設のための物的基盤となるという両義的存在であったのである。

以上のように、華北の占領鉄道に対する検討は、日本の中国侵略支配が中国政府の鉄道政策に対して如何なるものであったかを明らかにするとともに、占領鉄道の運営が満鉄によってどのように開始され、新しい鉄道会社の成立を見て、ついにその限界に達したかを、戦争勃発の時点から敗戦にかけて証明する事例である。したがってこのケーススタディは、戦時下日本の占領経済政策が形成、展開、その破綻のプロセスを抉り出し、それによって戦前中国政府の国民経済が否定され、戦後中国の経済基盤が形成される歴史的前提の一面を明らかにすることとなる。

2．既存研究

華北における占領交通施設の運営機関としての華北交通は、大陸政策の展開や戦時経済運営において重要な研究領域であるにもかかわらず、研究蓄積は満

鉄に比べて乏しい状態である[8]。中国の鉄道の研究は清国末期から戦前国民政府による中国統一にかけての借款鉄道の建設や、国民政府の鉄道管理統一政策に集中しており、戦時下の対応も主に重慶を抗日拠点とする国民政府の鉄道政策のみについて分析されてきた。そのため、華北交通に関する研究は極めて少ない状況とならざるを得なかった。しかも、数少ないそれらの研究においても、戦争の長期化に伴う経済の計画化および資源不足の深刻化や、戦局に規定される戦争指導の変化が充分に注目されていない。その結果、それらの変化に対応して取られた華北交通における輸送過程の効率化および計画化や、大陸鉄道レベルでの輸送体制の再編が見逃された。また、こうした対応方法が限界に達したところから生じた戦時輸送の崩壊プロセスについても、史的分析の光が当てられなかった。

以下、戦前期国民政府による中国鉄道運営を分析対象とする諸研究を総括的に紹介したあと、華北における占領鉄道運営に関する研究を中心として既存研究を批判的に吟味してみよう。

まず、戦前期における中国鉄道に関する諸研究を取り上げてみよう[9]。張公権（1974）、宓汝成（1987）、金士宣・徐文述（1986）、内田知行（1988）、張端徳（1991）、李占才編（1994）、萩原充（2000）などの諸研究は、中国の鉄道はその一部を除いて清国末期より帝国主義の借款鉄道として建設されたため、西欧および日本によって経営権をはじめとする鉄道の利権が掌握され、鉄道運営が必ずしも中国のために行われなかったと見ている。そのため、鉄道運営は各路線別に独自の運営システムを整えて、総体的観点からみれば決して効率的に運営されなかった。これに対して、国民政府が北伐戦争を終了して南北統一を達成してから、鉄道部を中心に鉄道管理統一政策を推進し、資金、資材、要員、警察力に対する中央統制力を強化したと把握した。ただし、これらの研究はそれぞれの研究がおかれた時代および地域の文脈によって異なる性格や内容を持つ。

なかでも、注目しなければならない研究が宓汝成（1987）である。宓氏は中国における鉄道建設と運行状況を分析して、帝国主義列強が中国の鉄道建設を

めぐって激しく争い、中国に対する侵略と圧迫の強化をもたらしたことや、鉄道運輸の社会・経済的影響を論述して、帝国主義が中国の反動支配集団と結託して鉄道運輸を支配したため、中国社会の半植民地・半封建化が進行したことを明らかにした。この論点は中国国民政府の政策を極めて限定的なものとして評価したものであった。これに対し、中華民国（台湾）側の張端徳（1991）は国有鉄道の内部経営に注目し、中央統制の強化と経営合理化が一定の効果をあげたとし、国民政府の鉄道政策をある程度肯定的に評価しながら、この改革が鉄道管理機関の官僚化、業務効率の低迷、浪費の存在などのため、根本的な改革には至らなかったと指摘した。こうした鉄道政策の推進が対外列強との緊張関係の中で推進されたことについて注目したのが、内田知行（1988）と萩原充（2000）である。とくに萩原氏は国民政府の戦前の鉄道建設を国家統一の進展のもとで推進した一つの政策として把握し、その建設をめぐって日中両国の対立が高まったことを明らかにし、それが日中全面戦争の序曲となったと指摘した。

　また中国側の研究のうち、台湾側の張公権（1974）、大陸側の宓汝成（1987）、金士宣・徐文述（1986）、李占才編（1994）、そして李占才・張勁（1996）[10]は、その分析の範囲が戦前期までの鉄道運営にとどまらず、抗日戦争期＝日中全面戦争期および戦後内戦期までを含んでいるが、戦時下の分析は主に中国側の戦時運輸を対象として行われ、日本側の占領鉄道運営に関する記述は極めて乏しい。資料上の関係もあると思われるが、問題意識が帝国主義侵略論と収奪論の観点に集中したため、民族解放運動の観点から評価し、帝国主義の持つ侵略主義を告発する側面が強い。もちろん、帝国主義の侵略性については厳しく批判しなければならないと思うが、華北交通が10万人以上の中国人の社員を採用し、鉄道、自動車、内水運輸を運営したことから、戦時下における日本側による鉄道運営は、戦後の中国鉄道の運営にも当然何らかの影響を及ぼしたと言うべきであろう。したがって、中国社会との接点という観点からも、より深く分析する必要があると思われる。いずれにせよ、中国側の研究は、日本の中国侵略や経済侵奪を支える経済機構として華北交通を把握した結果、極端な資源的制約

への華北交通の対応のしかたについて注目できなかった。

　このような研究史上のうち、華北交通を対象とするほぼ唯一の研究ともいえるのが、高橋泰隆（1995）である[11]。高橋氏は、経営史的観点から満鉄の華北進出や、華北交通会社の成立とその営業実態を分析し、満鉄主導による華北鉄道経営構想が否定されたこと、会社設立後、華北鉄道は運炭鉄道としての性格が強くなったこと、華北交通への投融資が北支那開発を経由して、日本の国家資本と民間資本によって担われたこと、そして日本の占領によって中国の諸鉄道が統一的に経営されたことなどを明らかにした。また、組織内部については職制改革や身分別構成の変化に注目し、人事においては「日本人中心主義」がとられ、他の植民地鉄道とは異なり傭員資格の日本人が存在しないことや、その反面、中国人は傭員を中心とした従業員が大部分であること、民族別構成では中国人が急増して80％を超えたことなどを指摘した。とくに、他の植民地鉄道との比較分析の観点を提示したことは注目されるべきである。

　しかし、高橋氏の分析では戦時下で行われた経営体としての華北交通の全体像が見えてこない。換言すれば、戦況の変化が鉄道運営に影響を及ぼしたことと、それに対する華北交通の対応様式が充分に考慮されていない。極限的な資源的制約や抗日ゲリラの攻撃、そして、アメリカ空軍の空襲の中で、華北交通が最大の輸送力を発揮しなければならなかったことから、戦前には考えられなかった高い水準の生産性が実現したプロセスや、陸運転嫁輸送の開始に伴って成し遂げた組織運営の変化については説明されていない。とくに、組織内部で見られる人的運用の特徴が、戦時下の日本帝国で一般的に現れる労働問題（労働力の不足・質的低下・流動化、生活水準の低下など）[12]といかなる関連を有したか、そしてそれが戦況の悪化に伴って、いかなる動態を示したかを分析していない。また、人的運用における「日本人中心主義」を指摘しているが、その内容を全面的に解明していない。さらに、経営収支レベルの経営破綻と鉄道輸送レベルの輸送危機が混在して論述され、経営破綻のシナリオが戦時経済に内在していたことが充分に説明されなかった。

　華北交通に関する中国側の研究としては、満鉄の華北侵略と、占領後の北支

那開発株式会社を中心とする華北経済の運営を分析した解学詩（2007）がある[13]。解氏は満鉄が興中公司と共に華北分離工作の推進主体として占領地の運営を図ったにもかかわらず、日本内外からの反対にあい、総合国策会社への脱皮が不可能となり、その結果、北支那開発会社が設立され、その子会社として華北交通が設置され、戦略資源の略奪に寄与したと見た。また沿線周辺には「愛護村」制度を導入し、「点と線」から「面」へと影響を拡張しようとしたものの、これに対し中国人民が抗日闘争を展開したと指摘している。このような論点は前述したように、既存研究でも確認できる帝国主義収奪論と民族解放運動論の観点に基づくものであり、占領鉄道としての収奪性と民衆の抵抗過程を把握するには非常に有益である。とはいうものの、依然として極端な資源制約の下に内部の経営資源を動員し、輸送力の拡大を図ろうとした華北交通の運営実態は不明のままである。

　既存研究の検討に関連して注目しなければならないのが、華北交通あるいはその元職員の華交援助会によって1941年に発刊された社史である[14]。『華北交通株式会社創立史』（以下『創立史』）は幸野保典の「解題」（1995）で指摘された[15]ように、社内の編纂委員会によって2年4ヵ月をかけて完成したものとして、会社設立前の北支交通概況、会社設立の経緯、会社の成立とその内容という3篇から構成されたが、軍事機密扱であった会社成立までの状況が比較的詳細に紹介されている。これを要約して出版したのが福田英雄編（1983）である[16]。『創立史』は上述の既存研究では充分に生かされなかった。もとより占領者の視点から叙述されたものだけに、国民党の努力を積極的に評価しておらず、資料上の制約から日本側の鉄道運営が持つ脆弱性や、経営収支上の不安定性が論述されていないという弱点がある。

　また、1984年刊行の『華北交通株式会社社史』（以下『社史』）は華交援助会が『創立史』を一部要約したうえ、戦後中国国民政府の交通部平津区特派員弁公処主席接収員石志仁に提出するために作成されたガリ版の『華北交通の運営と将来』（以下『運営と将来』、1945）をベースとして発刊されたものである[17]。もちろん、その過程で、社史編集委員会が構成され、会員の個人資料および回

顧録などが参照された。こうした経緯および資料的制約によって、『社史』は事業別、部門別、鉄路局別に記述されており、全体像を把握し難い。『運営と将来』では作成経緯上、戦時下に行われた機密扱や輸送統制などに関わる情報が多く割愛されており、戦時輸送の中でつねに露呈された華北交通と中国現地との接点における日中対立の緊張が注目されなかった。いずれにせよ植民地鉄道史および中国占領史の研究において『創立史』と『社史』が欠かせない基本資料であることはいうまでもない。

そして、当事者による分析として取り上げられるのが、福田英雄・山口亮（1946）である[18]。元社員の福田・山口両氏は、華北交通の経営危機がインフレと運賃の格差によって発生したと指摘した。物価・運賃格差問題として経営破綻の側面が一部説明できるものの、こうした物価・運賃のシェーレ現象をもたらした原因の根底に関する認識が弱いといわざるを得ない。空襲、匪害、そして大陸物資輸送に伴う経営悪化があまり重視されなかった。経営破綻のプロセスには大陸物資の転嫁輸送が決定・敢行されるにつれ、華北交通の輸送内容において、低運賃貨物の急増と高運賃貨物および旅客の急減という大きな変化が発生し、経営危機が顕在化したのである。そこで、旅客輸送から貨物輸送への内部補助が行われつつ、減価償却の「未計上」という特段の措置があったからこそ、なんとか黒字経営が可能であったことなどが見過ごされた。

以上のように、華北交通に関する既存研究は、華北交通を「不足の経済」、経済運用の変化、陸運転嫁の決定、戦況の悪化という外部の変化に対し、外部からの資源調達を再編して効率的な輸送体制を構築しようとする主体として捉えず、華北交通の適応のしかたに注目しなかった。この点を念頭において、次に本書が持つ分析視角について述べておこう。

3．分析視角

本研究は、外部環境の変化に能動的に対応してゆく経営体として華北交通を把握する。そのため、新しい経営体が如何に成立し運営され、そして敗戦に伴

ってその経営体としての属性が中国国有鉄道に吸収されてゆくかについて関心を持つ。確かに戦前→戦時→戦後の間には断絶の側面が明確にあるものの、長いスパンからみれば、中国の鉄道の全国システムとしての統一性が高まったことも事実である。

　本研究は次のような研究史と連関性を有する。

　まず、戦前の中国統一化論争である[19]。矢内原忠雄（1937）は南京政府を中国統一国家樹立の担い手として捉え、その経済力の根源は浙江財閥にあると見た。これに着目して、日本政府が蒋介石の南北統一を認め、国民政府との経済提携論を進めることを提唱した。これに対し、尾崎秀実（1937）は中国の独立的近代化を妨げるだけでなく、日本中心の日満支ブロックをもたらすおそれがあると警告した。また大上末広（1937）は粤漢鉄道を取り上げ、その建設が中国統一化よりもイギリスの植民地化に寄与するとみなし、国民政府の経済建設も植民地性を克服するどころか、それを深化させたと批判した。これに対し、中西功（1937）は、矢内原が浙江財閥を中国統一国家を樹立できる唯一の集団とみなしていると批判し、中国民衆や民族資本家などの統一戦線による中国統一の可能性を論じた。この論争を反芻してみると、日本側がみずから経済提携論を否定し、日満支ブロックを強制的に創り出し、その崩壊の後、国共内戦で中国共産党が勝利し、中国統一化を達成したことから、尾崎と中西の先見性が読み取れる。とはいえ、国民政府の「中国統一化」についての評価は、依然として再解釈の余地がある。

　そこで、萩原（2000）に注目したい[20]。萩原氏は鉄鋼業と鉄道建設の分析を通じて、「鉄道建設が地方に対する中央の支配力強化をもたらしていく経緯」や「政権内部において経済政策の担当部局が一元化され、蒋介石の権力基盤が強化されていく過程」を証拠として、国民政府は「『統一と建設』の時代」をつくりだしたと把握した。要するに、「中国統一化」は歴史的事実として進んでいた。これらの研究成果を踏まえ、本書は日本側が「中国統一化」を否定し、中国を分割して「日満支ブロック」に強制的に編入したとみなす。

　次に、中国占領地経済研究との関連である。原朗（1976）は、「『大東亜共栄

圏』の形成と崩壊の全過程を貫くかかる植民地支配方式自体に内在する諸矛盾の存在形態を、貿易・金融の両側面における圏内各地域間の経済的連携のあり方を通じて把握すること」とし、円ブロックの経済的実態はブロックとしての統一性を欠いた「『共栄圏』ならぬ『共貧圏』であった」と指摘した[21]。分析のなかで、華北分離工作から始まる中国に対する経済的侵略が明らかになった。浅田恭二ら(1981)は日本側が中国占領地に行った経済統制と資源略奪を、農業、鉱山、金融、交通の4つの部門において分析し、中国占領地経済の本質が中国資源の略奪と占領地の窮乏化にあったと指摘した[22]。そして、華北における占領地経済運営に立ち入った分析を進めたのが、中村隆英(1983)である[23]。中村氏は華北分離工作が戦前段階で国策となり、戦争勃発以降、華中は外国扱とされたのに対し、華北・蒙古は日満の「円ブロック」に編入され、北支那開発株式会社を持株会社として、北支開発五ヵ年計画による華北開発が展開されたが、現地経済状況を悪化させてまでも、華北資源の対日供給が無理に推進されたことを明確に提示した。とくに、日米開戦後、華北の兵站基地としての重要性が増し、そのために強力な戦時統制が実施されたが、結局鉄道輸送力の低下とともに、華北占領経済は崩壊しつつあったと指摘した。

　また、中国側においても、占領地研究が進められた。王士花(1998)は日本戦時経済に必要とされる資源略奪の目的として、中国占領地に過酷な経済統制を加えたと指摘した[24]。范力(2002)は戦時華北における産業構造、経済統制、労働市場を分析し、戦時経済統制の実態を明確化する一方、中国人の生活や占領支配への対応も分析の視野に入れ、戦時経済によって生じた中国側の変容を浮き彫りにした[25]。前述の解学詩(2007)は北支那開発を中心として、華北地域の産業統制と資源略奪を分析し、この過程が占領産業施設の経営による日本財閥の利潤追求であり、生産された物資がこれを通して大量に略奪され、円ブロック内の対日貿易の激増としてあらわれており、現地では物資不足に伴う戦時インフレーションが深刻であったと指摘した。その結果、工業が畸形化し、「食糧恐慌」も発生し、労働者などの飢餓と死亡が続き、日本側による占領経済の運営は総体的危機に瀕したと見た。

また、華中占領地経済に対しても黄美真ら（2004）によって分析が行われた[26]。占領機構の整備に伴って華中の金融、産業、交通、資源の部門において敢行された統制と略奪が分析され、日本の経済的侵略性が究明されたうえ、それが占領地社会に対して与えた悪影響、すなわち商工業・金融・農業の衰退、生活難の加速化、都市人口の減少が明らかにされた。これらの論点は、日本の占領地運営が中国にとって華北資源の「略奪」であったことにとどまらず、一種の計画性を持つものであって、それが戦局の悪化とともに破局に至ったが、そのなかで、中国側にもそれによる変容が生じたことを念頭におかなければならないことを意味する。

　ここで、日本の戦時経済に対する諸研究に注目したい。原朗（1996）は「平時経済から戦時統制経済、ないし市場経済から計画経済への移行」を重視し、「移行期」・「転型期」の特徴が戦時経済にあると指摘した。国家指令による資源配分という観点は、その後多くの研究者達によって受け継がれ、各部門別の戦時経済研究が進展している[27]。その中でも山崎志郎の研究は現水準から見て、日本戦時経済に関する実証分析の到達点であるといえよう[28]。山崎氏は膨大な実証分析を通して、20世紀における市場組織化の観点から、戦時経済総動員下の市場制度の設計は、覇権的安定性を追求する自給経済圏の構想と模索、企業および経済団体の市場情報の掌握と政策協調的な需給管理方法の開発、戦略的産業育成と資源動員手段の開発などといった変化をもたらしたと見た。そして、このような制度的変化は戦後改革などに通じる変遷過程を経験しており、日本経済に刻印され、一定の肯定的な機能を果たしたと指摘している。このような戦時体制論に対して、下谷政弘（1992）は戦時下の外部環境の変化に対応して行く戦時企業論について関心をもち、統制経済と資源不足の制約下に利潤追求・資本蓄積を続けてゆく企業の行動様式を明らかにした[29]。

　これらの研究成果に基づき、林采成（2005）は、鉄道運営においても平時経済から戦時統制経済への移行過程が見られており、それに対応して外部からの資源調達において平時とは異なる要素市場への直接的介入が行われるとともに、輸送過程でも戦時統制が進み、輸送力の事前的配分という官僚的調整（bureaucratic coordination）が進むと指摘した[30]。その理論的枠組みとして、歴史上の社会主義計画経済の資本主義市場経済への転換を分析したコルナイ、レシェク・ハルツェロヴィチ、盛田常夫などの「体制転換の経済学」あるいは「移行の経済学」を参照している[31]。

　もちろん、中国は「日本内外地」とは異なる占領地であって、その戦時統制運営が「三巴の物資争奪戦」や「物資争奪戦」と表現されるほど、日本側が華北経済を完全に制覇したと言い難い。とはいえ、満州経済をモデルとして華北経済を統制運営しようとした日本側の政策があり、さらに原料炭、鉄鉱石、礬土頁岩などの戦略物資をはじめ、綿花、油脂、原料などの重要物資を、日本側が圧倒的に確保していたことも事実である。とくに、鉄道運営に限ってみれば、華北におけるほとんどの路線が日本軍によって確保され、華北交通として統合された。したがって、中国占領地経済の研究でも、経済運営の戦時統制化に対する企業側の対応様式を検出し、それによって戦時経済運営の実態に対する把握を進展させることが可能であると考えられる。また、その対応によって生じた意図せざる結果が、戦後中国経済に影響を及ぼしたとみなす[32]。

4．本書の構成

　以上の分析視角に基づいて、本書は戦前の国民党政権の国有鉄道が日本の占領鉄道運営を経て、戦後の中国共産党政権の国有鉄道に再編されたことを重視する。また、その移行過程に着目し、全体を戦前期、戦時期、戦後期（および内戦期）に分けて、華北交通の対応様式を検出するため、議論の中心となる時期を、日中戦争の勃発、アジア太平洋戦争の開戦、輸送危機の発生、敗戦という4つの断面に分けて分析を進める。

　第1章では、日本側による占領鉄道運営の前提を明らかにするため、戦前期において華北鉄道が成立する過程を分析し、外国利権の成立に伴う鉄道運営の実態を考察する。さらに、国民政府が中国統一を達成するために行った鉄道管理統一政策を検討し、それが日本陸軍と満鉄を中心とする華北分離工作と必然

的に対立せざるを得なかったことを指摘する。

　第2章では、日中全面戦争の勃発における戦時動員輸送体制を分析したあと、占領鉄道を運営する目的で設置された満鉄北支事務局が、如何に外部から経営資源を調達し、戦災施設を復旧し、戦時輸送を行ったかを明らかにする。そして、華北情勢の安定化に伴って占領地運営に対する日本の中国政策が具体化するなか、満鉄のイニシアティヴが否定され、新会社が設立される政策プロセスを検討する。そこで、満鉄による華北鉄道の委託経営が不可能となったとはいえ、満鉄が新会社の設立のモデルであったことを指摘する。

　第3章では、華北開発が進み、輸送需要が急増し、大量の滞貨が発生したのに対し、華北交通において輸送力増強計画が立てられるが、資材調達および要員採用が計画通りには進まず、鉄道建設よりは施設改良を重視する「改主建従」の鉄道投資が余儀なくされたことを明らかにする。さらに、こうした資源的制約を克服するため、華北交通が如何なる資材調達システムと人的運用システムを構築し、鉄道輸送の計画化・効率化を達成したかを分析する。それによって、戦時中には戦前とは異なる鉄道運用システムが構築されたことが明らかになると思われる。

　第4章では、日米開戦後、海上輸送力の急減のために取られた戦時陸運非常体制、すなわち陸運転嫁が華北交通の鉄道運営に対して如何なる影響を及ぼしたかを明らかにする。因みに、資源的制約が深刻化し、陸送ルートを中心とする輸送力強化が捗らなかったにもかかわらず、日本の戦時経済に決定的影響を及ぼす対日物資を輸送するため、華北交通がとった一連の措置について検討する。その結果、内部労働市場がさらに拡大し、既存のインセンティヴ制度にも大きな変化が生じたことや、鉄道運営においても新しい輸送方式が検討、実行されたが、それが鉄道運営の効率性や経営の安定性を損なうものであったことが明確になるだろう。

　第5章では、1944年度第2四半期より顕在化した輸送危機の発生について検討する。その際、経営資源の運用力の低下、抗日ゲリラの攻勢、アメリカ軍の空襲など、それぞれのファクターから多元的に輸送力の減退プロセスを分析し

てゆく。さらに、華北交通が輸送危機に対して如何なる輸送力確保対策をとったかを考察し、その実効性を評価する。それとともに、1945年前半に米軍上陸に備えてとられた中国鉄道の軍管理、華北交通の自活自戦態勢の確立、決戦輸送の実態を考察する。

　第6章では、敗戦後、華北交通が中国鉄道として再編される過程を明らかにする。華北交通が国民党政府によって接収され、アメリカの援助支援のもとで中国人による鉄道運営が開始されたものの、華北の情勢が国共内戦と絡んで、複雑性を示しただけに、鉄道運営の統一性を失ったことを指摘する。内戦の激化とともに、中国鉄道は再び戦時動員されたが、中国共産党の内戦勝利によって新しい国家および計画経済の物的基盤となることが提示できると思われる。

注
1） 横山宏章『中華民国史』三一書房、1996年。
2） 北洋政府が使用していた五色旗を、蒋介石が導く国民政府の晴天白日旗に代えて掲げた。
3） 沈矛『日本大陸政策史（1968〜1945）』社会科学文献出版社、2005年。
4） 劉大年・白介夫編（曽田三郎外訳）『中国抗日戦争史：中国復興への路』桜井書店、2002年；尹輝鐸『中日戰爭과［と］中国革命：戰爭과［と］革命의［の］二重奏、戰爭革命』一潮閣、2003年。
5） 竹前栄治『占領戦後史：対日管理政策の全容』双柿舎、1980年。
6） 三浦康之『満鉄と東インド会社、その産声：海外進出の経営パラダイム』ウェッジ、1997年。
7） 鉄道が中国人民にとって如何なる闘争の対象となったかは知俠『鉄道遊撃隊』上海新文芸出版社、1954年、の中で歴然と描かれている。これは津浦線臨棗支線を中心に展開された実際の鉄道遊撃隊の活動に基づいたノンフィクションである。
8） 満鉄史に関する重要研究としては以下の先行研究が取り上げられる。さらに満鉄に関する網羅的かつ体系的な研究史整理としては、岡部牧夫「満鉄研究の歩みと課題」（『南満州鉄道会社の研究』）が最も詳しいので参照されたい。安藤彦太郎『満鉄：日本帝国主義と中国』御茶の水書房、1965年；松本俊郎『侵略と開発：日本資本主義と中国植民地化』御茶の水書房、1988年；金子文夫『近代日本における対満州投資の研究』近藤出版社、1991年；高橋康隆『日本植民地鉄道史論：台湾、

朝鮮、満州、華北、華中鉄道の經營史的研究』日本経済評論社、1995年；小林英夫『満鉄：「知の集団」の誕生と死』吉川弘文館1996年；蘇崇民著（山下睦男・和田正廣・王男訳）『満鉄史』葦書房、1999年（原著は、『満鉄』中華書局、1991年）；松本俊郎『「満洲国」から新中国へ：鞍山鉄鋼業からみた中国東北の再編過程1940～1954』名古屋大学出版会、2000年；小林英夫『近代日本と満鉄』吉川弘文館、2000年；松村高夫・解学詩・江田憲治編著『満鉄労働史の研究』日本経済評論社、2004年；庾炳富『満鉄撫順炭鉱の労務管理史』九州大学出版会、2004年；加藤聖文『満鉄全史：「国策会社」の全貌』講談社、2006年；小林英夫『満鉄調査部の軌跡 1907～1945』藤原書店、2006年；藤原書店編『満鉄とは何だったのか』2006年；原田勝正『満鉄』日本経済評論社、2007年（岩波新書『満鉄』1981年の増補版）；満鉄会編『満鉄四十年史』吉川弘文館、2007年；松村高夫・柳沢遊・江田憲治編『満鉄の調査と研究：その「神話」と実像』青木書店、2008年；岡部牧夫『南満州鉄道会社の研究』日本経済評論社、2008年。

9）　台湾側、中国大陸側、日本側の代表的研究として注目しなければならない先行研究は、次のようなものがある。張公権『抗戦前後中国鉄路建設的奮闘』伝記文学出版社、1974年；宓汝成著（依田憙家訳）『帝国主義と中国の鉄道』龍渓書店、1987年；金士宣・徐文述『中国鉄路発展史（1876～1949）』中国鉄道出版社、1986年；内田知行「抗戦前中国国民政府の鉄道建設」東洋文庫近代中国研究委員会『近代中国研究彙報』第10号、1988年；張端徳『中国近代鉄路事業管理的研究』中央研究院近代史研究所、1991年；李占才編『中国鉄路史（1876～1949）』汕頭大学出版社、1994年；萩原充『中国の経済建設と日中関係：対日抗戦への序曲 1927～1937年』ミネルヴァ書房、2000年。

10）　李占才・張勁『超載：抗戦与交通』広西師範大学出版社、1996年。

11）　高橋泰隆「日中戦争下の中国鉄道支配」前掲『日本植民地鉄道史論』日本経済評論社、1995年。初出は「日本帝国主義による中国交通支配の展開」浅田喬二編『日本帝国主義下の中国』楽游書房、1981年）。

12）　法政大学大原社会問題研究所『太平洋戦争下の労働者状態』東洋経済新報社、1964年；東條由紀彦「労務動員」原朗編『日本の戦時経済：計画と市場』東京大学出版会、1995年。

13）　解学詩『満鉄与華北経済（1935～1945）』社会科学文献出版社、2007年。

14）　華北交通株式会社編纂委員会『華北交通株式会社創立史』興亜院華北連絡部、1941年；福田英雄編『華北の交通史：華北交通株式会社創立史小史』ＴＢＳブリタニカ、1983年；華北交通編集委員改編『華北交通株式会社社史』華交援助会、1984年。

15) 幸野保典「華北交通株式会社創立史解題」『華北交通株式会社創立史 第三分冊（復刻版）』本の友社、1995年。
16) 福田英雄編『華北の交通史：華北交通株式会社創立史小史』TBSブリタニカ、1983年。
17) 華北交通株式会社『華北交通の運営と将来』1945年10月。
18) 福田英雄・山口亮「インフレーション下の華北鉄道経営に就て」（『インフレーションと鉄道』運輸調査局、1947年）。
19) 矢内原忠雄「支那問題の所在」（『中央公論』1937年2月）；尾崎秀実「支那の産業開発と国際資本」（『自由通商』1937年5月）；大上末広「支那資本主義と南京政府の統一政策」（『満州評論』12巻12-17号、1937年）；中西功「支那社会の基礎的範疇と『統一』化との交渉」（『満鉄調査月報』1937年8月）。以上は『中国統一化論争資料集』（アジア経済研究所、1971年）の所内資料である。
20) 前掲『中国の経済建設と日中関係』259-260頁。
21) 原朗「『大東亜共栄圏』の経済的実態」（『土地制度史学』71、1976年4月）；同『日本戦時経済研究』東京大学出版会、2013年。
22) 浅田恭二編『日本帝国主義下の中国：中国占領地経済の研究』楽游書房、1981年。
23) 中村隆英『戦時日本の華北経済支配』山川出版社、1983年。
24) 王士花『"開発"与略奪：抗日戦争時期日本在華北華中淪区的経済統制』中国社会化学出版社、1998年。
25) 范力『中日"戦争交流"研究：戦時期の華北経済を中心』汲古書院、2002年。
26) 黄美真編『日偽対華中淪区経済的略奪与統制』社会科学文献出版社、2004年。
27) 原朗「日本戦時経済分析の課題」（『土地制度史学』151、1996年4月）。
28) 山崎志郎『戦時金融金庫の研究：総動員体制下のリスク管理』日本経済評論社、2009年；同『戦時経済総動員体制の研究』日本経済評論社、2011年；同『物資動員計画と共栄圏構想の形成』日本経済評論社、2012年。
29) 下谷正弘・長島修『戦時日本経済の研究』晃洋書房、1992年。
30) 日本戦時経済に関する研究史の整理は、林采成『戦時経済と鉄道運営：「植民地」朝鮮から「分断」韓国への歴史的経路を探る』（東京大学出版会、2005年）を参照されたい。
31) ヤノス・コルナイ（盛田常夫訳）『経済改革の可能性』岩波書店、1986年：盛田常夫『ハンガリー改革史』日本評論社、1990年；同『体制転換の経済学』新世社、1994年；レシェク・ハルツェロヴィチ（家本博一・田口雅弘訳）『社会主義、資本主義、体制転換』多賀出版、2000年：マリー・ラヴィーニュ（栖原学訳）『移行の経済学：社会主義経済から市場経済へ』日本評論社、2001年。

32) この問題意識を全面的に取り上げ、日本支配の戦後再編における有意性を実証した研究が、松本俊朗『「満州国」から新中国へ：鞍山鉄鋼業からみた中国東北の再編過程 1945〜1954』名古屋大学出版会、2000年、である。

目　　次

はじめに　i

　1．研究課題　i

　2．既存研究　iv

　3．分析視角　ix

　4．本書の構成　xiii

第1章　戦前における華北鉄道の運営と日中両国の確執 ………… 1

　1．華北鉄道の運営　1

　　1）華北鉄道の成立と外国利権の形成　1

　　2）鉄道運営の「分立」　5

　2．華北鉄道をめぐる日中両国の確執　9

　　1）国民政府の「鉄道管理統一」　9

　　2）華北分離工作と満鉄の進出　14

第2章　日中全面戦争の勃発と華北交通の設立 ………………… 21

　1．占領鉄道の接収と運営システムの構築　21

　　1）北支事務局と占領鉄道の運営　21

　　　①満鉄出動と北支事務局の設置　21

　　　②北支事務局の仮営業の開始と運営の一元化　24

　　2）経営資源の確保と輸送力の回復　29

　　　①華北鉄道の要員構成と車両増備　29

　　　②満鉄北支事務局の施設復旧・増強と輸送実態　37

2．華北交通の設立　43

　　1）交通会社の設立準備　43

　　2）華北交通の設立　51

第3章　華北交通の輸送力増強と輸送効率化 ……………………65

　1．鉄道輸送の増加と輸送力増強五ヵ年計画　65

　　1）鉄道輸送の増加と輸送難の発生　65

　　2）輸送力増強五ヵ年計画と鉄道投資の実態　70

　2．経営資源調達の再編と鉄道運営の効率化　76

　　1）経営資源調達の再編　76

　　　①資材調達の実態と調達ルートの再編　76

　　　②人的資源の確保・運用の再編　81

　　　　a．労働力の流動化と質的低下　81

　　　　b．日本人中心の要員配置と内部教育の強化　92

　　　　c．インセンティブ提供の拡充　100

　　2）輸送の効率化と統制の拡充　104

　　　①車両修繕能力の向上と運用車両の増大　104

　　　②配車能力の倍加と構内作業の定型化　109

　　　③鉄道運営における戦時統制の拡大：鉄道から沿線へ　114

第4章　日米開戦と戦時陸運非常体制 ……………………………125

　1．華北交通と戦時陸運非常体制の確立　125

　　1）陸運転嫁と輸送動態の変化　125

　　2）華北交通の戦時陸運非常体制　132

　2．輸送力増強と資源的制約の深刻化　138

　　1）陸送ルートの強化と経営資源運営の再編　138

①陸送ルートの強化と資材難 138
②人的資源の運用再編 145
 a．人的資源の量・質的低下と生活難 145
 b．配置転換と短期養成 148
 c．「現物給与」の拡充 158
2）輸送効率化の限界と輸送統制の強化 163
①輸送効率化とその限界 163
②貨物超重点主義と会社経営の悪化 171

第5章　輸送危機と自活自戦態勢 …………………………… 185

1．輸送危機と「輸送力確保対策」 185
1）輸送力減退プロセス 185
①鉄道輸送の動態 185
②経営資源の運用力の低下とその流出 189
③抗日ゲリラの「敵疲我打」攻勢 191
④アメリカ軍の空襲の展開 194
2）輸送危機の発生と華北交通の「輸送力確保対策」 198
①輸送危機の発生 198
②華北交通の「輸送力確保対策」 200
2．自活自戦態勢の確立と決戦輸送 203
1）華北交通の軍管理と「北支那交通団」 203
2）決戦輸送と敗戦 209

第6章　戦後における鉄道運営と国共内戦 …………………… 219

1．中国の鉄道接収および運営 219
1）華北交通の接収とその複雑性 219

2）アメリカの鉄道支援と国民政府の鉄道運営　224
　2．国共内戦と新しい国家建設　228
　　1）国共内戦と戦時動員　228
　　2）中華人民共和国の成立と鉄道運営　234

おわりに　243
　1．日本による華北鉄道の占領　243
　2．華北交通の資源動員と運営　246
　3．華北交通の人的資源の活用　248
　4．危機の中の輸送力増強対策　251
　5．華北交通の対応が示した限界　253
　6．戦後中国の華北鉄道　256

あとがき　259

参考文献　265

索　　引　275

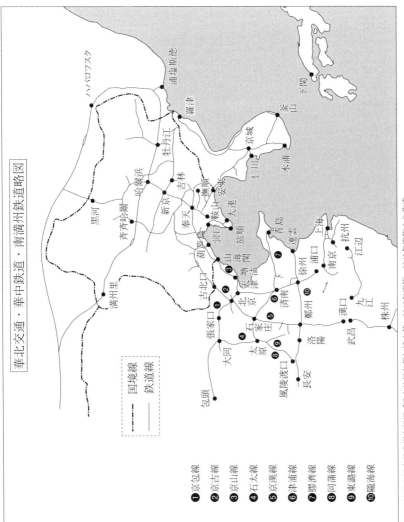

第1章　戦前における華北鉄道の運営と日中両国の確執

1．華北鉄道の運営

1）華北鉄道の成立と外国利権の形成

　本節では、日本側による占領鉄道運営の前提として、戦前における中国側の鉄道運営を検討し、その特徴を明らかにする。

　まず、華北鉄道が中国鉄道において占める比重をみると、表1-1-1と表1-1-2のように中国鉄道の大部分が華北に集中していた。これは、華北がそもそも水運の便に乏しい陸運地帯であったうえ、中国政治経済の中心部として地下資源も豊富であったため、欧米諸国の経済的侵略が集中した結果である[1]。省別には河北省が営業キロにおいて最も長く、全国の首位を占めており、河南省、山東省も幹線網を有していた。そのほか、華中および華南では江蘇省が鉄道延長が著しく大きかった。路線別には北平（当時北京の名称）を中心として北寧と平綏の両鉄道が華北の北部地域を東西に横断し、また、それに並行して隴海鉄道が華北の南部地域を横断した。さらに、華北を南北に縦貫する鉄路として津浦と平漢の両鉄道があって、政治経済の紐帯を形成した。山西省においては同蒲鉄道がその中部を南北に貫通しており、山東省では膠済鉄道は東西に縦貫して津浦鉄道と接続した。そして、正太鉄道は平漢と同蒲の両鉄道の連絡線をなした。

　これらの鉄道網が形成されるプロセスをみれば、鉄道は事実上中国政府の財政的脆弱性と戦略思考力の不足を利用した欧米列強の市場分割の具体的手段で

表1-1-1 中国における省別鉄道の延長（1933年度）

(単位：km)

省名	幹線	支線	合計	省名	幹線	支線	合計
河北	1,228	212	2,219	湖北	336	3	435
河南	1,330	2	1,645	湖南	252	58	340
山東	817	13	1,240	福建	28		28
山西	322	21	426	広東	423	54	557
陝西	6		13	総計	6,128	428	8,834
江蘇	773	23	1,042	地方別			
浙江	203	6	263	華北	3,703	248	5,543
安徽	280		340	華中	1,973	126	2,706
江西	128	35	187	華南	451	54	585

出所：華北交通株式会社「日支事変前ニ於ケル支那陸上交通関係統計資料」年度未詳。
注：合計はその他を含む。

表1-1-2 中国における路線別鉄道の延長（1936年6月末現在）

(単位：km)

線区		区間	幹線	支線	合計	主要目的
華北	平漢	北平－漢口	1,214	104	1,752	運炭
	北寧	北平－山海関	428	37	923	海港との連絡
	津浦	天津－浦口	1,009	95	1,362	材料輸送、連絡線
	平綏	北平－綏遠	817	58	1,118	運炭、連絡線
	正太	石家荘－太原	242	36	387	運炭
	道清	道口－清化	150	2	186	運炭
	膠済	青島－済南	394	58	668	運炭、運鉱、連絡線
	隴海	連雲－宝鶏	725	33	886	運炭、海港線
	小計		4,979	423	7,282	
華中・華南	京滬	南京－上海	311	18	471	
	滬杭甬	上海－杭州－寧波	273	12	336	
	開河	開封－河南	184		230	
	潼西	潼関－西安	132		158	
	広九	広東－九竜	143		164	
	粤漢北段	湖北－湖南	417	95	575	
	南潯	南昌－九江	128		147	
	粤漢南段	広東－漢口	223	50	324	
	小計		1,811	175	2,405	
合計			6,790	598	9,687	

出所：華北交通株式会社「日支事変前ニ於ケル支那陸上交通関係統計資料」年度未詳。
注：合計はその他を含む。道清鉄道は1935年12月に中国鉄道部令によって平漢鉄道に合併された。

あったことが分かる[2]。以下のように、華北の鉄道は主として清末より民国初年にかけて外国の資本と技術によって建設された[3]。

　北寧鉄道（のち、京山線）は、1881年に唐山・胥各荘間11キロが開平鉱務公社（→中国鉄路公社）によって始まり、イギリスの匯豊銀行より100万両の借款を受けて1894年に山海関まで開通した。その後、イギリスの匯豊・徳華両銀行より40万ポンド、同じくイギリスの中英公司より230万ポンドの借款を得て、さらに1907年に奉天にまで路線を延伸したが、満州事変によって一部の奉山線が分離された。平綏鉄道（のち、京綏線）は中国の自建自営鉄道として計画され、1909年に北京・張家口間、1915年に張家口・豊鎮間が開通したが、資金不足のため工事中止となり、日本の東亜興業株式会社から借款を受けて1923年に路線を包頭にまで延長した。平漢鉄道（のち、京漢線）は1896年に政府出資金400万両をもって起工したが、資金不足に陥り、ベルギー・シンジケートより1億2,500万フランの借款を受け1906年に全区間を開通した。この借款はイギリスおよびフランスの500万ポンド借款によって借り替えられ、経営権が清国政府に回収された。津浦鉄道（のち、津浦線）は当初天津・鎮江間の鉄道として計画されたが、天津・浦口間の津浦鉄道計画に変更され、イギリスとドイツの借款を得て1911年に竣功開通した。膠済鉄道（のち、膠済線）は1898年の膠州湾契約を通じて鉄道の敷設と経営権を獲得したドイツ政府が、独華銀行を代表とするシンジケート団に鉄道権利を付与し、1904年に青島・済南間が開通された。その後、第一次大戦の勃発とともに日本が占領運営したが、1923年に至って日本政府は鉄道を中国に引き渡し、その代償として4,000万円の中国国庫証券を受け取った。正太鉄道（のち、正太線）は、山西省の最大資源である石炭の開発を目的とする１メートルの狭軌鉄道としてロシア、フランス、ベルギーの３国より借款を得て、1907年に建設された。経営管理権および会計監督の実権はフランス財団に掌握されたが、1932年に借款の完済によって国民政府鉄道部が接収した。同蒲鉄道（のち、同蒲線）は山西省督軍の閻錫山が国民政府交通部にその敷設を申請し、省政10ヵ年建設計画として1933年に太原を起点として南北から同時に着手し、１メートル狭軌路線の大部分を竣工した。隴海鉄道

表1-1-3　華北鉄道の外国資本借款（1938年1月1日現在）

(単位：千元)

鉄道別	北寧	平綏	平漢	道清	津浦	膠済	正太	同蒲	隴海	合計
日　本	—	9,596	13,904	—	—	40,000	—	—	—	63,500
イギリス	9,219	534	—	11,357	39,630	—	—	—	—	60,741
ドイツ	—	—	—	—	93,340	—	—	—	—	93,340
ベルギー	—	—	—	—	—	—	—	—	98,609	98,609
オランダ	—	—	—	—	—	—	—	—	59,818	59,818
英・仏	—	—	4,210	—	—	—	—	—	—	4,210
仏・ベルギー	—	—	—	—	1,300	—	—	—	—	1,300
満州国	1,111	—	—	—	—	—	—	—	—	1,111
合　計	10,331	10,130	18,114	11,357	134,271	40,000	—	—	158,427	382,628

出所：華北交通株式会社編纂委員会『華北交通株式会社創立史』興亜院華北連絡部、1941年、16頁。
注：1．本表の金額は長期借款及び前渡金の金額のみにして材料外債、雑外債を含まない。
　　2．各国貨幣の換算は1937年12月31日匯豊銀行発表の銀行売価による。

（のち、隴海線）は1905年に起工された開封－洛陽間の汴洛鉄道を母体として、ベルギー・シンジケートの借款によって建設された。工事中に中国の利権回収の動きがあったものの、資金難に陥り、再びベルギー・シンジケートの借款を受けて、1934年に開通した。

　以上のように、華北鉄道をめぐる利権争奪戦は日清戦争の前後に熾烈化し、本格的な中国市場の分割段階に入った。「三国干渉」の代価としてロシアがカシニー条約（1895年）を通じてシベリアと沿海州を連絡する東支鉄道の敷設権を獲得すると、これに刺激されてイギリス、フランス、ドイツ、アメリカ、ベルギー、オランダが利権争奪に走った。日本も日露講和条約の締結とともに、東支鉄道の南部路線（すなわち、満鉄）とその関連利権を手に入れた。

　華北の鉄道はこのような環境下に建設されたため、その資金のほとんどが外国資本によって調達されたことは言うまでもない。その額は資本債約3億7,559万円、材料債約7,602万円、合計4億5,160万円の巨額に達し、内外借款5億463万円の90％を占めた[4]。表1-1-3における華北鉄道の外国資本借款状況をみると、各国別には日本16.6％、イギリス15.9％、ドイツ24.4％、ベルギー25.8％、オランダ15.6％、英・仏1.1％、仏・ベルギー0.3％、満州国0.3％であった。資本借款が主に日本、イギリス、ドイツ、ベルギーの四国に集中し

ていた。また、鉄道別には北寧2.7％、平綏2.6％、平漢4.7％、道清3.0、津浦35.1％、隴海41.4％であって、津浦、隴海の両鉄道が借款の76.5％を占めた。ただし、正太鉄道は既述のように借款の完済によって中国側が経営権を回収しており、同蒲鉄道は最初より借款がなかったため、外国の支配を受けなかった。

もとより、これらの借款は、華北鉄道に対してそれぞれの契約条件に基づいて、さまざまな外国権益を有した[5]。すなわち、①一定年限内鉄道事業の管理、②鉄道敷設工事の請負、③債権者の推薦する技師長、会計主任などの任用、④鉄道工事に必要な材料供給の優先権、⑤利子、手数料および利益配当、⑥鉄道整備の担保充当、⑦借款償還期限の契約条件によって、借款提供側にとっての経営干渉権、経営代行権、優先権・排他権、担保権、政治関係諸権益が設定されたのである。この中でも注目すべきなのは、鉄道管理権と経営干渉権であった。鉄道管理権が外国側に委ねられると鉄道の正常な発達が妨げられたため、それに対し国民政府は管理権の掌握に取り組み、中国側の督弁の命令のみによって外国人の技師長の任命を可能とした。しかしながら、債権者の任命権が否定されることはほとんどなかった。そのため、中国側は借款返済による鉄道の管理、財政および材料権の回収を図ることとなった（後述）。

2）鉄道運営の「分立」

華北鉄道は中国鉄道の中でも、特に列強資本の競争期に創設されたため、各鉄道はそれぞれ独立の経営体として運営され、鉄道間の連絡でさえうまく行われなかった[6]。借款を提供したそれぞれの国家の基準を採用して鉄道建設が行われたため、それらの規格はまったく不統一であった。鉄道の基本となるレールにおいても、正太と同蒲の両鉄道は幹線網とはいえ、ゲージが1メートルであったので、他の路線との列車直通ができなかった。レール重量や型式も多種多様で、列車の積載量や運行速度に対する制約要因となった[7]。さらに、建設過程では国内事情によって建設資金や資材が節約されがちで、建設を極度に急いだことから、鉄道施設の不完全が多かったという。

すなわち、単に設計上の軌道および橋梁の強度をみても、満鉄に匹敵できる

路線は北寧鉄道の唐山－秦皇島間、膠済鉄道の青島－張店間、平綏鉄道の南口－康荘間および隴海鉄道のみであった[8]。これらの区間も付属施設の不完全、車両の不整備などのため、輸送力を充分に発揮できなかった。なかでも最も脆弱であったのが、平漢鉄道で、橋梁は列車荷重を支えられる負担力がL-12程度のものであった。橋梁の荷重負担力（Load Carrying Capacity of Bridge）は機関車（炭水車を含む）2両を連結したのち、客・貨車に相当する同分布の荷重を連行したものと想定したL荷重として測れる。L-12は1 m^2 当たり12トンの活荷重（Live Load）を負担でき、それほど橋梁負担力が弱いことを意味した。しかもこれらはレールとともに30年余りを経過して腐朽し、列車運転にすら危険を伴う状態であった。そのうえ、内戦や水害にさらされ、枕木の腐朽は概ね30％にも及んだ。また、給水や信号などの重要運転施設においても施設の脆弱性を免れず、施設がある程度完備されたのは北寧鉄道に過ぎなかった。特に通信施設においては、その回線が少なく、路線間の相互連絡もできなかった。通信方式や施設は旧式であり、ほとんどの路線が電話回線もなく、鉄線による電信方式に依存していた。ようやく銅線を導体とする列車運転用の司令電話回線が利用されるようになったのは1935年になってからである。つまり、高周波通信施設などのような高級通信設備は各鉄道とも皆無であった。しかも、内戦のため通信施設に対するメンテナンスがほとんど行われず、電柱、鉄線の腐食が甚だしかった。

　鉄道車両においても、表1-1-4のように、営業キロあるいは業務量に比較すると、ある程度の保有両数を示したが、質的には劣悪であった[9]。ほとんどの車両が老朽車であっただけでなく、借款契約によって債権国の工場からそれぞれ機関車や客貨車を購入したため、種類が統一されなかった。例えば、機関車においてはイギリス式、フランス式、ドイツ式、ロシア式、アメリカ式、ベルギー式など20種類以上が存在しており、それをはるかに上回る型式があった。機関車の牽引力も弱く、制動装置、連結器などの設備も旧式で、列車運行の安全性を落とす要因となった。こうした形式の不統一は、修理や部品交換にも多くの資材や時間を必要とさせ、車両の運用効率を低下させた。鉄路工廠は唐山、

天津、済南、徐州、浦口、四方、長幸店、石家荘、鄭県、漢口、張家口、南口、太原、洛陽の14ヵ所に達したが、工廠の位置選定や設備調整が工廠間で行われず、修繕車両に対する体系的な管理が実施されなかった。

こうして、地域内の1つのネットワークとしての性格が損なわれ、国民経済の形成の観点からみ

表 1 - 1 - 4 　華北における鉄道車両および積載量（1933年度）

（単位：両、トン）

線　区	機関車	貨　物	旅　客	客　車	貨　車	積載量
平漢	203	136	46	254	1,807	50,150
北寧	262	170	28	334	4,513	126,211
津浦	143	64	56	238	1,773	51,541
平綏	138	20	20	151	1,557	52,000
正太	68	50	6	66	857	19,450
道清	13	8	1	20	330	10,468
隴海	57	44	2	44	772	29,124
膠済	113	70	21	218	1,858	41,014
小　計	997	562	180	1,325	13,467	379,958

出所：華北交通株式会社「日支事変前ニ於ケル支那陸上交通関係統計資料」年度未詳。
注：誤計算（機関車）があるが、原資料のまま記載。

ると、必ずしも効率的なシステムを構築したとは言い難い。そのうえ、借款鉄道として出発したことから、資材調達が債権国の材料購買権によってそれぞれの債権国に従属せざるを得ず、中国内部で完結しなかった。さらに、こうした鉄道運営の「分立」は物的部門に限定されなかった。

戦前における人的資源は中央集権的に運用されなかったため、業務能力より個人的コネや各政派の立場を重視して採用が行われた。その結果、鉄道要員は必要以上となり、不必要な附属機関が設置される場合もあった。要するに、華北鉄道は「濫引私人」「増添機構」「組織不良」「節約観念尚未建立」と呼ばれる人的運用問題を抱えていたのである。それを端的に表すのが、表 1 - 1 - 5 である。1920年から34年までの要員増加比率と収入増加比率を比較すると、各路線の増員が業務量や収入の増加とは連動せずに行われており、また路線間にも一定の原則によって配分されたとは到底言えない。債権国より任命された技師長などによって鉄道運営が行われるだけでなく、それぞれの軍閥が該当地域の鉄道を掌握し、「私産」として独自的に運営したため、人的運用において多くの蹉跌が生じた。また、その弊害は採用にとどまらず、転勤、昇格、昇格など

表 1-1-5　華北における鉄道人員の増加

(単位：人、％)

路線別	車務処			機務処			総務処			収入増加率
	1920	1934	増加率	1920	1934	増加率	1920	1934	増加率	
平漢	1,848	1,601	13.4	3,709	6,064	63.5	1,274	2,008	57.6	16.6
北寧	1,081	2,042	88.8	3,208	3,322	2.5	735	1,635	122.4	9.0
津浦	1,003	2,595	158.7	2,734	4,529	65.6	837	1,198	43.1	26.7
平綏	604	886	46.7	1,331	2,512	88.7	716	788	10.6	40.0
正太	414	576	39.1	459	544	38.3	81	243	200.0	42.1
道清	81	156	92.6	203	439	116.2	77	222	201.3	25.0
隴海	402	913	127.1	470	1,392	196.1	191	614	221.5	83.6
膠済	1,197	1,375	14.9	1,883	2,274	20.8	680	1,232	81.2	23.6

出所：張端徳『中国近代鉄路事業管理的研究』中央研究院近代史研究所、1991年、109〜112頁。
注：隴海鉄道は車務処の1920年職員数は1923年のものである。膠済鉄道は各処の職員および収入増加率は1927〜34年のものである。

人事制度の全般に及んだ。なかでも、過剰要員の存在は合理的な鉄道運営を妨げたことはもちろんだが、これがひいては、労働力の質を引き上げ、ミドルクラスの技術者を育てようとする内部教育の誘因を阻害した[10]。これもあって、戦前の鉄道は極めて低い労働生産性を示した（後掲表3-1-1）。

　鉄道運営の「分立」は華北鉄道の経営状態にも悪影響を及ぼした。1926年に北伐戦争が宣言されてから1931年に至る間は、内戦、洪水、旱魃などが相次いで発生し、営業成績は劣悪なものとなった。しかも、その後世界大恐慌の発生や満州事変の勃発により、鉄道運輸の停滞が著しくなった[11]。また、その経営が当該外国資本のために行われた結果、運賃の設定も中国の国民経済の発達に対する配慮がなかった。

　次に、華北鉄道をめぐる国民党政府の中央管理への試みと、これに対抗して華北分離工作を展開した日本側の動きを検討してみよう。

2．華北鉄道をめぐる日中両国の確執

1）国民政府の「鉄道管理統一」

　中国の「分立」した鉄道は、北伐戦争の終息に伴い国民政府のもとで「管理統一」運営に向けて動き出した。鉄道管理組織の沿革から考察することにする。

　1912年に孫文を臨時大総統とする南京臨時政府が成立すると、交通部を設置して津浦・京漢両鉄道の南部および華中・華南鉄道を管轄して袁世凱北京政府の郵伝部と対立した[12]。ところが、和議の成立によって民国新政府が成立すると新政府は「統一路政」のために郵伝部を交通部に改めるほか、交通部管理外の鉄道の新線建設および管理にあたる中国鉄路総公司（1912年9月）を設立し、その総弁に孫文を任命した。しかし、孫文が第二革命で失脚すると、総公司の事務はすべて交通部に吸収された。1925年に再び南方政府が広東に成立すると、交通部が新設され、華中・華南の鉄道をその管理下においた。同政府が武漢、南京の両政府に分裂したため、それぞれの交通部が該当地域の鉄道を運営した。その後、両政府の合体を見るに至って、南京政府の交通部は華中・華南の鉄道を管理することとなった。これに対し、北京政府は東北3省および華北の国有鉄道をその管理下においたが、国民党の北伐に伴って没落に追い込まれ、1928年5月に交通部も解消した。

　それによって、南北統一を達成した国民政府が成立し、鉄道部が新たに設置され、交通部から鉄道関係業務を移管した。鉄道部は国民政府五院の中で、行政院に属し、全国国有鉄道を企画・管理し、省有・民有の鉄道を監督することとなったが、その初代部長には孫科が任命され、直ちに鉄道部組織法を発布して管理制度を確定した[13]。鉄道部は鉄道管理権の回収と管理統一を主張し、1929年に国有鉄路管理局編成通則および国有鉄路工程局組織規定を公布し、各路局ごとの編成専章を制定した。とはいうものの、鉄道部による鉄道管理は、まだ他国でみられるような中央集権的なものとはならず、借款鉄道として債権

国の利害関係が鉄道運営に強く反映されており、鉄路局の管理は「分区管理制」ではなく「分線管理制」をとった[14]ため、「分立」の性格が強く路線間の相互連絡も不円滑であった。また、各種施設や制度が統一性を有せず、人的運用において多くの問題を抱えていたのは既述の通りであった。

これに対して、国民政府は1931年に「中国工業化十ヵ年計画」を打ち出すに至って、新しい路線を建設する一方、同時に既存路線に対する管理権を強化し、国内統一的な交通インフラの構築に乗り出した[15]。まず、「実業建設程序案」を採択し、大規模な鉄道建設を構想した[16]。鉄道建設計画によると、粤漢路（株州－韶関435キロ）、隴海路（潼関－蘭州790キロ）、新隴綏路（包頭－寧夏254キロ）、京湘路（南京－萍郷990キロ）、滄石路（滄州－石家荘254キロ）であった。内外情勢の急変によって実際の建設は計画通りに進行しなかったものの、その後新線の敷設、旧線の延長が行われた。1936年には既存の十ヵ年計画を具体化し、鉄道の「五ヵ年建設短期計画」を作成し、この実現に励んだ。

次に、国民政府は1932年7月、中華民国法を発布して鉄道政策の根本方針を明示し、中央政府の国有鉄道、地方政府の公営、民営鉄道の統制限界を確立した。国有鉄道に限っては優先的に債権国からの鉄道管理、財政および材料購買権の回収を図った。当然、外国利権が鉄道運営の「分立」の原因となっていたが、国家財政的観点からみれば、巨額に及ぶ鉄道借款が国家主権を害して財政改革を妨げていたのである。1934年に国民党行政院は「外債整理取分別整理弁法決議」を採択し、外債のうち鉄道借款を優先的に整理することにした。それに従って、既存の借款に対する借款条件の是正を内容とした整理契約の修正が行われ、1935年まで国有鉄道の年間営業収入の4分の1にも達する2,500万元以上の元利償還が実施された[17]。けれども、注意しなければならないのは、国民党が完全な外債の排除を目標としていなかったことである。中国工業化十ヵ年計画の実施や新線建設は元来外国の支援がなければ不可能であっただけに、鉄道借款整理は中国政府の対外信用を高めて、有利な金融の追加支援を狙ったという別の側面があった。

そして、鉄道運営において、鉄道部は1936年に国営鉄道管理局組織系統表お

表1-2-1 中国における国有鉄道の収入（1935～36年度）

(単位：万元、％)

線区		貨物総収入	産物輸送量	鉱産物	農産物	林産物	家畜	工芸品	旅客収入	総営業費	営業係数
華北	京漢	2,581.7	2,159.9	34.2	32.6	1.1	3.8	28.4	857.9	1,948.5	57
	北寧	1,297.3	1,250.1	50.0	13.8	1.3	3.1	31.8	675.1	1,525.1	77
	津浦	1,432.6	1,233.0	24.8	35.7	2.1	5.6	31.7	899.5	1,681.5	72
	京綏	882.3	813.9	32.4	33.5	0.5	10.9	22.6	183.4	732.2	69
	正太	551.3	513.7	55.8	29.1	0.2	1.1	13.8	95.7	359.9	56
	道清	158.2	156.0	89.4	3.1	0.3	0.5	6.6	26.2	137.5	75
	隴海	696.3	604.6	24.0	37.6	1.3	1.8	35.3	292.5	636.9	64
	膠済	1,012.9	989.3	53.9	17.4	2.9	4.0	21.8	336.4	1,133.2	84
	小計	8,612.6	7,720.5	39.3	27.8	1.4	4.3	27.1	3,366.7	8,154.8	68
華中・華南	京滬	327.6	291.1	11.0	31.8	3.1	13.2	41.0	881.3	1,048.0	87
	滬杭甬	168.9	153.2	9.1	27.0	11.2	11.0	41.6	380.1	542.1	99
	開河	198.0	162.9	25.1	38.6	1.7	1.1	33.5	141.7	237.2	70
	潼西	89.6	76.1	30.3	25.0	4.6	1.4	38.7	92.4	116.1	64
	広九	19.8	18.6	0.8	31.8	5.7	29.0	32.7	167.1	175.7	94
	粤漢北段	182.5	146.9	53.3	18.7	2.6	2.8	22.7	135.3	339.6	107
	南潯	36.1	27.0	0.1	47.8	3.9	1.2	47.0	67.1	100.3	97
	粤漢南段	167.9	129.7	29.5	13.8	1.5	14.2	40.9	193.1	315.1	87
	小計	1,190.4	1,005.5	22.5	27.8	4.0	8.6	37.0	2,058.1	2,874.1	88
合計		9,803.0	8,726.0	37.2	27.8	1.7	4.9	28.3	5,424.8	11,028.9	72
1934～35年		9,486.2	8,593.1	39.4	27.1	2.2	4.5	26.8	5,305.3	11,073.6	75
1933～34年		8,070.8	7,293.1	37.8	28.5	2.1	5.5	26.0	5,217.8	10,635.5	80
1933年		7,730.9	5,285.5	39.6	29.5	2.0	5.3	23.6	5,285.5	10,609.9	82
1932年		7,662.6	6,937.7	36.9	31.5	1.9	4.5	25.2	4,821.7	10,075.9	81

出所：華北交通株式会社「日支事変前ニ於ケル支那陸上交通関係統計資料」年度未詳。

よび説明書を制定して、全国鉄路組織を画一統制し、また高級職員の任免を専管して中央の統制を強化しようとした[18]。さらに、1937年には鉄道警察総局、総機廠および新路建設委員会などを設置し、路警、鉄路工廠、新設建設の管轄を中央に移管して、全国鉄道に対する中央集権力を高めた。それによって、華北地域には北寧、平漢、津浦、膠済、平綏、隴海、正太の7鉄路管理局が設置され、站・段からなる現場組織を管轄した。また、鉄道部の会計長と鉄道警察総局長が各地域の総稽核処と警察処をそれぞれ直属させた。人的運営でも制度改革が進み、各鉄路局の員司（中下級の職員）の最高個別賃金と最高賃金総額を制限し、なお月給60元以上の採用・解雇は鉄道部に報告することとした[19]。また「国営鉄道員司資暦審査委員会組織規程」および「員司登記審査及叙用規

表 1-2-2　華北鉄道の営業成績

	北寧	平綏	平漢	道清	津浦	膠済
職員（人）	18,049	12,454	23,290	2,052	22,037	10,235
列車キロ（千km）	5,409,802	2,831,947	7,509,866	541,384	7,644,043	3,522,675
旅客（千人）	4,438	1,301	4,142	395	3,328	3,026
（千人km）	418,916	125,888	662,008	20,345	557,153	251,610
貨物（千トン）	7,186	2,398	5,913	1,283	4,125	3,254
（千トンkm）	832,472	447,252	1,423,013	96,126	1,238,681	801,543
生産性	69.3	46	89.5	56.8	81.5	102.9

出所：前掲『華北交通株式会社創立史』33頁、114～115頁。
注：生産性＝（千人km＋千トンkm）／職員数。

則」を制定し、中央から個別の員司を把握しようとした。このように、会計、資材、人事に対する中央統制を進める一方、站・段別の業務効率化、全国鉄路沿線貨品展覧会の開催など「励行商業的経営弁法」を行い、経営の合理化を図った[20]。

　ここで、華北鉄道の経営状態について考察してみよう。1933年以降は北伐が終息し、中国経済も大恐慌から回復し始めると、鉄道の営業も良好になった。とりわけ、国民政府の中央集権化によって、ようやく全国の鉄道が統一の緒についたことも、こうした営業改善の一要因となった。表1-2-1の営業係数を見れば、1932年から35～36年にかけて営業係数が低下し、鉄道営業状態が大きく改善されたことがわかる。華北鉄道は華中・華南に比べてさらに良好な営業成績を示したが、その背景にはより活発な貨物輸送があったのは言うまでもない。全営業収入の中で貨物収入が全体の3分の2を上回って、旅客収入はわずかに28％に過ぎなかった。それに対して、華中・華南の収入構造は貨物37％、旅客63％であった。もちろん、開河と粤漢北段の両鉄道収入構造は貨物中心であったものの、長江以南の鉄道は全体的に旅客輸送を中心とした。さらに、華北鉄道の貨物収入を品目別に見ると、鉱産物39.3％、農産物27.8％、林産物1.4％、家畜4.3％、工芸品27.1％などであった。これに対し、貨物輸送量は鉱産物が全体の約70％を占め、農産物16％、工芸品12％を示した。

(1935年度)

正　太	隴　海	合　計
3,309	12,604	104,030
2,326,675	2,326,742	35,287,416
734	3,216	20,580
66,743	379,609	2,482,272
2,515	3,660	30,334
250,850	654,973	5,744,910
95.9	82.1	79.1

　こうして、鉱産物は鉄道輸送において圧倒的な位置を占め、最大の収入源となっていた。そのため、華北では奥地の鉱山地帯から都市部や海港に向かって地下資源が鉄道に沿って運送された。もちろん、華北は農業を中心とする産業構造ではあったが、人口密度が高く食料が常に不足し、雑穀や小麦粉などが東北や華中・華南より流入した。その他は、若干の軽工業の製品があるのみであった。輸送量の増加に伴う鉄道収支の改善をみると、1935～36年に貨物収入8,612.6万元、旅客収入3,366.7万元、支出8,154.8万元を記録し、営業収益が3,824.5万元に達した。経営評価において、巨額の借款債務があったため、利子の支払や元本の返済という金融費用を考慮しなければならないが、経営は明らかに安定化した。

　しかし、各鉄道別にみると、経営の安定性を一概に評価できない。表1-2-1と表1-2-2によると、鉄道輸送では北寧、平漢、津浦の3つの鉄道が最も多く、華北の輸送軸となったが、経営係数や生産性の観点においては、平漢鉄道を除いた津浦・北寧の両鉄道は、必ずしも優れたパフォーマンスを顕したとは限らない。この点で、華北鉄道は1930年代半ば頃、依然としてその施設や運営方式において改善されなければいけない点が多かったと判断せざるを得ない。すなわち、「管理統一」が一定の効果をもたらしたけれども、鉄道部は鉄路管理機関の官僚化、業務効率の低迷、浪費および不正事件の発生、財政の不十分さという問題を依然として抱えており、まだ完全なものには至らなかった[21]。また、債権国の利権が大きく削減されたとはいえ、外国側は華北鉄道に対して大きな影響力を行使しており、中国側が完全に経営権を握った鉄道はごく一部に過ぎなかった。

2）華北分離工作と満鉄の進出

　こうした中国政府の「鉄道管理統一」に対して、日本側は真っ向から華北分離工作を画策した。

　満州事変の勃発後、関東軍と満鉄はそれぞれ臨時鉄道線区司令部と臨時時局事務所を設置し、既存の輸送計画案に従って、軍事輸送と鉄道占領にあたるとともに、軌道修理班と橋梁修理班をもって鉄道復旧をはかった。東北交通委員会によって、その復旧および管理が行われていた占領鉄道は、満州国の建国に伴って交通部に引き継がれ、1932年8月に関東軍司令官と満州国国務総理間に結ばれた「満州国政府ノ鉄道、港湾、水路、航空路等ノ管理並線路ノ敷設、管理ニ関スル協約」を通して満鉄の委託経営となった[22]。さらに、北鮮ルート[23]のため、北鮮鉄道の満鉄委託経営が33年9月に朝鮮総督府と満鉄間に締結されたうえ、35年3月にはソ連側の日ソ間の緊張緩和策として北満鉄道が満州国に譲渡され、満鉄に経営委託された。こうして、満州におけるすべての鉄道が満鉄によって一元的に運営されるに至った。このように、満州国の鉄道体制が整備されるのに伴い、「北支の満州に対する戦略的価値から漸く北支鉄道に対する関心が昇められ、具体的思索が進められた」[24]。

　一方、関東軍は没収資産の現物出資と満鉄の現金出資に基づいて日本内地資本を排除した形で、産業部門別統制会社を設立し、満州第一期経済建設を図ったものの、満鉄の資本不足のため、産業別特殊会社による開発は破綻を迎えた。これに対し、参謀本部、関東軍、日満経済研究会、満鉄経済調査会、満州国政府などによって、日本内地資本の移転を前提とする第二期経済建設案が作られ、1936年より持株会社としての満鉄に代って新興財閥日産の全資本を満州に移転させ、満州重工業開発株式会社を設立し、これを投資の中心機構として満州産業開発五ヵ年計画を推進した。その結果、満鉄は大陸政策の先駆から満州国の交通機関として位置付けられ、従来の並列的運営機構（鉄道部、鉄路総局、鉄道建設局、北鮮鉄道管理局）を鉄道総局に統合し、社線・国線・北鮮線の一元的総合的運営および新線建設を行うことになった。満鉄としては総合的国策機

関としての性格を失い、関東軍の強力な指導の下に交通機関化した[25]だけに、新たな突破口として華北進出を試みたことはいうまでもない。

このように、日満ブロックが建設される中、現地の関東軍および支那駐屯軍（天津軍）[26]による華北分離工作が開始された。関東軍が熱河侵攻作戦を敢行したあと、塘沽停戦協定の締結（1933年5月）によって長城以南河北省東部に非武装地域が設定され満州事変が一段落したが、現地軍はまさにこの地域を足がかりとして華北5省（河北、察爾、綏遠、山西、山東）を国民政府の管轄より分離しようとした。1935年6月に東北抗日義勇軍の非武装地帯の出入を協定違反として河北省全域からの国民党軍の撤退（梅津・何応欽協定）を要求し、なお察爾省で特務機関員が一時監禁された事件を口実として、察爾省の非武装地帯化を要求して土肥原・秦徳純協定を締結した。これは日中両国の親善を重視した日本外務省の対中外交政策に反するもので、現地軍は非武装地帯化に止まらず、華北五省の自治運動を操った。それによって、河北省に親日的冀東防共自治委員会が組織される、この動きを牽制するため、国民党政府は察爾省の冀察政務委員会、内蒙古の蒙疆自治政府を組織した。

このように、華北分離工作が具体化すると、現地軍の指揮下で満鉄は1935年11月に天津弁事処を設置し、支那駐屯軍に対して「有事の場合鉄道実行機関」としての特殊使命を遂行することとし、北寧鉄路局への工作、自動車事業の展開、子会社の興中公司創立および事業展開を進めた[27]。

まず、満州事変中に奉山線の帰属問題を解決したが、奉山・北寧鉄道間の直通に伴い、細部の具体的問題はなお交渉が続けられた[28]。このため、北寧鉄路局においては満鉄より顧問が招聘されており、満鉄と北寧の両者間に設立された東方旅行社の職員が常住した。満鉄職員らはそれぞれの任務に基づいて「北寧との接衝交歓に任じつつ勢力扶植に暗躍」した。これを通して、支那駐屯軍は「北寧鉄路局幹部の素質動嚮偵知、懐従等の工作を続けた」のである。

次に、自動車事業をみると、満・支国境地帯の治安維持の必要上、関東軍の要請によって満鉄鉄路総局自らが北支進出を企図し、1935年6月25日に山海関自動車班を設置し、山海関・建昌営間108キロの自動車運営を開始し、華北に

おける満鉄自動車事業経営が始まった[29]。さらに、7月27日に満鉄は関東軍参謀長より既存路線を含む4路線[30]を開設することが命じられると、経営の準備に着手した。そして、1936年3月31日の重役会議の結果、この弁事処をもって速やかに営業の開始にあたらせることとし、その実行機関として同年4月1日に弁事処内に華北汽車公司を設立した。4月1日の公司設立と同時に、山海関に山建汽車公司、唐山に民新汽車公司を設置し、引き続き4月10日に北平に承平汽車公司、7月1日に張家口に張多汽車公司を設置し、各路線ごとに1公司を設置し、所管路線の営業を開始した。

それだけでなく、満鉄は1935年12月に十河信二理事を社長として、資本金1,000万円、20万株を全額出資して興中公司（本社大連）を設立した[31]。興中公司は投資会社として、天津特別市との合弁会社天津電業股份有限公司の設立、冀東電業股份有限公司の創立、長蘆塩の対日輸出、塘沽運輸公司の設立にあたった。さらに、興中公司の企図は石家荘の井陘炭鉱や張家口の龍烟鉄鉱の開発にもおよび、同時に津石鉄道を敷設することによって、鉱山と鉄道をワンセットで経営しようとした。津石鉄道の場合、「北寧鉄道と京漢・津浦両線の一部を制し北支鉄道の要点を占拠し得る」ことから、支那駐屯軍によって重視され、冀察政務委員会交通委員（北寧鉄路局幹部）と日中合弁による敷設交渉が重ねられた[32]。既述のように、当時国民政府の鉄道国有の方針（すなわち借款鉄道の消滅）による強い反対があったにもかかわらず、1937年1月から6月にかけての交渉の結果、津石鉄道を借款鉄道として建設することがまとまり、「協定調印の運迄進捗」するところだった。

このような事業展開とともに、関東軍は支那駐屯軍との協力下で満鉄調査部をもって支那駐屯軍丙、乙嘱託班調査を実施した[33]。調査員24人の甲嘱託班（1935年7〜11月）が満州国から派遣され、華北経済開発および統制に関する調査を行ったのに対して、丙、乙嘱託班は満鉄調査部によって構成された。丙嘱託班調査（1935年7〜11月）は華北が華中から分離された場合を前提とする調査員5人の小規模のものであったが、乙嘱託班は1935年11月に編成され、200人以上の大規模で、総務、鉱山、鉄道、港湾、工業、経済の6つの班に分

第1章　戦前における華北鉄道の運営と日中両国の確執　17

表1-2-3　支那駐屯軍司令部乙嘱託班鉄道班の調査部門および調査人員

調査部門	調査人員（94人）
総括	鉄道班主査の星田信隆1人
既設鉄道調査立案	［総務］3人、［運輸］6人、［車務］11人、［工務］6人、［通信］1人、［信号］2人
新設予定線調査	［津石、滄石予定線］経済調査1人、第一次技術調査3人、第二次技術調査2人 ［赤峰－多倫－平地泉予定線］経済調査3人、技術調査4人 ［承徳－古北口－北平および北平－唐山間予定線］経済調査4人、技術調査4人 ［包頭－寧夏間予定線］経済調査2人、技術調査6人 ［済南－道口鎮・豊楽鎮間予定線］経済調査1人、技術調査2人 ［梁格荘－原平鎮（代州線）間予定線］経済調査1人、技術調査2人 ［高密－徐州間予定線］経済調査2人、技術調査2人 ［門頭溝－斉堂、清白口－沙城、八達嶺附近改築調査］　2人 ［南口－康荘間標高調査］1人
自動車交通関係	3人
水運調査	3人
通訳・翻訳	10人
図工	6人

出所：支那駐屯軍司令部乙嘱託班『北寧鉄道調査報告：総務関係』1937年6月「はしがき」。
注：作業関係上2ヵ所以上の調査担当者がいる。2ヵ所担当者2人、3ヵ所担当者2人、4ヵ所担当者1人。

かれて、華北の交通、鉱山、工業施設の見取図作り、測量などの比較的詳細な調査を1937年までに実施した。

　鉄道班は隴海鉄道を含む同鉄道以北の既設鉄道および新設予定鉄道、並びに自動車、道路、水運（経済調査のみ）の現状を詳細に調査し、その「改善策の立案をなす目的を以て、満鉄社内の各部より適任者を網羅して天津を本拠として」調査に着手した。表1-2-3のように、本調査は華北の8つの路線（平漢、津浦、膠済、平綏、北寧、正太、同蒲および隴海鉄道）についての情報収集（総務・経理・運輸・車務・工務・通信・保安）にとどまらず、将来華北分離後、日本側によって建設されるべき予定線や連絡交通（自動車、水運）についても詳細な調査が実施された。もちろん、「排日空気頗る」中で調査が実施され、まだ不充分なところもあったものの、これらの情報が戦争勃発後の占領鉄道の運営管理にとって非常に役立ったことはいうまでもない。

　1936年に至って北支処理要綱が決定されると、華北分離工作は国策レベルまで引きあげられ、支那駐屯軍（いわゆる天津軍）の専任事項となった。支那駐

屯軍司令部は計画の準備を進めたが、1936年夏に支那駐屯軍の再編にあたって交通の重要性が認められ、参謀部の編成に鉄道将校1人および下士官2人を配置させた[34]。それにあわせて、関東軍は中央の指示に基づき関東軍鉄道線区司令部を通して満鉄を指導し、北寧鉄道の占領管理運用計画を作成させた。熱河作戦（1933年）を敢行したとき、関東軍は長城を超えて唐山までの北寧鉄道を占領管理した体験を有したので、本管理運用計画は運用機構、要員の配置、鉄道要点の確保、資材の補給など「具体的に綿密なもの」となった。

　以上のように、華北分離工作は現地軍の指導下で満鉄を中心として、北寧鉄道などの管理運営計画を見るに至った。これに対抗して、中国側は軍事輸送体制を整えて日本との武力衝突に備えた[35]。非常時の軍事輸送の増加に対応するよう、レールおよび枕木の交換、橋梁強度の強化、站（日本の駅）の炭水施設の拡充、通信施設の整備、車両の増備などを通して、既存路線の輸送力強化を図る一方、各地域ごとに戦災施設復旧を念頭に置いて緊急鉄道資材を備蓄した。そして、交戦下の鉄道要員の安全を確保し、さらに主要施設の破壊を保護するため、防空壕などの防空対策を講じた。鉄道要員に対しては軍事委員会より専門軍人が派遣され、「員工軍訓」を実施した。こうして、華北鉄道をめぐる日中両国の対立は戦争勃発を目前にしていたのである。

注

1）　東京商工会議所調査部編『支那経済年報』改造社、1937年版、406頁；満鉄調査部編『支那経済年報』改造社、1940年度版、211頁。

2）　中国の鉄道は1876年の上海－呉淞間軽便鉄道を嚆矢とするが、まもなく撤去され、そのレールが台湾に送付された。そのため、本格的な交通機関は1881年に建設された唐山－胥各荘間の駅馬牽引鉄道であった。この鉄道はその後北寧鉄道の発端となった。東京商工会議所調査部編『支那経済年報』改造社、1937年版、400頁。

3）　東京商工会議所調査部編『支那経済年報』改造社、1936年版、376～406頁；支那駐屯軍司令部乙嘱託班『平漢鉄道調査報告：総務関係』1937年6月；同『北寧鉄道調査報告：総務・経理関係』1937年7月；同『隴海鉄道調査報告：総務・経理関係』1937年7月；同『正太鉄道調査報告：総務・経理関係』1937年7月；同『平綏鉄道調査報告：総務・経理関係』1937年8月；陳暉『中国鉄路問題』三聯書店、

1955年、21〜55頁。
4) 満鉄調査部編『支那経済年報』改造社、1940年度版、206〜207頁。
5) 東京商工会議所調査部編『支那経済年報』改造社、1938年度版、301〜303頁。
6) 満鉄調査部編『支那経済年報』改造社、1940年度版、206頁。
7) 宓汝成著（依田憙家訳）『帝国主義と中国の鉄道』龍渓書店、1987年、346〜349頁。
8) 華北交通株式会社編纂委員会『華北交通株式会社創立史』興亜院華北連絡部、1941年、9〜10頁。
9) 前掲『帝国主義と中国の鉄道』354〜356頁。
10) 張端徳『中国近代鉄路事業管理的研究』中央研究院近代史研究所、1991年、127〜148頁。
11) 前掲『華北交通株式会社創立史』114頁。
12) 同前、30〜31頁。
13) 鉄道省上海弁事処『鉄道部成立後の支那鉄道』1935年、1〜34頁；李占才編『中国鉄路史（1876〜1949）』汕斗大学出版社、1994年、196〜203頁。
14) 1935年に実施された鉄道部顧問 Hammond の調査によれば、国有鉄路が分線管理制を分区管理制に改めれば、年間1,000万元が節約できると判断された。前掲『中国近代鉄路事業管理的研究』117頁。
15) 前掲『帝国主義と中国の鉄道』266〜268頁。
16) 内田知行「抗戦前中国国民政府の鉄道建設」（東洋文庫近代中国研究委員会『近代中国研究彙報』第10号、1988年、22頁）。
17) 前掲『帝国主義と中国の鉄道』271頁。
18) 前掲『華北交通株式会社創立史』30〜31頁。
19) 張公権『抗戦前後中国鉄路建設的奮闘』伝記文学出版社、1974年、210〜211頁。
20) 前掲『中国鉄路史』233〜234頁。
21) 同前、235頁。
22) 満洲国史編纂刊行会編『満州国史 各論』財団法人満蒙同胞援護会、1971年、846〜849頁；原朗「『満州』における経済統制政策の展開」（安藤良雄編『日本経済政策史論 下』東京大学出版会、1976年、211〜219頁）。
23) 吉会鉄道（中国）−北鮮鉄道（朝鮮咸鏡北）−北鮮3港（羅津・清津・雄基）−新潟（日本）。
24) 統帥部の作戦準備が伝統的に対ソ作戦に重点があった関係上、鉄道に関する計画準備も「対北方超重点主義」に徹したため、対中作戦が軽視された。それには、中国鉄道が満州内の鉄道と同種規格であったため、資材および要員の転用が可能であったことも、対中作戦準備の遅滞の原因の1つであった。安達興助「日支事

変に於ける鉄道戦史」1948年3月、厚生省復員局『軍事鉄道記録Ⅱ』年度未詳。
25) 1932年7月に関東軍司令官が駐満全権大使と関東長官を兼任し、満鉄に対し軍事上の指示権以外に監督権までも掌握し、その後、対満事務局の設置によってそれを固めた。そして交通監督部が関東軍司令部内に設置され、満鉄に対する業務監督が行われた。河村弁治「満州に於ける鉄道管理」1947年3月、厚生省復員局『軍事鉄道記録Ⅰ』年度未詳。
26) 義和団事件が発生すると、日本側は第五師団を中心として2万2千人の兵力を派遣し、義和団を鎮圧した。その後、列強諸国は賠償金とともに駐兵権を獲得した。それによって、日本は清国駐屯軍を設置し、清朝の没落後にはこれを支那駐屯軍と改称し、日本内地の各師団を1年間交代派遣した。そのうち、天津に駐屯した部隊を天津軍と呼んだのである。
27) 前掲「日支事変に於ける鉄道戦史」；中村隆英『戦時日本の華北経済支配』山川出版社、1983年、13～30頁。
28) 安達興助「日支事変に於ける鉄道戦史」1948年3月、厚生省復員局『軍事鉄道記録Ⅱ』年度未詳。
29) 前掲『華北交通株式会社創立史』177～181頁；渓友吉『北支・蒙疆に於ける自動車運輸事業の開設』蒙疆会、1987年、1～7頁。
30) 4路線は建昌営・山海関間、承徳・古北口・北京間、赤峰・平地泉・喜峰口・玉田・天津間、多倫・張家口間。
31) 前掲『戦時日本の華北経済支配』58～68頁。
32) 前掲「日支事変に於ける鉄道戦史」。
33) 「北支の鉄路を探る」満鉄社員会『協和』第12巻第1号、1938年1月1日；「乙嘱託班の思い出」華北交通外史刊行会『華北交通外史』1988年、19～31頁；小林英夫「華北占領政策の展開過程：乙嘱託班の結成と活動を中心に」(『駒澤大学経済学論集』第9巻第3号、1977年12月)。
34) 前掲「日支事変に於ける鉄道戦史」。
35) 前掲『抗戦前後中国鉄道建設的奮闘』125～126頁；前掲『中国鉄路史』256～261頁。

第 2 章　日中全面戦争の勃発と華北交通の設立

1．占領鉄道の接収と運営システムの構築

1）北支事務局と占領鉄道の運営

①満鉄出動と北支事務局の設置

　日中両国間に緊張が高まる中、中国側が西安事件を契機に内戦から共同救国へと大旋回を為し遂げ、抗日態勢を整えると、日中戦争の全面化は避け難くなり、それが盧溝橋事件を通して現実化した。事件の勃発にあたって、中央統帥部は鉄道運用において関東軍に命じて、北寧鉄道管理運用計画に基づいて鉄道部隊、軍事鉄道機関および満鉄の派遣を準備させ、必要に応じて支那駐屯軍を援助させた。さらに、支那駐屯軍に対しては欧米列国の権益関係を考慮して、現地鉄道を軍事輸送の利用程度にとどめることを指令した[1]。

　関東軍鉄道線区司令部（8月以降、関東軍野戦鉄道司令部）から満鉄総裁に対し「北支事件に伴ふ満鉄従事員及器材の派遣準備に関する件」（7月9日）が出され、「本年度線区司令部戦時準備計画」に基づき、「北寧鉄道派遣従事員及小修理班」の出発準備が整えられた[2]。満鉄は既述のように鉄道総局輸送委員会を中核として鉄道動員に関する準備研究を行っていた。それに従って、満鉄は線区司令部の指揮下で鉄道総局内に輸送本部を、山海関に輸送班を、天津の支那駐屯軍兼新軍司令部参謀部内に連絡班を設置し、軍事輸送統制にあたらせた。

　満鉄は鉄道総局芳賀千代太監察以下 4 名の局員を天津に派遣して、軍線区司

令部との連絡にあたらせた。同連絡員は10日午後3時に天津に到着すると同時に、線区司令部と打合せた上、軍の鉄道輸送業務に関する具体的要求を鉄道総局へ伝令し、さらに北寧鉄道の接収に関する立案に携わった。また、軍事輸送準備として山海関に奉天鉄道事務所車務課長大西正弘を班長とする輸送班を編成することとし、先発員2人を当該に派遣し、錦県鉄道局より連絡員として3人の応援を得て7月9日に山海関輸送班を開設した。大西班長は翌10日機務係長、庶務員1人と乗務員28人を引率して山海関に到着し、ただちに線区司令官と諸般の打合せをしたあと、輸送計画の立案に着手し、乗務員には待機の態勢を整えた。

まず、満鉄は北寧線上に満鉄側の駅区を設けることとし、北寧線各站長に対して輸送班長名をもって站段員派遣の趣旨を通達し、協力を要請した。「北寧側職員の生命財産の安全を保証し配置せる満鉄社員をして職域に干渉せしめざる事」を条件とし、13日まで満鉄社員1,150人を派遣し、秦皇島などの主要各站に4～8人の站段員を一斉に配置し、軍事輸送に従事させた[3)]。7月12日に最初の軍用列車が天津に到着してから、兵站輸送は急増し、輸送の円滑性を失うと、15日には天津連絡員より「事態の進展に伴い軍事輸送の万全を期する為、山海関輸送班は即刻主力を天津に進出せしめられたし」という要求が出された。これに応じて、山海関輸送班員を天津に進出させ、7月21日には全員移転して天津輸送班と改称した。

それと相まって、7月16日には軍の作戦に協力するため、満鉄派遣の連絡班を支那駐屯軍天津軍司令部参謀部内に設置し、18日にはそれを「臨時北支事変事務局」とした。同事務局は当時の満鉄産業部長阪谷希一理事と天津事務所伊藤武雄をそれぞれ局長、副局長とし、満鉄天津事務所調査人員36人で構成し、安達参謀の隷下で占領鉄道の延伸に伴って必要とされる従業員の配置および動員集中輸送、資材整備に関する計画の立案、北寧鉄路局、満鉄各機関との連絡折衝にあたった[4)]。満鉄本社はまだ正式に承認しなかったが、実質的に鉄道派遣員を援助し、軍事輸送業務を処理したのである。そして、21日に天津輸送班が設置されると、鉄道総局長は同事務局のもとに、①大西輸送班長が鉄道総局

との直接連絡のうえ、北寧全線の輸送およびその関連業務を担任し、②芳賀連絡員が天津軍および鉄道総局との連絡や北寧以外の計画にあたることを指示し、「臨時北支事変事務局－鉄道連絡本部（天津連絡員）－北寧輸送班（天津輸送班）」の分掌を明らかにした[5]。

軍との鉄道管理体制を見れば、8月11日に第一鉄道監部が天津に到着すると、北寧線およびその以遠における軍事輸送は鉄道監が実施することになり、天津輸送班は鉄道監の指揮下に編入された。それに合わせ、満州からは鉄道第三連隊が応急派遣され、日本からは鉄道第一、二、六連隊が動員された[6]。第三連隊は京包線に、第一連隊は津浦線、第二連隊は京漢線へと、第一軍、第二軍および関東軍に追随し、鉄道の追撃戦、占領、戦災施設の復旧、軍事輸送にあたった。後の山西省攻略には第六連隊が動員され、同蒲・正太両線の軍事作戦にあたった。事変の進展は北寧線上に止まらず、京綏、京漢、津浦の各線にまで拡大し、天津輸送班だけでは輸送の円滑を期し難くなった。8月23日に第一鉄道監は「軍の前進に伴う鉄道隊と満鉄派遣団との業務の連絡及引続要領」を制定して、占領鉄道の整備に従って満鉄派遣団にその管掌を鉄道隊から引き受けさせることで、軍鉄一体として「鉄道隊は更に前方へ躍進し、満鉄は後方を固め」る方針を確立した[7]。なお、後方区域における軍事輸送については、関東軍野戦鉄道司令部が満鉄派遣団を「区処」（区処とは、特定事項について円滑な業務遂行のため、直接の指揮関係にない指揮者が指図することである）した。それによって、華北における占領鉄道の運営は満鉄に任された[8]。

ところが、戦線の拡大によって増える軍事輸送に対応するため、総裁直属の強力な総合機関を設置する必要性がでてきた。1937年8月27日に満鉄は天津弁事処を母体として、北支事務局（局長杉広三郎）を天津に設置した。北支事務局の組織は庶務、人事、経理、調査、弘報、輸送、公務、電気の8班からなり、その管理下に天津および豊台輸送事務所、通州建設事務所、戦争以前より北京にあった北京事務所を置いた。北支事務局が設置されると、人事班が天津連絡班に代わって、華北鉄道全般に対する満鉄従事員の配置運用計画および実施事務にあたった。また、現場管理のため、天津に北寧線を管理の天津輸送事務所、

豊台に北寧線豊台以西、京綏・京漢の両線を管理する豊台輸送事務所を新設した。

さらに、第一鉄道監は「鉄道隊管理区域拡大に伴う鉄道隊及満鉄派遣団特殊連繫の業務処理要領」（1937年9月11日）を作成し、鉄道隊の管理区域の拡大に従って満鉄北支事務局が通信、給水、その他特殊修理班、輪転材料およびその乗務員を鉄道隊区域にまで延長して運営するよう指示した。それによって、北支事務局は単に後方の占領鉄道だけでなく、最前線の鉄道隊管理区域においても鉄道運営にあたったのである。そのため、満鉄は軍作戦に対応できる鉄道準備をしなければならず、社員の北支派遣も積極化し、9月末には社員派遣規模が日本人3,852人、満州人762人、合計4,614人を数え、その後さらに多くなった。

こうした戦時輸送体制の急変の中、満鉄はまず在満部隊を輸送したあと、7月16～19日に朝鮮部隊19ヵ列車を輸送した[9]。そして、7月25日以降は内地部隊の第一次輸送（50ヵ列車）を実施し、8月10日から9月15日に至る約40日間に、311ヵ列車の運行を完了した。とはいえ、集中輸送の当初は相当混乱し山海関・天津間を運行するのに36時間もかかり、各站には鉄道車両が溢れ、列車運行遅延の影響が満鉄および朝鮮国鉄に及んだ[10]。そのうえ、京義線、安奉線、奉山線などが水害に被られたため、旅客列車運行の停止あるいは大鄭線廻り、営口渡船などのあらゆる手段が講じられた。さらに9月11日よりは第三次内地部隊の輸送を開始し、北寧線内における運転混乱などの障碍に対処し、10月5日までに164ヵ列車を運行させたのである。

②北支事務局の仮営業の開始と運営の一元化

その後、軍事輸送の重点が集中輸送から地域内の機動輸送と補給輸送に変わるにつれて、占領鉄道を体系的に運営する必要が生じた。そこで、北支那方面軍（←支那駐屯軍、1937年8月）より北支事務局に対して「北支那諸鉄道運営要綱」（1937年10月11日）が出された[11]。速やかな交通回復を図り民需に対応することによって「民心安定に資すると共に我勢力扶植の根基」を確立する

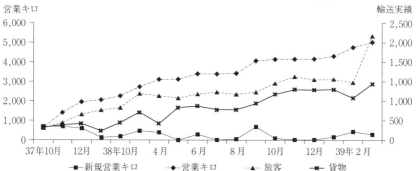

図2-1-1　満鉄北支事務局における営業キロと輸送実績

（単位：km、千人、千トン）

出所：前掲『華北交通株式会社創立史』373～375、392頁。
注：営業キロには北寧鉄道の営業468.8km が含まれている。

こととし、先に北寧、平綏の両鉄道の運営を正常化したのち、平漢、津浦の両鉄道の運営を回復するという方針であった。その際、北寧鉄道はイギリスの権益があるだけに、満鉄派遣社員を既存の管理機構に逐次投入し、北支事務局が鉄道の運営を掌握するが、平綏、平漢および津浦鉄道は満州派遣現機構を根幹に、旧従業員を包摂して鉄道管理体制を整えようとした。こうした鉄道運営の掌握にあたって、日本側は外国の権益を尊重し国際的紛糾を惹起しないこととした。

　これに基づいて、北支事務局は1937年10月15日に仮営業規則と鉄道運送仮営業収入帳表類取扱手続の2つの規程を制定し、図2-1-1のように仮営業を開始した[12]。2つの規程は旅客と貨物を一括した簡単な運送規則であって、しかも軍事輸送の処理に重点を置いたため、民需輸送からみれば輸送統制の性格が強かった。民需輸送といっても、そのほとんどが軍事工場用の戦略資源あるいは宣撫工作用の一般民衆の生活必需品に限られた。その後、治安が確保されるにつれ、仮営業は民需輸送を十分に考慮した正常的なものに改められた。

　旅客輸送においては、1937年12月1日より旅客携帯品の取扱および新聞紙・雑誌の小荷物運送取扱を開始し、1938年4月1日には従来の手荷物受託限度50トンを100トンまでにし、また一般小荷物の受託を開始した。貨物においては、

表2-1-1　満鉄北支事務局の組織の変遷

	創　立	第1次改正	第2次改正	第3次改正	第4次改正
	1937年8月27日	1937年12月1日	1938年1月27日	1938年3月21日	1938年9月18日
本局	庶務班　人事班 経理班　調査班 弘報班　輸送班 工務班　電気班	総務班　経理班 調査班　弘報班 営業班　輸送班 工作班　工務班 電気班	総務班　経理班 弘報班　営業班 輸送班　工作班 工務班　電気班 警務班	総務班　保健班 経理班　弘報班 営業班　輸送班 工作班　工務班 電気班　警務班 調査室	企画局　総務部 人事部　経理部 調査部　運輸部 水運部　工作部 工務部　警務部 輸送委員会
鉄道運営機関	天津輸送事務所 豊台輸送事務所	天津鉄道事務所 北京鉄道事務所 張家口鉄道事務所	天津鉄道事務所 北京鉄道事務所 石家荘出張所 張家口鉄道事務所 青島弁事所	天津鉄道事務所 北京鉄道事務所 石家荘出張所 楡次出張所 張家口鉄道事務所 済南鉄道事務所 青島事務所	天津鉄路局 北京鉄路局 石家荘鉄道出張所 太原鉄道出張所 張家口鉄路局 済南鉄路局 青島鉄道出張所 徐州鉄道出張所

出所：前掲『華北交通株式会社創立史』338～339頁。
注：鉄道運営機関の場合、第4次改正（1938年9月18日）ではなく、現場関係機関職制改正（1938年6月20日）である。

　1937年12月10日に京綏・京漢・津浦線と北寧線の間に直通運送を実施し、断絶状態にあった連絡運送を回復し、接続点における積替・託送替の手続を省き、京津地方と奥地沿線各地との物資交流を容易にした。さらに、社用品の輸送に対しても広義の軍需品輸送を適用し、当分の間、無賃扱や取扱の簡易化を図るため、1938年1月14日には社用品運送暫行取扱手続を制定した。そして、同月29日には満鉄の貨物輸送規程を基準とし、貨物運送暫行規程を制定・実施した。
　1937年12月には北支事務局の現場関係機関として輸送事務所を廃し、新たに鉄道事務所を設置し、現場管理体制を整えた。その後、戦線の拡大、占領鉄道の延伸に伴って、それに対処するため、表2-1-1でみられるように、出張所、弁事処あるいは鉄道事務所を新設した。特に、北支那方面軍司令部が北京に移転すると、北支事務局は1938年1月21日に中国側の平綏鉄路局および平漢鉄路局の業務を接収したあと、同月27日には本局を北京に移転したのち、第二次組織改正を行った。この整備の余波は既存の北寧鉄道にもおよび、占領鉄道の一元的な管理が進められた。

すでに各種業務について「日人従事員浸透して北寧側を指導しつつ監理の実力を獲得して」おり、「天津輸送事務所長平田騏一郎氏は北寧鉄路顧問」となっていたが、北寧鉄道の場合、イギリスの権益が勘案されたため、既存職員はほぼ残され、「同一線上に命令系統を異にする二種の現場機関が設置されていた」[13]。そのため、中華民国鉄道部制定の「中華民国鉄路貨車運輸通則」（1936年1月）および「北寧鉄路客貨車運輸附則」（1937年6月）をそのまま踏襲していた。旅客および手小荷物運送関係規程も旧中華民国所定のものを踏襲したため、鉄道輸送方式が華北内に統一されていなかった。

これに対し、1938年1月23日には北支那方面軍司令官より北支事務局長に「北支事務局長は自今北寧鉄道を指揮運営すべし」と命じられ、さらに2月3日には軍特務部長より「北寧鉄道運営に関する細部の指示」が出された。指示内容は、①「優越蔑視感を発露することなく」、インセンティブを与え、旧職員を包摂すること、②根本的機構改革は従事員の動揺を惹起する恐れがあるため、すぐには行わないこと、③軍事輸送業務は日本人が担当すること、④イギリスの権益を考慮し、本線の収益を他線に転用しないこと、⑤北寧局長を通じてイギリスの影響力が占領鉄道にまで波及することを遮断すること、⑥課長級以上の人事機構の改革、重要規定および賃率の改廃、運転時刻の変更などに関しては軍特務部長の承認を受けることであった。それに基づいて、北支事務局は組織の統合を推進し、3月22日には満鉄側の駅区を廃止、輸送業務を既存の北寧側に遂行させ、満鉄社員がそれを指揮した。

さらに、徐州の陥落によって華北と華中の連絡が可能になり、図2-1-1のように華北におけるほとんどの鉄道が北支事務局の運営下に入ることになり、1938年6月20日に北支事務局は管下現場機関の職制を全面的に改正した[14]。つまり、従来の鉄道事務所を廃して天津、北京、張家口および済南に鉄路局を設置し、各鉄路局に総務・経理・営業・輸送・工務・電気・警務の7処と、参与・監察を置いた。その結果、各鉄道ごとに異なっていた臨機の運営方式が統一された。北寧鉄道も北寧鉄路局を解消して天津鉄路局に改め、北支事務局に統合し、華北鉄道の一元的運営が始まった。

軍事輸送体制においても、組織改編が断行された。前方区域の鉄道監部と後方区域の（関東軍）野戦鉄道司令部が輪転材料と鉄道資材の割当において意見衝突し、両者間の連絡も充分ではなかった。これに対し、6月17日に両機関を打って一丸として第二野戦鉄道司令部を設置し、既存の業務を継承した15)。それによって、両機関に跨っていた鉄道連隊3、鉄道材料廠1、停車場司令部22、陸上輸卒隊10、建築輸卒隊2など将校以下総員11,200人が第二野鉄の隷下に入るほか、鉄道省派遣員（後述）約3,500人が配属された。さらに北支事務局も第二野鉄の区処を受けることとなった。

それに合わせ、仮営業から逐次本営業に切り換えるとともに、軍用ダイヤに民間列車を組み入れた。輸送方式においても、従来特約によって国際運輸会社のみが取り扱った小口扱貨物に対して、新たに小口扱の制度を設けて一般会社にも開放した。また、貨物等級中に新たに約60品目の追加並びに発着手数料を規定した。仮営業の開始以来、貨物の滅失または毀損による損害に対しては賠償の責に任じなかったが、6月15日に仮営業規則を改正して負債運送を始めた16)。

1938年7月14日に新交通会社の立案過程（後述）で特務部案として、北支交通会社機構案が固まると、北支那方面軍は北支事務局長に対して「北支事務局の現機構を漸進的に拡大し交通会社への転移を容易ならしむる如く北支事務局機構改組を講じられ度」旨を通報した17)。そのため、1938年9月18日に満鉄は鉄道総局の職制を一部改正するとともに、北支事務局の機構を全面的に改正した。すなわち、企画局、総務・人事・経理・調査・運輸・水運・工作・工務・警務の9部ならびに輸送委員会を設置した。これは、華北経済開発の原動力として水陸交通を整備するとともに、新たに設立計画中の北支交通会社への円滑なる移行を目論んだものであった。

ところが、基本的運営方式は依然として中国側制定の旧則であったため、新旧規定の間には不統一かつ競合があり、規程の断片的な補足では限界があった。そのため、新会社への移行を目前に運営方式の合理化は焦眉の問題となった。そこで、1939年2月25日に日本国鉄の取扱事項に倣い、日本の規程と同一体系

の画期的改正を行い、「京山線鉄道運送規則」および「運送取扱手続」を制定した[18]。この規程を全面的に準用して仮営業線用の「北支事務局旅客及荷物運送暫行規則」を制定し、4月1日より実施した。その結果、北寧鉄道と占領鉄道間に直通運送の一元化が可能となり、華北鉄道における貨物取扱が統一された。

2）経営資源の確保と輸送力の回復

①華北鉄道の要員構成と車両増備

ここでは、北支事務局の経営資源がどのように形成されたかを検討する。

まず、人的資源から考察してみよう。図2-1-1のように、占領鉄道の拡大と輸送量の増加に伴って、より多くの要員配置が必要とされた。ところが、表2-1-2でみられるように、満鉄より2万人を超える従事員の派遣があったものの、満州においても1937年以来五ヵ年計画の実施と軍事輸送による輸送需要が増加し、物的人的資源を華北へと提供するのには限界があった。特に、労働力不足による鉄道運営の支障が発生しており、より深刻化すると予測された[19]。しかも、満鉄それ自体が対ソ作戦の集中ルートであるだけでなく、安奉、奉山、連京の各線が日本軍の華北輸送の幹線であった。この点で、日本鉄道省が経営資源の新しい供給源として注目された。

すでに「昭和12年度戦時鮮満鉄道運用上不足スル鉄道従事員派遣並野戦鉄道班編成派遣方ニ関スル件（参謀）」（1937年3月18日）が決定され、戦前より鉄道省は朝鮮鉄道局と満鉄に対する人的補強を想定していた[20]。それだけに、関東軍は戦争勃発の直後、満鉄派遣団を増強する形で、その補充として鉄道省従事員の満鉄線へ派遣を希望した[21]。ところが、それに対し、鉄道省は鉄道省従事員を直接華北に派遣することを主張し、両案が対立することとなった。そこで、参謀本部、関東軍、鉄道省、満鉄の4者間で折衝が重ねられた結果、鉄道省従事員を軍属として、野戦鉄道司令部に派遣することとし、9月21日には「鉄道省従事員の満州派遣に関する件」を決定したのである。第一次鉄道省派遣員（高橋部隊）は1937年10月30日奉天着の先発隊をはじめとして、11月11日

表 2-1-2　華北鉄道における従事員の構成

(単位：人)

年月	満鉄従事員			鉄道省派遣員					旧従事員	合計
	日人	満人	計	高橋部隊	足立部隊	鈴木部隊	羽中田部隊	計	(新採用含)	
37.9	3,852	762	4,614	—	—	—	—	—	—	4,614
10	4,583	849	5,432	—	—	—	—	—	—	5,432
11	5,840	1,149	6,989	—	—	—	—	—	16,450	23,439
12	6,383	1,433	7,816	77	—	—	—	77	23,602	31,495
38.1	7,648	1,734	9,382	789	—	—	—	789	27,189	37,360
2	7,997	2,002	9,999	1,601	300	—	—	1,901	27,367	39,267
3	8,847	2,763	11,610	1,912	330	—	—	2,242	33,511	47,363
4	9,650	3,120	12,770	1,909	330	—	—	2,239	39,343	54,352
5	10,456	3,437	13,893	1,908	329	307	—	2,544	40,576	57,013
6	10,744	3,173	13,917	1,908	329	414	—	2,651	43,850	60,418
7	11,377	3,652	15,029	1,894	328	493	—	2,715	45,757	63,501
8	11,642	3,715	15,357	1,898	326	493	—	2,717	45,514	63,588
9	12,009	3,745	15,754	1,898	322	488	699	3,407	46,528	65,689
10	12,317	3,638	15,955	1,890	422	488	698	3,498	47,681	67,134
11	12,607	3,632	16,239	1,895	422	487	697	3,501	49,297	69,037
12	13,077	3,664	16,741	1,894	422	485	697	3,498	50,503	70,742
39.1	13,403	3,659	17,062	1,894	421	464	694	3,473	52,160	72,695
2	16,805	3,421	20,226	1,114	419	281	941	2,755	52,701	75,682
3	17,162	3,448	20,610	46	416	13	940	1,415	54,332	76,357
4.17	15,671	3,022	18,693	41	253	4	937	1,235	58,070	77,998

出所：前掲『華北交通株式会社創立史』345頁。
注：満鉄の日本人社員のなかには鉄道省から満鉄へと所属を変えた社員が含まれている。1938年12月にはその人員が700人に達した（満鉄北支事務局『興亜院ニ於ケル説明資料』1939年2月）。

までに総員1,918人が奉天に集合した[22]。これらの派遣員は約2ヵ月間半にわたって大陸鉄道の経験を積んだのち、1937年12月下旬より漸次華北に派遣され、北支事務局長の指揮の下に占領鉄道に配属された。

「満鉄と対抗上独立して一方面の鉄道を担当せしめられ度希望もあったが、軍は『セクショナリズム』的狭見を排」することにした[23]。それに伴って、1938年1月8月に「北支事務局に於ける鉄道省より派遣員の人事方針」が決定され、高橋部隊（総務20人、運輸501人、運転930人、工務64人、電気151人、工作168人、建設84人）は北支事務局長の指揮下に入った[24]。省からの派遣員は満鉄北支事務局の指示を受け、「官吏としての従来の体面が快としないところであった」。それだけでなく、現場幹部の選任からも排除されるなど、「隊員上下から一斉に処遇上の不平不満がもち上が」った。なお、鉄道省従事員の

追加派遣要請に際して、現地軍の所置を非難する声が統帥部にも波及し、満鉄職員との間にトラブルを起こさないようとの注意が払われ、「爾後の鉄道省派遣はその任務に適った部隊組織でなされる」こととなった。

そのため、1938年に入ってからは鉄道および橋梁の修復、車両の修理、特定区間の運営を担当するタスク・フォースとして鉄道省従事員の派遣が行われた。軍の要請によって橋梁修理班の足立部隊430人、車両修理班の鈴木部隊498人が1938年に派遣された。さらに、徐州陥落によって占領された隴海鉄道を運営するため、新たに鉄道省から羽中田部隊が派遣された。羽中田技師を部隊長とする第一次派遣員700人が構成され、10月6日に徐州に到着し、次に1939年2月1日第二次派遣員248人も到着し、計948人は青村部隊長の指揮に入り、徐州に本部を置き、隴海線上占拠地域における鉄道運営業務を担任した。しかし、隴海線の独自的運営は給養、資材補給などにおいてかえって困難をもたらした。同時に、鉄道省は華中鉄道の運営主体として山田部隊、剛部隊、山武治部隊を次々と投入したため、北支事務局を支援するには組織上限界があった[25]。

当然、従来の中国職員の活用も進めざるを得なかった。北支事務局は1937年9月に「北支占領鉄道従事員採用要領」を制定し、所管区域内の旧従事員の復帰を慫慂し、人的資源の拡充を図った[26]。抗日思想を有しない者として、戦争勃発以前まで鉄道に奉職した現業員（ただし高級職員は鉄道監の許可を得た者に限る）であるという要件を満たす旧従事員の中で、技能経験および生活状態を考慮して旧従事員の採用を行った。「満州と異なり成る可く支那人採用主義をとる」[27]ことにしたため、満鉄「満人社員」が中心となって旧従事員に対する積極的な説得工作が展開された。それにより、1937年12月末まで旧従事員23,602人が復職し、華北交通株式会社の創立時には58,070人（このうち1万人以上が新規採用者）にも及んだ。

ところが、表2-1-3で見られるように、旧従事員の残留率は戦争初期に日本側が速やかに掌握した京山線（北寧鉄道）と京包線を除いて、50％を大きく下回っており、隴海線の場合はそれが15.0％に過ぎなかった。これは、戦争の全面化につれて国民政府側が鉄道運輸司令部を設置し、鉄道部とともに戦時輸

表2-1-3　満鉄北支事務局における旧中国人従事員の残留率

路　線	京山線	京包線	膠済線	津浦線	京漢線	正太線	同蒲線	隴海線
残留率	92.0%	60.0%	40.0%	30.0%	30.0%	NA	17.0%	15.0%
（参考）	100.0%	73.9%	45.1%	24.1%	41.5%	67.0%	NA	NA

出所：北支那方面軍司令部『北支鉄道現状』1938年11月；華北交通株式会社『輸送ノ現況ト輸送力確保対策』1945年２月

注：１．基本数値は時間的に最終的集計が可能であったと判断されるため、1945年２月の資料による。ただし、津浦・京漢両線の30％とは資料上両線の合計の残留率である。
　　２．参考の残留率は1938年９月下旬時点のものである。

送に臨みながら、「与軍隊同進退」を命じて組織的「撤退工作」を展開したからである[28]。そのため、北支事務局の下に１万人以上の中国人の採用が新たに行われた[29]。

　旧従事員の場合にも、彼らの職務能力をみても、戦前来の要員運用が外国人を重要ポストに配置し、中国人の採用において「一般政治社会の風習に倣って縁故者を登用し、各人の学識技能に関しては多く之を考慮し」なかった結果、改善の余地が多かった。60歳以上の老齢現業員もかなり存在し、人員整理およびその補充が必要とされた[30]。そのうえ、旧従事員は日本語が分からないだけでなく、日本の効率的鉄道運営方式[31]にも慣れていなかったため、北支事務局は北京に中央鉄道教習所を直轄機関として設置し、1938年６月から中国人站長・副站長を対象とする再教育を行った[32]。この講習所を同年９月18日に中央鉄路学院と改称する他、各鉄路局に教育施設を設け、「満人社員」を通して日本的鉄道システムへの適応のために必要な知識技術を教育するとともに、日本語の普及を図った。

　さて、満鉄北支事務局の人的運用方式を検討してみよう。北支事務局は1938年３月に事業資金と関連して、「事務局」に日本人70％と中国人30％、「鉄道事務所」に日本人50％と中国人50％、「現場」に日本人10％と中国人90％という民族別構成を考えていた[33]。これに対し、表2-1-4によって実際の人員配置をみると、中国人の比率が「事務局」では当初予想の31％であったが、「鉄道事務所」＝鉄路局では予想より大きい60％に達しており、現場では予想より小さい83％に過ぎなかった。すなわち、予想より中国人の中間管理層の残留が多

第2章 日中全面戦争の勃発と華北交通の設立

表2-1-4 満鉄北支事務局における元所属別要員の配置率および占有率

(単位：人、％)

職場別	満鉄（日本人）			満鉄（満州国人）			省派遣員			旧従事員			合計		
	人員	配置	占有	人員	配置	占有	人員	配置	占有	人員	配置	占有	人員	配置	占有
本局	1,653	13	65	198	6	8	102	5	4	579	1	23	2,532	4	100
鉄路局	1,968	15	37	78	2	1	118	6	2	3,091	6	59	5,255	8	100
弁事処・出張所	301	2	62	18	1	4	41	2	8	125	0	26	485	1	100
自動車事務所	148	1	97	4	0	3	0	0	0	0	0	0	152	0	100
用度事務所	93	1	20	0	0	0	0	0	0	373	1	80	466	1	100
鉄路学院	28	0	42	24	1	36	0	0	0	15	0	22	67	0	100
医院・診療所	301	2	43	63	2	9	0	0	0	344	1	49	708	1	100
小計	4,492	35	46	385	11	4	261	14	3	4,527	9	47	9,665	14	100
鉄道工廠	397	3	4	15	0	0	159	8	1	10,462	21	95	11,033	16	100
京山線	1,418	11	10	328	9	2	46	2	0	11,775	23	87	13,567	20	100
津浦線	1,707	13	25	538	15	8	171	9	3	4,399	9	65	6,815	10	100
膠済線	673	5	16	259	7	6	187	10	4	3,138	6	74	4,257	6	100
京漢線	1,608	13	21	811	23	11	353	19	5	4,816	10	63	7,588	11	100
道清線	82	1	27	49	1	16	0	0	0	176	0	57	307	0	100
正太線	388	3	14	188	5	7	195	10	7	1,927	4	71	2,698	4	100
同浦線	767	6	28	553	16	20	350	19	13	1,076	2	39	2,746	4	100
京包線	1,249	10	13	369	10	4	154	8	2	7,792	15	81	9,564	14	100
京古線	77	1	15	31	1	6	2	0	0	415	1	79	525	1	100
小計	8,366	65	14	3,141	89	5	1,617	86	3	45,976	91	78	59,100	86	100
合計	12,858	100	19	3,526	100	5	1,878	100	3	50,503	100	73	68,765	100	100

出所：満鉄北支事務局『北支鉄道状況』1938年12月下旬分。
注：1．占有率は当該職場での特定元所属の割合で、配置率は特定民族の職場別割合である。
　　2．資料上、表2-1-2の数値と一致しない。

かった反面、現業員の残留は若干少なかったのである。さらに、元所属別従事員の配置率と占有率を比べると、満鉄日本人従事員が鉄道管理部署たる本局および鉄路局に多く配置され、鉄道運営のイニシアティブを掌握した。その反面、鉄道省従事員は技術者を中心に派遣され、比較的現業部門に多く配置された。その代わりに現場職には中国人が配置されたが、その比率は路線別旧従事員の残留率とほぼ一致した。これは、現業部門への日本人の配置が主に旧従事員の残留が少なかった部門を補う形で行われたと判断できよう。また、路線別に配置率をみると、幹線網としての該当路線の重要性に応じて要員配置が行われたことがわかる。その中で注目に値するのが「満州国人」社員の存在である。彼等は日本人を頂点とする鉄道運営のため「日人社員」に比べて派遣員数においては少なかったものの、沿線住民に対する村状調査、宣撫工作、通訳を担当するとともに、現場では旧従事員の復帰説得・日本語教育はもとより「日人幹部と連絡をとり中国同僚の教育指導に努力した」大きな役割を果たしていたのである[34]。

　こうして、人的運営において、北支事務局は満鉄派遣員を主体とし、鉄道省派遣員の増派によってその陣容を強化し、さらに華北鉄道旧従事員を加えたのである。すなわち、華中鉄道が主に鉄道省から、華南鉄道が台湾鉄道交通部から要員派遣を得たのに対して、華北鉄道は異なる形で要員派遣を受けていた。

　次に、物的資源の供給について考察してみよう。レール、枕木などの主要資材は戦争初期には満鉄によって全面的に供給されたが、1938年になってからは張鼓峰事件の発生によって満ソ国境の情勢が不安定になったため、満鉄からの資材調達が難しくなった。その結果、軍の調節弁に頼らざるを得ず、資材確保に困難が生じた。その結果、「其ノ保守不十分ニシテ例之京漢線ノ如キハ枕木ノ五〇％ハ既ニ交換期ニ達シ居リ又保安、通信施設モ極メテ貧弱ニシテ隴海線ノ如キハ全ク保安施設ヲ有セサル状態ニ」あった。しかも「外国ノ借款及技術ニ依リ建設セラレタルモノナルヲ以テ各鉄道ノ規格」は一定しなかった[35]。

　鉄道車両（表２-１-５）においても、満鉄（朝鮮国鉄を含む）は自らの車両不足にもかかわらず、初期には全線にわたる旅客列車および貨物列車の一部運休を断行し、さらに1937年11月１日以降は強力な輸送の中央統制を実施し、北

表2-1-5　華北鉄道の元機関別保有車両

(単位：両)

年月	機関車					客車				貨車				
	満・朝	日本	新造	華北	計	満・朝	新造	華北	計	満・朝	日本	新造	華北	計
37.9	172	0	0	194	366	0	0	0	0	0	0	0	0	0
10	172	0	0	232	404	162	0	320	482	5,335	0	0	2,875	8,210
11	179	0	0	280	459	177	0	368	545	4,298	154	0	3,500	7,952
12	197	14	0	318	529	217	0	417	634	4,145	444	0	3,692	8,281
38.1	197	59	0	326	582	285	0	419	704	4,160	476	0	3,732	8,368
2	213	110	2	333	658	351	0	592	943	4,763	1,256	107	3,924	10,050
3	201	155	8	334	698	267	0	586	853	4,910	1,593	220	4,378	11,101
4	202	165	8	334	709	243	0	640	883	4,668	1,598	299	4,726	11,291
5	208	165	8	334	715	238	0	672	910	5,114	1,624	426	5,217	12,381
6	206	178	33	394	811	210	0	769	979	4,553	1,796	557	5,199	12,105
7	207	185	43	409	844	207	0	733	940	4,234	1,784	560	5,602	12,180
8	207	185	47	414	853	212	0	733	945	5,060	1,784	582	5,590	13,016
9	209	185	47	424	865	218	0	758	976	4,158	1,793	591	6,472	13,014
10	212	185	47	424	868	236	12	758	1,006	4,029	1,788	605	6,460	12,882
11	211	194	48	420	873	256	12	750	1,018	4,150	1,885	652	6,457	13,144
12	211	194	53	420	878	233	20	672	925	4,076	1,780	668	6,688	13,212
39.1	203	194	60	434	891	201	55	666	922	3,880	1,890	930	6,724	13,424
2	186	194	78	441	899	173	79	659	911	3,499	1,881	1,203	6,688	13,271
3	154	211	93	446	904	170	84	659	913	1,774	1,919	2,469	6,688	12,850

出所：前掲『華北交通株式会社創立史』517～519頁。
注：満・朝は満鉄及び朝鮮国鉄からの借受車・入込車・譲受車、日本は鉄道省からの譲受車、華北は北寧及び鹵獲車・開灤炭鉱車。

支事務局に月間4,000～5,000両の車両を提供した[36]。1938年前半まで満鉄車両が戦時輸送において重要な役割を果たしたのは当然のことであった。

とはいうものの、人的資源のように、すべての車両を満鉄から得るのは、車両不足に直面している満州での交通事情を考慮すれば不可能であった。そのため、1937年9月1日に満鉄鉄道総局と関東軍の間に鉄道省車両の転用の議論が始まり、鉄道省との交渉を重ねた結果、約2ヵ月内に鉄道省の機関車100両、貨車1,200両を準軌専用に改軌して華北に供出することとなった[37]。いわば「省車両」は解体・船積され、11月以降順次大連、釜山、青島に回送され、そこで組立されてから、1938年6月まで華北の作戦地に送られた。実際に供出された省車両は機関車120両、貨車1,600両に達した。また、山西省のゲージ1メートルの正太・同蒲両線が占領されると、満州開豊鉄道の狭軌機関車4両と貨車25

両が応急に使用されたあと、省車両が改軌の上転用された。

　こうした内鮮満車両の供出だけでなく、北寧鉄道の車両や鹵獲車両の活用も重視された。北寧鉄道に関しては、当初イギリスの権益を尊重して、一般営業取扱には全く関与しない方針であったが、機関車が不足すると、9月22日に鉄道監は北寧鉄路局に貨物機関車15両の提供を要請した。さらに、11月29日に北寧鉄路局に対し「現地輸送事務所長より提供を要求する場合は機を失せず提供願へる様」と申し入れ、1938年に入ってから軍命によって同鉄道の実権を掌握したあと、同鉄道の車両を他の車両とともに一括運用することとなった。北寧線進駐より平綏線攻略までは、中国軍による鉄道に対する破壊は深刻ではなかったものの、日本軍が平漢、津浦、膠済、同蒲などの各鉄道を利用して攻撃を拡大すると、中国軍は徹底的な「撤退工作」を展開した。ただし、徐州会戦に際して中支那方面軍との協同作戦が展開され、充分な準備期間を経て挟撃態勢がとられたので、鉄道隊が迂回包囲の地上兵団と行動をともにし、後方の鉄道要点を制圧し、多量の車両を獲得できた[38]。

　これに対し、北支事務局は工作班を中心に工作関係要員を山海関、唐山、南口、張家口、天津、済南、長辛店、石家荘、太原、四方という10ヵ所の鉄路工廠に配置し、鹵獲車両の修繕を図った[39]。唐山と山海関の両工廠は戦禍を逃れて、旧従事員も従前通りに修繕作業に従事したが、天津、長辛店、張家口の3工廠は建物、機械設備には被害がなかったものの、多くの従事員が疎開したため、日本側の要員配置や旧従事員の復帰によって修繕作業を再開した。その反面、南口、石家荘の両工廠は建物自体が破壊され、機械設備も破壊あるいは疎開され、応急復旧のうえ修繕作業が再開されざるを得なかった。鉄道省から既述の鈴木部隊が派遣され、第一移動修理班（第一工作列車）42人、第二移動修理班（第二工作列車）50人、第一固定工場班91人、第二固定工場班205人、第三固定工場班80人、合計498人が鹵獲車両の修理に当たった[40]。

　鹵獲車両は従来より相次ぐ内乱などで補修がほとんど行われず、また各鉄道の経営主体が異なったため、その種類が多種多様であった。特に、連結器と制動装置が日本のものと異なっており、車両の混用ができず、運用効率が極めて

低かった。そのため、北支事務局は連結器の高低が異なる双方車両を連結する中間連結器を製作し、新会社の設立まで鹵獲車両のうち機関車260両、客車401両、貨車2,963両、合計3,624両の連結器移降改造工事を行った[41]。これらの車両は運用車両の半分以上を占めたものの、「支那側ニ持チ去ラレシ車両数ハ事変前車両ノ五六・五％ニシテ占領シタル車両ハ残リ僅カニ四三・五％ニ過ギ」なかった[42]。

そのため、車両の追加供給が輸送力の増加と相まって要請されざるを得なかった。特に張鼓峰事件が発生したあと、満鉄からの車両支援が難しくなったため、支那方面軍（第三課・特務部）と北支事務局は、1937年末に軍事費支弁による1938年度北支車両新造計画を立て、軍中央部に申請した。この新造計画は軍事費8,500万円をもって機関車220両、客車180両、貨車5,000両、特殊車両58両を製作することであった。それが、1938年3月31日に原案通り認可され、1939年4月末まで機関車70両、客車139両、貨車2,441両を増備した[43]。

以上のように、満鉄北支事務局は初期には経営資源の調達において、満鉄の全面的支援を得て運営されたが、内部の経営資源は必ずしも「規格化」されていなかった。さらに、満鉄自体の輸送力増強が至急の課題として浮上し、華北への追加的支援が困難となったことから、北支事務局は華北における独自の鉄道システムを構築しなければならなかった。

②満鉄北支事務局の施設復旧・増強と輸送実態

戦争勃発後の輸送実態は施設破壊のため列車運転も少なくなり、なおかつ、その運行速度も著しく低下した。そのうえ、不足している輸送力を軍事輸送に対して優先的に割り当てたため、一般営業輸送が極度の梗塞状態に置かれ、物資不足と物価上昇をもたらした。

華北鉄道は日本軍の敵後方輸送路の破壊と敗退中国軍の鉄道破壊によって甚だしい施設被害を受けた。初期の戦災は線路築堤に小規模の塹壕を構築するなど直接的な戦闘目的のものであったが、それらが中国軍の交戦力の弱化と日本軍の浸透阻止を目的とするものに代わるにつれ、その手段方法も大規模かつ精

表2-1-6 華北鉄道における施設破壊状況（1937年7月～39年4月）

施設名称	単位	数量	件数	破壊率（％）
路盤	m	不明	60	不明
軌道	m	167,720	279	3.6
橋梁	m	8,804	319	14.9
給水施設	站	60	145	41.6
乗下車施設	站	5	5	不明
検車施設	站	5	5	不明
機務施設	站	12	15	17.5
通信電柱	本	2,209	2,209	不明
施設電線	km	3,800	3,800	不明
信号施設	站	137	137	31
電力施設	站	16	16	不明
工廠施設	站	2	34	20
站建物	站	87	134	19.6
鉄路局建物	站	1	1	14.3
各段建物	站	25	27	不明
住宅建物	站	15	28	3.4
雑施設	站	7	7	1.6
計			7,221	16.8
1km当たり件数			1.6	

出所：前掲『華北交通株式会社創立史』469～471頁。

巧なものとなった[44]。その範囲も戦線の拡大とともに全路線へと広がった。表2-1-6によると、損害を被った鉄道施設は路盤、軌道、橋梁、給水施設など約15種に上って、総件数は約7,221件、破壊率は平均全施設の約16.8％、1km当たり件数は1.6件であった。各線別被害件数と破壊率は京山線145件・16.4％、津浦線2,478件・18.7％、京漢線1,750件・20.9％、京包線913件・7.3％、膠済線613件・18.6％、正太線553件・32.7％、同蒲線769件・19.1％であった。戦争の進行に伴って戦災被害が大きくなったのである。

　戦災施設の復旧に関しては、鉄道部隊が応急復旧を施しながら前進するにつれ、北支事務局が本格的な復旧作業に取り組んだ。なかでも、被害の甚だしかった京漢線の彰徳以南・新郷以南と津浦線黄河橋梁などの復旧工事は軍命によって北支事務局が担当した。それ以外には軌道修理班あるいは橋梁修理班というタスク・フォースが随時出動し、軍と協力して復旧作業にあたった。なお、満鉄の技術者派遣が難しくなると、破壊橋梁を修復する要員派遣が軍より要請され、鉄道省は既述の足立部隊を編成し、第1回派遣団300人を1938年2月24日に津浦線の大汶河に派遣した。その後、第2回派遣団30人（3月8日）、第3回派遣団100人（10月15日）を追加派遣した。その結果、表2-1-7のように、1938年9月末にすでに橋梁70％、軌道97％、給水31.5％、建物70％、工場50％の復旧率を示し、その後も戦災施設の復旧が迅速に行われた。

表2-1-7 満鉄北支事務局における路線別施設破壊および復旧状況（1938年9月末）

(単位：km、％、万円)

線別	線路延長（支線含）	橋梁 破壊%	橋梁 復旧%	軌道 破壊%	軌道 復旧%	給水 復旧費	給水 復旧%	建物 復旧費	建物 復旧%	工場 復旧費	工場 復旧%
京山（全線）	464	5	100	1	100	—	—	8	100	10	70
京包（全線）	875	61	100	3	100	9	5	12	90	30	50
京漢（北京・新郷）	904	14	95	15	100	98	40	17	80	5	100
津浦（全線）	1,175	29	70	6	100	44	50	29	60	330	30
膠済（全線）	451	14	40	28	100	26	20	13	70	205	20
正太（全線）	297	18	98	9	100	8	75	11	80	20	50
同蒲（全線）	939	22	60	11	100	48	10	14	50	—	—
隴海（連雲・徐州）	223	20	0	18	20	20	10	8	10	—	—
全鉄道	5,328	17	70	6	97	253	32	112	70	600	50

出所：北支那方面軍司令部『北支鉄道現状』1938年11月1日。

　こうした復旧工事の一方で、日本当局が北支産業開発を念頭に置いて具体的立案を進めていただけに、既存路線の輸送力増強も同時に進められた。占領鉄道の運営方針たる「北支那諸鉄道運営要綱」が実施されてから間もなく、関東軍および北支那方面軍と満鉄関係者間に「北寧鉄道輸送能力増強要領」（1937年10月23日）が決定され、1938年2月まで北寧鉄道の輸送力を線路容量30ヵ列車の水準まで高めることとし、増強工事を進めた。そうした中、既存の大本営案（13,200万円）を8,000万円規模へと縮小する形で「北支諸鉄道増強並復旧計画」が1938年1月末に決定された[45]。それによって、京漢線の18ヵ列車・40両牽引、津浦線の16ヵ列車・40両牽引、京包線の24ヵ列車・10両牽引、膠済線の17ヵ列車・40両牽引、正太線の既存能力、同蒲線の既存能力という輸送力増強を目的とした増強工事が進められたたものの、情勢の変化、資材不足、水害の発生などに影響され、相当の変更を余儀なくされた。

　輸送力増強に必要な鉄道資材が既述のように満鉄から調達できなくなると、その不足分を軍に依頼したが、軍保有資材のうち、多くの部分が作戦方面に使われ、保線用資材も不足し、既存施設の撤去、現地調達、代用材の使用が余儀なくされた。そうした中でも、日本軍は軍事的価値の高い通古（通州－古北口間126km）・寧武（大同－寧武間196km）・新開（新郷－開封間102.9km）の3線の新設を満鉄および鉄道隊に命じ、1938～39年にそれぞれ完工させた[46]。

表 2-1-8　満鉄北支事務局における輸送実績

(単位：千トン、％、千人)

年　月	貨物								旅客
	軍用品		社用品		営業品		計		
1938. 4	292	32	89	10	520	58	901	100	544
5	488	34	108	8	837	58	1,433	100	496
6	382	27	132	9	881	63	1,394	100	535
7	437	31	157	11	836	58	1,431	100	599
8	392	28	184	13	849	60	1,425	100	560
9	425	27	164	10	985	63	1,575	100	627
10	359	21	221	13	1,158	67	1,737	100	754
11	429	21	309	15	1,301	64	2,040	100	897
12	436	22	316	16	1,243	62	1,995	100	870
1939. 1	618	29	250	12	1,278	60	2,147	100	888
2	557	28	274	14	1,140	58	1,971	100	814
3	565	24	346	15	1,396	61	2,306	100	1,501

出所：前掲『華北交通株式会社創立史』387～388頁。
注：貨物の各右欄は％。

以上のように、占領体制の確立や資源開発の進捗などと相まって、北支事務局は鉄道の復旧や車両増備を通して輸送力の急速な増強を図った。それに伴い、鮮満支間における国際列車の運行が始まり、1938年10月に北京－釜山間急行直通列車、北京－新京間急行直通列車が運行され始め、1939年3月には北京－南京間の「一貫輸送」が再開された[47]。なお、輸送動態にも新しい動きが見られた。上海、南京、徐州、広東、漢口などが陥落して戦線が奥地に移動し、大規模作戦が一段落すると、軍事輸送は主要拠点、鉄道沿線などを中心に展開される残敵掃蕩、鉄道守備などに伴う小規模なものとなった。列車走行kmを基準とした軍事輸送の比率は、37年度上半期の72％から、37年度下半期に48％へと減少し、さらに38年度上半期と下半期にはそれぞれ26％、27％へと安定化した[48]。一方、民間需要に対する輸送制限が緩和されると、民需貨物や旅客輸送は飛躍的増進し、ついに軍事輸送をはるかに凌駕した（表2-1-8）。1938年に入ってから営業品が60％を上回っており、社用品も10％以上を記録した。1938年度貨物発送トン数の内訳をみると、軍需品26.4％、社用品12.5％、営業品62.1％（鉱山品39.9％、農産品9.0％、林産品0.8％、畜産品0.7％、水産品0.6％、その他10.2％）であった（後掲表2-2-2）。要するに、石炭が圧倒的比率を占めており、それ以外は主に農産物などの第一次産業の生産物である。この点で、石炭、農産物はもちろん、綿花、羊毛、塩など、いずれも季節的移動を否み難かったことから、華北鉄道の

図2-1-2 華北交通における持込・発送・在貨トン数

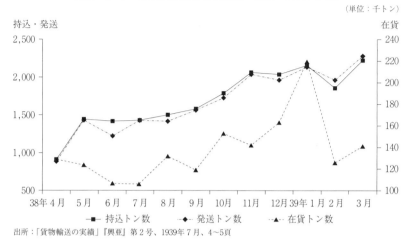

出所:「貨物輸送の実績」『興亜』第2号、1939年7月、4～5頁

　貨物輸送は季節的波動性を有した。さらに、貨物移動を地理的観点から見ると、華北の物資は古冶、唐山、門頭溝、口泉などの炭鉱地区、天津、北京、済南、石家荘などの都市地方および秦皇島、青島、塘沽などの海港地方に集中した[49]。こうした地域の貨物発着の比率を見ると、石炭積出站の場合は97～98％（発）対2～3％（着）で、偏りを示しており、海港や都市部の站でも貨物移動の偏りはそれほど極端とはいえないものの確かに明らかであった。華北内に産業連関を有せず、対日供給の石炭を中心に営業品が増えていく輸送動態は、こうした偏りを緩和するどころか、より著しくしたのである。

　この貨物輸送の中で、鉄道輸送力は戦前の輸送需要とは隔たりがあり、輸送力不足の現象が生じていた。持込から発送を差し引いたものが、通常構内在貨トン数と呼ばれるものであるが、図2-1-2においてその推移をみれば、最終的に10万トン以上の在貨が解消されなかった。1938年7月の時点で「一日ノ発送屯数ハ約四万六千屯ニシテ毎日ノ雑貨屯数ハ二日乃至三日ニテ完送シ得但シ実際ハ軍需品ニ絶対優先ヲ与ヘ居ル為一般民需貨物ハ発送迄ニ十日位要スルモノアル見込」となった[50]。そのため、滞貨の構成（1938年12月）において、軍需品と社用品はそれぞれ2％、8％に過ぎなかったのに対し、営業品は90％に

表 2-1-9 華北鉄道におけるゲリラ被害および死傷者

(単位:件、人)

年 月	線路破壊	列車襲撃	電線切断	駅舎襲撃	空襲	計	死亡者	負傷者	被拉致者	計
1937. 7							1 (1)			1
8							2			2
9							3	4 (1)		7
10							8 (2)	6 (5)		14
11							6	1		7
12							4 (1)	5 (3)	1	10
1938. 1	4		1	1		6	7 (1)	1	1	9
2	23		22	6	1	52	16 (14)	13 (7)	25	54
3	18	1	10	3	1	33	9 (1)	5 (4)	1	15
4	41	1	37	19	3	101	10 (6)	17 (11)	2	29
5	57	6	39	26	2	130	15 (6)	8 (8)	12	35
6	59	4	35	20		118	12 (8)	9 (9)	10	31
7	76	9	20	18		123	20 (5)	8 (5)	12	40
8	86	13	125	68		292	16 (9)	15 (10)	8	39
9	38	9	98	10		155	18 (10)	70 (23)	7	95
10	42	8	88	20		158	14 (6)	78 (29)	3	95
合 計	444	51	475	191	7	1,168	161 (70)	240 (115)	82	483

出所:北支那方面軍司令部『北支鉄道現状』1938年11月1日。
注:1. 1937年のゲリラ被害は不明であるが、ゲリラ攻撃は1938年1月まではまだ本格化していなかった。
　　2. 死亡者と負傷者のカッコ内は戦死者と戦傷者である。

達した[51])。したがって、北支産業開発計画の円滑な推進のためにも華北鉄道の輸送力回復・増強は緊急の課題となった。

以上のように、軍事輸送の縮小と戦災施設の復旧によって鉄道輸送は安定したかのように見えるが、不安定要因が依然として潜在した。超過需要の常態化という現象が解消されず、輸送力不足が著しくなった。そのため、北支事務局は計画輸送を全面的に実施しなければならなかったが、突発的な軍事輸送の発生は平準輸送を阻害した。不安定要因はそれだけでなく、抗日ゲリラの鉄道破壊が北支務局の新たな脅威となった。

ゲリラ被害いわゆる「匪害」は、占領初期その発生は散発的で小規模のものであった。ところが、表2-1-9のように、1938年2月10日に勃発した京漢線

保定－東長寿間の襲撃をきっかけとして、全線にわたるゲリラの蠢動が活発になった[52]。その規模や手法も漸次大規模化しており、巧妙なものとなった。例えば、線路においては数キロにわたる軌道の反転、時には牛馬を利用しての軌道破壊、爆薬・地雷による列車の脱線、橋梁の破壊、または発電所、信号所、站舎の襲撃、電柱の破壊、通信線路の切断などあらゆる手段が使われた。それに伴って死傷者や被拉致者も増えた。このような匪害は1938年9月頃まで北支那方面軍の治安確保が鉄道沿線と主要都市に限られたことを反映したものである。

これに対して、現場機関のみでは到底対応できなかったのは言うまでもないが、北支事務局は随時移動可能な各種修理班を設けて応急復旧に取り組んでおり、なお木造建造物の覆土、特殊犬釘の使用、レール音響聴取による被害探知などの事前防止対策を講じた。また、治安工作の経験のある満鉄社員約600人が、路警と宣撫工作に従事して旧鉄路警の指揮監督にあたるとともに、「軍特務部の指導に拠る支那側の官憲員と現地兵団」と協議して鉄路愛護村を設置し、「鉄路愛護に対する思想の植付け、特に匪賊情報の速報、破壊点の修理に協力する」よう指導した[53]。その他、野鉄のレベルで装甲列車隊を機動的に運営し、抗日ゲリラの活動に攻撃を加えた。

2．華北交通の設立

1）交通会社の設立準備

現地解決・不拡大方針が現地軍の軍事行動によって事実上崩れて行く一方で、従来からの華北分治・権益設定の方針が北支那方面軍特務部を中心に具体化されると、占領鉄道の処理が主要な懸案として浮上した。特務部は永久占領の可能性を軍事行動および政策実現、中国人の対日感情、対外関係（借款および権益）などで多角的に検討したうえ、占領を不可とする結論に達し、所有形態、法人国籍、委託有無などに関する運営形態の研究に入った[54]。その結果、運営

表 2-2-1　交通会社設立準備の関連事項年表

1937年7月7日	盧溝橋事件の発生。
1937年7月	満鉄「北支善後処置要綱並意見書」→満鉄が華北鉄道の接収及び改修、日本の指導による基本産業の開発、すなわち満鉄の華北独占開発案を提示。
1937年9月30日	北支那方面軍特務部「北支経済開発基本要綱（案）」および「北支開発国策会社要綱（案）」→日本の「財閥巨頭」を動員し、持株会社としての統制企業を設立して華北を大規模開発。
1937年12月16日	企画院第三委員会「北支経済開発方針」→「一国策会社」を設立して華北経済開発及び統制。同時に、満州・華北一貫の交通経営を否認。
1937年12月28日	大本営陸軍部第三部「北支経済開発方針並閣議諒解事項ニ基ク北支交通ニ関スル国防上ノ要求」→華北・満州両地域の一元的運用鉄道を保障するための人的配置、組織及び運営など。
1937年12月29日	北支那方面軍特務部「中央部決定案ニ基ク交通機構構成処理要綱」→大陸鉄道の一元的営営のため、鉄道運営方式、従事員の賃金体系・諸規定、資材及び輪転材料の規格を統一。
1938年1月10日	北支那方面軍特務部「北支交通機構構成処理要綱」→中国特殊法人たる交通会社を設立して、北支交通の経営にあたらせることに中央、現地両の意見が一致。
1938年2月初旬	北支那方面軍特務部「中日合弁華北鉄路股份有限公司（仮称）設立要綱」一次案→交通会社の出資を中国政府1億円、産業統制社（仮称）1億、満鉄3億円とし、「満鉄主体日支合弁」。
1938年2月10日	陸軍省軍務局「北支経済開発計画（案）」及び「北支開発会社及各事業会社資金調」→4億円以上の資本金、交通会社による港湾の建設経営、交通会社の自動車事業の展開を決定。
1938年4月25日	北支那方面郡特務部「公司設立要綱」→設立要綱の第2次案として中国政府5千万円、北支那開発2億円、満鉄1億5千円へと出資金を調整。すなわち、北支那開発中心の資本構成
1938年5月11日	満鉄は重役会で満鉄総裁の「交通会社」総裁及び副総裁の推薦権、満鉄総裁の「交通会社」理事推薦の協議権、「交通会社」総裁の満鉄総裁兼任などの条件を提案
1938年7月	満鉄鉄道総局輸送委員会「戦時大陸鉄道管理要領（案）」・「戦時大陸鉄道総管理局設置ニ関スル法制的処置（案）」→鮮鉄、満鉄、華北鉄道の三機関を併合し、大陸鉄道管理機構を創設
1938年7月25日	陸軍省軍務局「華北交通株式会社設立要綱（案）」→軍務局軍務課、参謀本部主任者、現地軍主任者の三者間の意見が合致し、借款問題、資金調達、青島港湾経営などの講究を決定。
1938年8月1日	北支那方面郡特務部「華北交通株式会社設立計画書（案）」→中央部との準備研究において、「満鉄と北支交通会社間に機密な連繋を保持し、満鉄の投資額を可及的拡大。
1938年8月12日	寺内部隊参謀長は満鉄宇佐美寛爾顧問宛に「北支那交通株式会社設立準備に関する指示」→設立準備研究委員会を設置し、その案及び参考資料を9月4日提出。
1938年9月下旬	北支那方面軍特務部と中国臨時政府との間に交通会社設立に関する折衝→納付金、中国政府の出資額、免税特権、高級従事員の数・権限について意見が不一致。
1938年10月	北支那方面郡と陸軍省軍務局および参謀本部との間に交通会社の設立細部計画について協議→10月末に意見が一致し、11月にそれを陸軍省案として企画院第三委員会に提示。
1938年12月16日	対中機関として興亜院が設置されるに伴い、交通会社問題も企画院より興亜院に移管→行政部署との間に借款及び外国権益、港湾、経営区域、監督権について各々分科会を設けて調整。
1939年2月13日	興亜院「交通会社設立基本処理要項」→港湾運営の帰属をめぐって、海上輸送を重視する海軍・逓信省からの反対により、港湾経営を事業範囲から除くかたちで、要項を決定。
1939年3月13日	北支那方面軍側と中国臨時政府との折衝が再開→事実上日本国案に基いて会社の設立案が一方的に決定される。
1939年4月17日	華北交通株式会社の設立。

形態は中国人の対日感情、借款返済および対外関係を考慮して、一応その所有を中国国有とし、それを日本が支配的影響力を持つ法人に委託経営させることとなった。その任にあたる会社として、すでにある満鉄と新設の中国法人特殊会社が考えられた。

すでに、満鉄側は1937年8月に「北支善後処置要綱並意見書」を提出し、単なる交通業ではなく基本産業の開発をも担当する意志を示した[55]。その方針としては、今回の戦争勃発をもって日中間の最終的解決をもたらすため、中国全土にわたる抗日政策の廃止と対ソ防衛同盟の締結を求め、後者の重要事項として北支五省連省政府の樹立を掲げた。その要領は華北五省に防共親日の連省自治政府を組織させ、日本人顧問官を招聘し、それに参加させるという華北分離工作それ自体であった。それとともに、日本軍の駐兵、地域内の鉄道の接収と日本からの借款による改修、日本の指導による基本産業の開発は満鉄が担当し、日本政府から配当分および社債の元利の保証を受けると想定した。また、こうした満鉄の華北独占開発案と併行して、興中公司も占領初期に軍と同行し、各地の工場および鉱山を接収してその管理にあたり、華北開発の中心機関になろうと画策した[56]。しかしながら、満鉄や興中公司による華北独占開発案は、日本財界の反発を買ったことは言うまでもなく、現地軍によっても否定されることとなった。

北支那方面軍特務部は、新政権についての構想とともに、「北支経済開発基本要綱（案）」と「北支開発国策会社要綱（案）」の2つの文書を1937年9月30日に作成し、10月15日に方面軍参謀長から陸軍次官宛に送付した[57]。経済開発の主体については、華北興業公司（仮称）を設立し、興中公司など既存の事業を統合するほか、満鉄ならびに広く日本資本を動員し、なるべく現地土着資本を参加させることとし、満鉄ないし興中公司を主体とする発想は見られなかった。これは、1935年12月の天津軍の「北支産業開発指導要領」において示された、重要産業を統制企業として特殊資本によって大規模に開発するため、日本の「財閥巨頭」を動員しようとした思惑を受け継ぐものであった。すなわち、北支那方面軍は満鉄と興中公司からの支援を得ているものの、将来の華北開発

を委ねるつもりではなかったのである[58]。

　こうして、満鉄の華北開発が北支那方面軍特務部の総合開発会社新設案の中で否定されたことから、残ったのは北支鉄道の委託経営の可能性のみとなった[59]。当時満鉄が北支鉄道を委託経営することは「日満支一圏たるの実を挙ぐる捷径」となるとの主張が提示された。しかし、「軍としては満州より糸を引くは北支発展軍事上の見地よりも得策ならずと排した」。関東軍の場合も「満鉄をして対北方に専念せしむる為北支進出」を喜ばなかった[60]。企画院を中心とする日本政府においても、「支那事変後の中国は［満州国と違って：引用者］之を中国人の中国たらしめ、唯単に抗日政策の放棄と経済提携とを要求するに止まった」。ちなみに、満鉄による華北鉄道の委託経営も実現不可能となったのである。

　それが、企画院第三委員会の「北支経済開発方針」を通して明確化された[61]。中国経済関係の実質的な決定機関としての役割を果していた第三委員会は、方面軍特務部案に基づいて、1937年12月16日に「北支経済開発方針」を決定し、そのほとんどの内容が同24日の「北支処理方針」のうちの経済開発方針として取り入れられた。同方針は華北経済開発の目標を「日満経済ノ総合的関係ヲ補強シ以テ日満支提携共栄実現ノ基礎ヲ確立スル」ことに置き、「一国策会社」を設立して華北経済開発および統制にあたらせる予定であった。その中、諒解事項の1つとして「主要交通運輸事業、主要通信事業ニ就イテハ満支ヲ通スル一会社ノ一元経営ハ之ヲミトメサルコト」とした。従って、その後の政策展開は中国法人の特殊会社の設立となる。「北支経済開発方針」とともに作成された「北支交通処理方針」によれば、鉄道はすべて中国政府の国有とし、日本軍司令官がそれを管理し、新たに北支産業会社の統制下に中国特殊法人たる北支交通会社を設立し、それを経営させることに軍中央部の方針が決定された。

　ところが、それは北支鉄道の運営において満鉄を完全に排除することを意味しなかった。閣議決定案におけるもう1つの諒解事項で見られるように、「日満支ノ交通、通信ノ円滑ナル連絡ニ資スル為北支ニ於ケル交通通信事業ヲ経営スル機関ハ満鉄並満州電々会社ト常ニ緊密ナル関係ヲ保持セシムル様措置シ尚

満鉄竝電々社員ノ大陸ニ於ケル活動の適性竝今次事変ニ於ケル活動ノ実状ニ鑑ミ交通々信事業ノ経営ニ際シテハ之等ノ人員技術経験等ヲ充分活用スル」こととなった。要するに、通信とともに、鉄道をはじめとする交通経営については、満州華北一貫経営は否認されたものの、社員の交流や鉄道運営方式の統一を通して満鉄と新設会社との間に緊密な関係を保持させようとしたのである。

この立場が会社設立にも反映された。大本営陸軍部第三部の「北支経済開発方針並閣議諒解事項ニ基ク北支交通ニ関スル国防上ノ要求」（1937年12月28日）によると、「北支交通ハ満州ニ於ケル交通シテ一貫シテ国防用兵上ノ要機タルニ鑑ミ将来戦ニ対スル戦争準備ヲ整フルト共ニ戦時両者ノ一元的運用ニ遺憾ナカラシムヲ主眼トシ人的配置、組織及運営等ヲ律スルヲ要ス」こととなった[62]。経営範囲が鉄道のみならず水運、港湾、自動車、石炭の一部にまで広がっていること、満鉄鉄道総局長が国策会社の副総裁と「北支交通総局」総裁を兼ね、資金や重役も満鉄から多く出すこと、日本政府予算を設備費に投入すること、技術、資材、運営面で一貫運用することなどが主張された。これは満鉄の利害を強く反映したもので、そのまま実現されることは決してなかったが、大陸鉄道の一元化を念頭においた措置であった。

その翌日に立案された北支那方面軍特務部の「中央部決定案ニ基ク交通機構構成処理要綱」（1937年12月29日）では、北支那方面軍が最上位に立ち、交通会社の監督を行うことを前提とし、大陸鉄道の一元的運営のため、鉄道運営方式、従事員の賃金体系・諸規定、資材および輪転材料の規格を統一し、満支間の連絡輸送および転用の円滑性を期したのである[63]。よって、会社設立に対する満鉄の資本参加や重役送り込みが可能となったのである。

そこで、1937年12月下旬から38年1月中旬にかけて特務部第一課（佐伯文郎第一課長、鉄道省派遣の伊藤太郎陸軍嘱託、満鉄派遣特務部嘱託など）は、新設会社の事業範囲、資金調達・組織、軍・産業統制会社・中国政府・満鉄との関係を中心に研究立案に取り組んだ。とりわけ、参謀本部員が来中した際に、前述の交通機構構成処理要綱案を中心に方面軍司令部特務部主任者との間で協議を重ね、中国特殊法人たる交通会社を設立し北支交通（航空通信を除く）の

経営にあたらせることに対して中央、現地間の意見一致を得て、「北支交通機構構成処理要綱」(1938年1月10日)を作成した[64]。さらに、1938年2月初旬には「中日合弁華北鉄路股份有限公司(仮称)設立要綱」の一次案を立案した。事業範囲は海陸輸送の全般に亘り、出資区分は中国政府1億円、産業統制会社(仮称)1億円、満鉄3億円とし、「満鉄主体日支合弁」とも呼ばれた。

ところが、陸軍省軍務局から「北支経済開発計画(案)」および「北支開発会社及各事業会社資金調」(1938年2月10日)が現地軍に提示された。それを検討した結果、①軍務局案の交通会社25,000万円、自動車会社1,600万円の資本金は不十分であり、少なくとも4億円の資本金が必要とされること、②鉄道と関連した港湾は交通会社が建設経営すること、③自動車事業は鉄道の代行ないし補助機関であるため、交通機関の経営下に置くことなどの方針を決定した。石本特務部第二課長が陸軍省軍務局と折衝したところ、軍務局においても現地の情勢を考慮して、現地の方針に沿う会社設立の調査研究を進めることで了解を得た。

そこで、特務部は満鉄、鉄道省、朝鮮鉄道局から支援を得て嘱託陣を強化し、設立要綱の第2次案として「公司設立要綱」(1938年4月25日)を提示した[65]。その際、出資区分は中国政府5千万円、北支那開発2億円、満鉄1億5千万円に変わり、運営主体の構想上、変化が生じたとも思われる。それに対し、満鉄側は5月11日に重役会を開き、事実上満鉄総裁の「交通会社」総裁および副総裁の推薦権、満鉄総裁の「交通会社」理事推薦の協議権、「交通会社」総裁の満鉄理事兼任などの条件を提案し、それが充たされない限り開発会社への出資を留保しようとした[66]。5月16日に特務部第一課佐伯文郎大佐、伊藤太郎陸軍省嘱託が上京して中央部からの調整を行い、鉄道・港湾の所有問題、中国政府との取極、借款処理問題、会社の監督・管理機構について「更に研究立案をなすべき旨の指令」を受けた。

その後、要求事項の立案を終え、特務部第一課長石田英熊中佐が6月13日に中央部との協議決定を行った。それによって、特務部は具体的な会社設立準備の研究立案を7月15日に一応終了し、それを現地案として7月19日に佐伯大佐、

伊藤陸軍省嘱託以下の関係嘱託が上京し、7月23日より箱根強羅鉄道省会議室において陸軍省軍務局、参謀本部、その他各省の関係者に対して現地案を説明するとともに、各種事項について協議を行った。その結果、7月25日に軍務局軍務課、参謀本部主任者、現地軍主任者の3者間の意見が合致し、会社の営業区域を揚子江以北と蒙古地域とし、「華北交通株式会社設立要綱（案）」（1938年7月25日）が軍務局案として作成された[67]。それと同時に、北支交通の客観的情勢の変化に伴い、具体的な研究を進める必要が認められ、ことに華北鉄道の借款問題、資金調達の有利な方法、交通会社への青島港湾の統合など具体的処置方法を考究するため、さらに諸般の準備研究を進めることとした。

そのなかで、満鉄鉄道総局輸送委員会から「戦時大陸鉄道管理要領（案）」および「戦時大陸鉄道総管理局設置ニ関スル法制的処置（案）」が同月に出されたことに注目しなければならない[68]。すなわち、戦争の長期化やソ満国境の緊迫化に鑑み、朝鮮国鉄、満鉄、華北鉄道の3機関を併合し、「新ニ大本営ノ管理ニ属スル合理的大陸鉄道管理機構ヲ創設シ現地ニ於ケル管理機構」とし、作戦上の一元的鉄道運営と戦時経済での責務遂行を期したものである。大本営による日満支鉄道管理は、作戦に傾注すべき力量を監督指導に分散することは実際問題として不可能に近いという意見や、満鉄の朝鮮国鉄委託経営に対する総督府の反対もあり、実現されなかったものの、大陸鉄道の一元経営に対する満鉄首脳部の念願が読み取れる。

そして、北支鉄道の運営においても、輸送上の満鉄との統一性が強調されざるを得なかった。北支那方面軍は「北支事務局の現機構を漸進的に拡大し、交通会社への転移を容易ならしむる如く北支事務局機構改組の処置を講」じる方針を明確にした。8月1日に東京で開かれた中央部との準備研究（陸軍省軍務局、参謀本部、北支那方面軍特務部の各主任者参加）において、「満支一貫運用」のため、「人的、物的に於て満鉄と北支交通会社間に機密なる連繋を保持」する主旨で、満鉄の投資額を可及的に拡大するという結論に達し、「華北交通株式会社設立計画書（案）」を決定した[69]。

そして、現地軍は8月12日に寺内部隊参謀長名で会社総裁に内定されていた

満鉄宇佐美寛爾顧問宛に「北支那交通株式会社設立準備研究に関する指示」を出し、準備完了を9月末、会社設立を遅くとも11月1日とした[70]。そして、満鉄北支事務局内において宇佐美満鉄顧問が委員長、方面軍特務部と、北支事務局関係者が委員または幹事を分担した設立準備研究委員会が設置された。同委員会には法規、経理、人事、第一整備、第二整備、第三整備、借款に関する各々の分委員会が置かれ、研究立案関連業務を8月末日までに全面的に終了し、案および参考資料[71]を9月4日に提出し、方面軍司令部案の完成を告げた。

その後、9月下旬から北支那方面軍特務部第一課長佐伯文郎少将が中国臨時政府の王克敏行政委員会委員長との間に交通会社設立に関する折衝を開始し、21回の折衝（9月22日～10月30日）を重ねたものの、納付金、中国政府の出資額、免税特権、高級従事員の数・権限について意見が一致せず、北京では10月末に折衝が打切られた。一方、方面軍からは特務部小川大佐、溝淵少佐および伊藤陸軍省嘱託以下各関係嘱託は、北支那方面軍司令部案である交通会社設立計画書類一切を携行して上京し、まず陸軍省軍務局や参謀本部各主任者に対し現地案を説明したうえ、連日審議を重ねた。その結果、10月末ようやく意見が一致し、11月にそれを陸軍省案として企画院第三委員会に提示し、行政部署との間に借款および外国権益、港湾、経営区域、監督権について各々分科会を設けて調整に入ったが、12月16日に対中機関として興亜院が設置されるに伴い、審議が一頓挫してしまった。すなわち、交通会社問題も企画院から興亜院に移管されたのである[72]。

1939年1月に佐伯少将に代わって、その任務を継承した小川大佐や伊藤陸軍省嘱託以下の関係嘱託が上京し、興亜院経済部第三課に対して陸軍省案を説明し、なお懸案事項については各省との間に個別的折衝に入った。その際、海陸輸送の結節となる港湾運営の帰属をめぐって、海上輸送を重視する海軍・通信省からの反対により、会社設立の緊急性のため、港湾経営を事業範囲から除く[73]形で、「交通会社設立基本処理要項」（1939年2月13日、興亜院）が決定され、それを北京に持ち出し、臨時政府との協議を行った[74]。3月13日より北支那方面軍側と中国臨時政府との折衝が再開し、事実上日本国案に基づいて

「互恵妥協」を得た。

　2）華北交通の設立

　このような交通会社の設立が具体化するに従って、満鉄と鉄道省からの派遣職員の新会社移譲も伴い、北支事務局は既述のように1938年9月18日に職制改正を行ったのち、12月29日に移行準備委員会を設置し、総務、人事、経理、運輸の分科委員会が設置され、移行準備にあたった[75]。1月25日には北支事務局と満鉄の両者間に関係者全員が参加して総合打合会議を開催した。1月中に会社設立促進運動のために上京中であった伊藤太郎陸軍省嘱託は2月18日に帰任したあと、3月23日には会社設立準備委員会を設置し、具体的な設立準備作業を進めた。それによって、4月17日に北京市南海勤正殿において会社発起人総会を開催して、満鉄北支事務局の一切の経営設備を継承し、交通会社の設立に関するすべての手続きを完了したうえ、本社前広場で北支那方面軍、中華民国臨時政府、北支那開発、満鉄などの関係機関代表が参加し、華北交通株式会社の創業式を挙行した。

　以上のように、新設された華北交通をめぐる統治構造について考えてみよう。表2-2-2のように、資本金総額3億円、1株の金額50円、総株数600万株のうち、その半分を総合開発会社の北支那開発が出資し、残りの半分を満鉄と臨時政府がそれぞれ40％、10％ずつ出資した。その後、1942年5月に至り1億円増資が行われると、北支那開発と臨時政府の持分が増える反面、満鉄による資本支配力が弱まった。こうした資本関係を反映し、華北交通は設立されて間もない1939年5月28日に、北支那開発との間に協議書を締結し、親会社からの監督を受けることになった[76]。

　ところが、盧溝橋事件以来、鉄道運営が軍事作戦と密接な関連を有しただけに、6月18日に北支那方面軍司令部との間に華北交通株式会社監督規程が締結され、華北交通に軍事上の指示権が認められた。軍は満鉄でのように、華北交通に対しても、軍の必要を満たすための指導、監督を緩めず、機構としても第二野戦鉄道司令部を交通会社本社内に置き、各鉄路局（山海関、天津、北京、

表 2-2-2　華北交通の株式所有構造

株主別	1939年4月			1942年5月		
	株　数	金　額	持　分	株　数	金　額	持　分
北支那開発株式会社持株	300万株	15,000万円	50.00%	470万株	23,500万円	58.75%
南満州鉄道株式会社持株	240万株	12,000万円	40.00%	240万株	12,000万円	30.00%
中華民国臨時政府持株	60万株	3,000万円	10.00%	90万株	4,500万円	11.25%
資本金総額	600万株	30,000万円	100.00%	800万株	40,000万円	100.00%

出所：『興亜』など。
注：1942年4月30日に臨時株主総会を開催して1億円の資本増加を決議。

石家荘、済南、徐州、太原など）にその支部を、主要站に停車場司令部を開設し、軍事輸送の完遂を期するとともに、日常業務の「懈怠」を厳しく戒めたのである[77]。さらに、興亜院や中国臨時政府の存在、そして満鉄の既得権があったことから、北支那開発の監督権は大きく制約され、「必然的に弱体を余儀なく」された。

その反面、満鉄は親会社としての監督権が認められなかったものの、満鉄進出の功績に基づき、「満支交通一貫運営ニ関スル覚書」（1939年4月17日）が締結され、華北交通に対して大きな影響力を行使した。これが、マンパワー構成にも反映された。まず、重役陣をみると、総裁宇佐美寛爾、副総裁殷同・後藤悌次、理事杉広三郎外7人、監事吉田浩外2人で、日本人10人、中国人4人であった。その出身機関に注目すると、満鉄7人、鉄道省3人[78]、華北鉄道など4人で、満鉄が圧倒的であった[79]。のみならず、人的運用それ自体が満鉄の人事制度をモデルとしてデザインされた。

北支那方面軍によって「北支那交通会社人的構成要領」および「北支那交通会社所要員査定要綱」（1938年7月）と「北支那に於ける諸給与定率内規」（1938年5月）が作成され、これらを基礎に、8月中に人事分科会が職制、日本人配置運用、系統別日中人配置比率、系統別要員査定、人件費支出限度、民族別給与制度などを研究し、人事に関する諸計画案をまとめ、中央部に提出した[80]。それによって、「北支那交通会社所要要員及人件費査定要領」（1938年9月1日）が決定されたが、表2-2-3でみられるように、比較的少ない日本人を統制管

表2-2-3 華北交通における各機関別民族の配置構成

機関別	日本人	中国人	1キロ当たり査定人員
本　　部	70%	30%	
路　　局	50%	50%	
鉄道現場			
1級線（京山幹線）	25%	75%	14人
2級線（膠済幹線）	15%	85%	12人
3級線（京漢幹線、津浦幹線、京包幹線大同以南）	15%	85%	10人
4級線（隴海幹線、正太線、京包幹線大同以北）	10%	90%	7人
5級線（同蒲線、各支線）	10%	90%	3人
警　務　員	15%	85%	1.5人

出所：北支那方面軍司令部「北支那株式会社所要員及人件費査定要領」1938年9月1日。
注：但し、京包線は3、4等級であるものの京山線とともに日本人の比率が25%。

理部門や重要幹線を中心として配置し、戦時鉄道運用の確実性を保障しようとした。その際、「北支那交通株式会社日本人人事給与待遇制度大綱」および「同中国人人事給与待遇制度大綱」など多くの人事制度が主に満鉄の制度を準用してデザインされた[81]。さらに「北支那交通株式会社満鉄間日本人従事員交流処理要領」が設けられ、満鉄との日本人社員の交流が制度化された。

ここで、会社設立における華北交通の元所属別従事員構成（表2-2-4）を検討することにする。満鉄からの移行社員は日本人15,465人、中国人3,022人、計18,487人、社員外は日本人206人、中国人2,094人、計2,300人、鉄道省採用嘱託3,269人、旧華北鉄道従事員55,976人で総計80,032人であった。いわゆる「満州国人」を含む中国人はその比率が76.3%に達し、主な現場労働力を形成した。一方、23.7%を占める日本人の場合、一部現業員もあったが、主として本社と鉄路局の管理マンパワーを形成した。なかでも、満鉄出身者が鉄道省出身者より高い比率で本社および鉄路局の管理部門に多く配置された。これは、既述のように、鉄道省出身者が技術者として派遣され、北支事務局によって意図的に現場の管理層として配置される場合が多かったからである。すなわち、華北交通の設立においても満鉄出身者のイニシアティブが維持できたのである。

このような人員の配置は社員制にも投影された。社員制は日中とも職員・雇員・傭員（→1941年より職員・準職員・雇員）の3段制であり、職員のうち

表 2-2-4　華北交通の従

元所属	民族	身分別	本社本部	本社直轄箇所	鉄路局本部	計	鉄道（站・			
							站	列車	機務	検車
満鉄よりの移行社員	日本人	参事	40	7	22	69	0	0	0	0
		副参事	68	18	44	130	2	0	2	1
		職員	663	159	709	1,531	489	111	460	79
		雇員	292	32	410	734	277	231	269	93
		傭員	1,343	340	936	2,619	1,721	60	1,140	312
		計	2,406	556	2,121	5,083	2,489	402	1,871	485
	満州国人	職員	6	0	52	58	30	8	21	2
		雇員	1	0	3	4	34	142	108	3
		傭員	8	2	6	16	251	19	567	123
		計	15	2	61	78	315	169	696	128
社員外	日本人	鉄道省嘱託	4	0	13	17	26	6	40	7
		嘱託	36	3	8	47	1	0	0	0
		臨時雇員	6	17	1	24	3	0	2	2
		計	46	20	22	88	30	6	42	9
	中国人	嘱託	9	0	0	9	0	0	0	0
		汽車傭員	62	0	0	62	0	0	0	0
		常役	166	0	0	166	8	0	0	0
		臨時傭員	109	213	17	339	365	22	62	84
		計	346	213	17	576	373	22	62	84
省採用嘱託	日本人	高等官	23	0	3	26	0	0	0	0
		職員	226	59	411	696	242	160	515	119
		雇員	23	13	37	73	26	41	236	60
		傭員	0	20	0	20	0	0	41	1
		計	272	92	451	815	268	201	792	180
旧従事員	中国人	員司	321	192	1,809	2,322	1,590	747	1,377	76
		工役	364	165	1,227	1,756	7,160	1,082	7,795	2,767
		外国人	21	0	16	37	0	0	0	0
		計	706	357	3,052	4,115	8,750	1,829	9,172	2,843
合計			3,791	1,240	5,724	10,755	12,225	2,629	12,635	3,729

出所：「附図第29華北交通株式会社従事員構成一覧表」前掲『華北交通株式会社創立史』より作成。
注：旧従事員には一部の外国人が含まれる。

事員構成（1939年4月17日）

(単位：人)

現場関係 段・鉄路工廠)					自動車	水運	警務	生計	合計
工務	電気	工廠	其他	計					
0	0	4	1	5	1	0	0	0	75
1	0	7	6	19	5	0	0	0	154
184	105	67	172	1,667	63	0	23	0	3,284
289	178	89	100	1,526	32	0	19	0	2,311
861	1,211	328	298	5,931	863	0	228	0	9,641
1,335	1,494	495	577	9,148	964	0	270	0	15,465
0	1	0	27	89	0	0	1	0	148
2	6	0	5	300	0	0	0	0	304
1,191	381	6	13	2,551	3	0	0	0	2,570
1,193	388	6	45	2,940	3	0	1	0	3,022
10	2	1	6	98	0	0	0	0	115
0	0	0	2	3	2	0	1	0	53
1	6	0	0	14	0	0	0	0	38
11	8	1	8	115	2	0	1	0	206
0	0	0	0	0	11	0	0	0	20
0	0	0	0	0	227	0	0	0	289
1	3	0	2	14	588	0	0	0	768
65	52	0	28	678	0	0	0	0	1,017
66	55	0	30	692	826	0	0	0	2,094
0	0	2	0	2	0	0	0	0	28
39	44	283	93	1,495	52	0	0	0	2,243
15	46	338	13	775	1	0	0	0	849
1	12	74	0	129	0	0	0	0	149
55	102	697	106	2,401	53	0	0	0	3,269
264	92	422	406	4,974	3	0	1,106	0	8,405
9,458	1,170	11,983	417	41,832	8	0	3,938	0	47,534
0	0	0	0	0	0	0	0	0	37
9,722	1,262	12,405	823	46,806	11	0	5,044	0	55,976
12,382	3,309	13,604	1,589	62,102	1,859	0	5,316	0	80,032

高級社員には参事、副参事の待遇名が与えられた[82]。その他、事務嘱託と、中国人の工役（→1941年より傭員）という労務者がいた。もとより、日本人に職員・雇員級が多く、中国人は逆に工役が多かった。元所属別には省出身者の場合、現業幹部となる職員層が多かった反面、日本人の満鉄出身者は現業員たる傭員層も多かった。この社員制は採用時の学歴にリンクされ、中等学校以下の出身者は雇員・傭員、専門学校以上の出身者は職員となった。また、雇員、傭員は一定の勤続期間を経て業務に精通すると、試験または詮衡によってそれぞれ職員、雇員に昇格した。

以上のような人事制度に基づいて、華北交通は本社―鉄路局―站・段の組織構造をもち、鉄道、水運、自動車からなる総合交通運営にあたった。本社には総裁室、経理・運輸・自動車・水運・工作・工務・警務の7部と、監察室、輸送委員会などをおいて、さらに総裁室には総務・人事・主計・資業の4局と企画委員会を設けて会社経営に関する根本計画を樹立することにした。なお、東京には事務所をおいて、日本内地での諸般の業務処理にあたらせるとともに、天津、北京、張家口、済南の4ヵ所に鉄路局を設置し、局内に総務・経理・営業・輸送・工作・工務・電気・警務の8処をおいて站・段などの現場機関に対する直接の指導機関とした。さらに各鉄路局には鉄路工廠、鉄路学院、鉄路出張所、鉄路管理所、自動車事務所が置かれた。その他、本社には鉄路医院が設けられ、従事員の保健・衛生を担当させた。

鉄道整備においても、特務部案をベースとして会社設立準備委員会によって研究が進められ、1938年9月に現地最終案がまとめられた。この案は楊子江以北の華北全鉄道を対象に、1939年から1942年まで施設349,250千円、車両295,020千円、合計644,270千円で整備する計画であった[83]。これが、陸、海軍両省をはじめ、その他の関係者各省、企画院間の了解に努め、興亜院が設置されてからは改めて興亜院を中心に本案の審議を重ねた結果、1939年3月に至ってようやく設立最終案を決定した。年度別事業費計画（表2-2-5）をみると、もとより鉄道整備に重点が置かれたが、水運や自動車業の投資計画もともに立てられた。その中で、移行準備委員会は大陸鉄道の一貫運営を重視し、既述の人的

表2-2-5　華北交通の各年度事業費予算表

(単位:千円)

事　業	項　目	1939年度	1940年度	1941年度	1942年度	計
鉄　道	復旧整備	85,646	34,140	38,300	42,470	200,556
	新線建設	21,610	41,240	49,690	28,140	140,680
	築港	4,550	7,000			
	車両	133,980	57,720	59,230	55,180	306,110
	鉄道小計	245,786	140,100	147,220	125,790	658,896
	水運	300				300
	合　計	246,086	140,100	147,220	125,790	659,196
自動車整備		14,780	4,220	4,970	4,080	28,050
総　計		260,866	144,320	152,190	129,870	687,246

出所:前掲『華北交通株式会社創立史』1257頁。
注:1．本計画の築港は旧北寧塘沽埠頭および天津特別第三区埠頭施設の整備である。
　　2．1939年度事業費中には開発会社より現物出資されるべき1億5,000万円を含む。
　　3．水運は原資料上鉄道の項目に含まれている。

表2-2-6　華北交通の資金計画表

(単位:千円)

年　度	事業費	前年度繰越金	資　金			次年度繰越金
			株金払込	社　債	社内留保金	
1939年度	260,866		180,000	95,000	-3,432	10,702
1940年度	144,320	10,702	30,000	115,000	-540	10,842
1941年度	152,190	10,842	30,000	105,000	17,177	10,829
1942年度	129,870	10,829	30,000	50,000	52,457	13,416
合　計	687,246	32,373	270,000	365,000	65,662	45,789

出所:前掲『華北交通株式会社創立史』1258頁。

相互交流だけでなく、運営方式や各種施設規格の統一を決定し、それが「満支交通一貫運営に関する覚書」(1939年4月17日)として確認された。そのための資金調達は株金払込や社債発行によって行われると想定された(表2-2-6)。

そして、それに伴う収支計画をみると、1935年までの10ヵ年間の満鉄の実績に基づいて、1938～1942年の5ヵ年間の旅客、貨物そして営業収支を予測して「北支各鉄道営業収支実績並予想」を1938年9月に作成した[84]。その後、満鉄からの派遣員が軍嘱託として研究を進め、同年10月に「北支鉄道及び港湾の財

表 2-2-7 華北交通における営業収支予想表

(単位：千円、％)

年度	営業収入		営業支出		営業損益		営業係数	
	全事業	鉄　道	全事業	鉄　道	全事業	鉄　道	全事業	鉄　道
1939	79,240	76,396	83,749	77,120	-4,509	-724	106	101
1940	111,444	104,099	114,484	99,244	-3,040	4,855	103	95
1941	142,192	132,336	128,065	105,844	14,127	26,492	90	80
1942	189,421	177,390	140,771	113,288	48,650	64,102	74	64
計	522,297	490,221	467,069	395,496	55,228	94,725	89	81

出所：前掲『華北交通株式会社創立史』1259頁。
注：営業係数＝(営業支出÷営業収入)×100

政的予想」を1938年9月に完成し、それ以外のいくつかの計画案を勘案し、1938年5月25日に特務部案をまとめた。さらに、会社設立準備委員会が設置されると、事業範囲を鉄道だけでなく自動車、水運、港湾にまで拡大したうえ、他の事業費や資金関係などを勘案し、表2-2-7のような営業収支予想表をまとめた。1940年度までは施設復旧や港湾建設などが進められるため、営業支出は大きくなるのに対し、営業収入の拡大はそれに及ばないため、営業損益が赤字を記録するが、1941年度からは交通事業が安着すると予測していた。とくに、鉄道部門は40年度より事業が安定化すると予想された。

こうした華北交通の経営安定に基づいて、外国権益の処理が考えられた。華北鉄道は外国借款が4億5千万元（1937年12月末）に達し、さまざまな外国権益を負担していた。それに対し、特務部は中国の新政権が日本の指導下に交通会社から上納される資金をもって新借款整理契約について債務額の削減、償還期限の延長、鉄道財政との均衡、外国付帯権益の整理などに留意しながら、債権者と折衝するという方針を確立した[85]。その後、北支鉄道借款対策研究委員会（1938年5月）や交通会社設立準備研究委員会[86]（1938年5月）を中心に蒙古と華北の両地域にあたる鉄道債務の処置、債務確認の方法、償還順位、支払貨幣、償還財源、支払方法などを考究し対策案（北支鉄道借款整理対策、同説明書、北支鉄道権益処理対策、同説明書、北支鉄道借款及権益に関する取極案）を決定した。

第 2 章　日中全面戦争の勃発と華北交通の設立　59

　以上のように、満鉄による北支鉄道委託経営は交通会社の新設によって否定された。とはいえ、ソ満国境の緊張高潮を背景に、満鉄との鉄道輸送の一貫性が重視され、満鉄の影響力が強く保たれた。それによって、華北交通はすでに満州事変後の満州において実験された「一面戦争、一面建設」を始め、日満支ブロックの建設を支えられると期待された。

注
1）　安達興助「日支事変に於ける鉄道戦史」1947年3月、厚生省復員局『軍事鉄道記録Ⅱ』年度未詳、防衛研究所図書館所蔵。
2）　華北交通株式会社編纂委員会『華北交通株式会社創立史』興亜院華北連絡部、1941年、331～333、343～348頁。
3）　満鉄と北寧鉄道の両者間に了解が成立したのは、日本に留学して日本側を理解していた北寧鉄路局長陳覚生の努力があったから可能であった。安達興助、前掲「日支事変に於ける鉄道戦史」。
4）　解学詩『隔世遺思：評満鉄調査部』2003年、541～543頁。
5）　前掲『華北交通株式会社創立史』332頁。
6）　吉原矩編『燦たり鉄道兵の記録』全鉄会本部、1965年、161～172頁；山田茂編『鉄路を支えて：鉄道第6連隊材料廠』火車会、1984年、6～10頁。
7）　前掲『華北交通株式会社創立史』360～361頁。
8）　安達興助、前掲「日支事変に於ける鉄道戦史」。
9）　前掲『華北交通株式会社創立史』507頁。
10）　安達興助、前掲「日支事変に於ける鉄道戦史」。
11）　「華北交通発生の経緯とその性格」『華交互助会会報』1963年1月1日。
12）　前掲『華北交通株式会社創立史』382～384頁。
13）　前掲「華北交通発生の経緯とその性格」；前掲『華北交通株式会社創立史』363～364、384～385頁。
14）　前掲『華北交通株式会社創立史』337頁。
15）　第二野戦鉄道司令部『状況報告』1939年1月5日；第二野戦鉄道司令部『第二野鉄追憶録　第一号』1941年6月17日；安達興助、前掲「日支事変に於ける鉄道戦史」。
16）　経理上でも、1938年6月「北支諸鉄道運営に関する経理要領」を定め、満鉄による華北鉄道の委託経営と一般運賃収入の処理に関する方針を決定した。また、

この経理要領に基づき6月7日に北支那方面軍経理部長と満鉄北支事務局長との間に「北支諸鉄道運営実施に伴う経費に関する協定書」を作成・実施した。
17)　前掲『華北交通株式会社創立史』334頁。
18)　前掲『華北交通株式会社創立史』383〜384頁。
19)　梅田義雄「華北交通史について編纂室からのお願い」『華交』第57号、1975年11月15日、4頁。
20)　『昭和十二年「密大日記」第二冊』防衛研究所図書館所蔵。
21)　「満鉄ニ対シ鉄道省従業員ノ派遣方ニ関スル件」1937年7月29日『昭和十二年「陸満密大日記　第十九号」』。
22)　鈴木貞編『北支派遣車両修理班「鈴木部隊」の記録』1978年、11〜16頁。
23)　安達興助、前掲「日支事変に於ける鉄道戦史」1947年3月。
24)　北支事務局に於ける鉄道省よりの派遣員の人事方針（1938年1月8日）。イ．満鉄、鉄道省両者を混じ融合を謀る。ロ．満鉄社員既入の所へ鉄道省の者を入れて暫くダブラして置き、然る後、満鉄社員を第一線に出す。ハ．正太、同蒲線へは可及的鉄道省の者を入れる。ニ．駅長、助役は満鉄、鉄道省の両者を何れかに入れる。ホ．派遣順序は待機中の優秀なるものよりとす。ヘ．鉄道省は派遣員を職名変更により派遣さすことあり（上級して派遣さすことあり）。ト．鉄道省派遣員一,八〇〇名、二月中旬頃までに来る既設線に五〇〇名、将来線に六〇〇名入れる最初の計画なるも残六五〇名も入れることとす。テ．駅関係五〇一名、機関区関係八〇一名、検車区関係一七〇名、工務区関係一五〇名、電気区関係一一四名、工場関係一六八名、計一,八〇三名。其他北支事務局、鉄道事務所にも配属される。服装は満鉄の社服と着用せしめ、山海関を越えて北支地域に入れば北支事務局の命令に従うものとす。満鉄北支事務局工作班長市原善積『業務日記』年度未詳。
25)　関根保右衛門編『華中鉄道沿革史』華鉄会、1962年、11〜12頁。
26)　前掲『華北交通株式会社創立史』358〜360頁。
27)　「1938年1月14日」市原善積『業務日記』年度未詳。
28)　李占才・張勁『超載：抗戦与交通』広西師範大学出版社、1996年、60〜72頁。
29)　表3-1-1と表2-1-3より残留職員数は約46,000人であったと推計されるため、これを58,070人から引き算すると新規採用中国人は約12,000人に達するが、表3-1-1の従事員数が1935年基準であることを勘案すると、残留者数は若干増える可能性がある。そのため、本稿は1万人以上の新規採用が行われたと推定する。
30)　唐山工廠の場合、中国人工作工のうち60〜75歳の者が147人もいて、全体の2割を占めた。「1938年3月28日」市原善積『業務日記』年度未詳。
31)　第一次世界大戦後、都市化と重化学工業化の進展に伴い輸送需要が急増したに

もかかわらず、陸軍や鉄道官僚から要請されていた広軌改築が政友会の政治的利害によって否定されてしまった。そのため、鉄道国有化以来実施されてきた鉄道施設の効率的利用の必要性が、より強くなったため、配車と車両修繕という両技術の精緻化に基づいて資本投下が節約された日本国鉄の効率的鉄道運営システムが構築された。林采成「戦前期国鉄における鉄道運営管理の特質と内部合理化」『戦間期の都市化と交通・運輸』日本経済評論社、2010年刊行。

32)「創業四周年、躍進社業の現状」『興亜』第46号、1943年4月、6頁。

33)「1938年3月10日」市原善積『業務日記』年度未詳。

34)「華人社員健闘座談会」満鉄・華北交通社員会編『支那事変大陸建設手記』満鉄社員会、1941年、598〜605頁。

35) 北支那方面軍司令部『北支鉄道現状』年度未詳(内容は1938年7月末現在)。

36) 満鉄は車両不足を緩和するため、つぎのような措置をとった。①貨物列車の速度向上と列車系統の再確立、②終結輸送の調整、③貨車積載効率の向上、④貨車運用効率の向上、⑤保有貨車の充実、⑥構内作業の改善、⑦荷役作業の促進、⑧夜間盈停車の絶無、⑨夜間積卸作業の強行、⑩車種的融用化、⑪返還空車の返路利用。前掲『華北交通株式会社創立史』513頁。

37) 前掲『華北交通株式会社創立史』519〜533頁。

38) 安達興助、前掲「日支事変に於ける鉄道戦史」。

39)「1938年2月10日」前掲『業務日記』。

40) 前掲『北支派遣車両修理班「鈴木部隊」の記録』。

41) 満鉄北支事務局工作班『工作班部所功績調査資料(自昭和12.7.7至昭和13.4.30)』1938年8月29日。

42) 北支那方面軍司令部『北支鉄道現状』1938年11月1日。

43) 満ソ国境方面の情勢が悪化し、北満方面においても準戦時態勢がとられると、1938年4月28日に関東軍参謀長の指令によって廻入車両の縮小や満鉄から華北への貸与車両の制限(4月末現在数の水準)が決定された。さらに、7月に約1ヵ月にわたる張鼓峰事件が発生したため、12月30日には関東軍と北支那方面軍鉄道主任参謀との間に「原則として北支新造車両の授受および入込借受満鮮車の返還は略同数とす」との覚書が取り交わされた。前掲『華北交通株式会社創立史』514頁。

44) 前掲『超載』60〜72頁。

45) 前掲『華北交通株式会社創立史』478〜486頁。

46) 満鉄通州建設事務所『通古線建設概要』1938年2月;満鉄調査部偏『支那経済年報』1940年度版、改造社、220〜221頁。

47) 朝鮮鉄道局営業課旅客係長稲川正一「釜山・北京直通列車運転に就て」朝鮮鉄

道協会『朝鮮鉄道協会会誌』1938年10月；浅谷實次「日支事変に於ける鉄道戦史（北支、自昭和十三年四月下旬至昭和十四年十二月上旬）」1947年7月、厚生省復員局『軍事鉄道記録Ⅱ』年度未詳。

48) 前掲『華北交通株式会社創立史』388～389頁。
49) 東亜研究所『支那占領地経済の発展』1944年、316～318頁；前掲『華北交通株式会社創立史』425～427頁。
50) 北支那方面軍司令部「北支ニ於ケル輸送状況ト滞貨ニ就テ」1938年。
51) 満鉄北支事務局『北支鉄道状況』1938年12月下旬分。
52) 「保定站の華人たち」前掲『支那事変大陸建設手記』606～611頁。
53) 浅谷實次「日支事変に於ける鉄道戦史（北支、自昭和十三年四月下旬至昭和十四年十二月上旬）」1947年7月。
54) 華北交通株式会社『華北交通概観』1941年12月、10～13頁。
55) 日本近代資料研究会『日満財政経済研究会資料：泉山三六氏旧蔵』第二巻、1970年、23～30頁；中村隆英『戦時日本の華北経済支配』山川出版社、1983年、116～117頁。
56) 原朗「『大東亜共栄圏』の経済的実態」『土地制度史学』71、1976年4月。
57) 前掲『戦時日本の華北経済支配』124～125頁；北支那方面軍特務部「北支開発国策会社要綱送付の件」1937年10月15日『昭和十二年「陸支密大日記　第九号」』；同「北支経済開発基本要綱（案）送付の件」1937年10月15日『昭和十二年「陸支密大日記　第十一号」』。
58) 北支那方面軍によって満鉄の華北独占開発案が支持されなかったとはいえ、満鉄が華北開発における影響力の行使を即座に諦めたわけではない。1938年2月の時点で、華北開発を担当する会社は「貴重ナル経験ト資力ト人力ヲ有スル満鉄」であるにもかかわらず、「条理ナラサル理由ノ下ニ新ニ統制会社ヲ設ケ」ることとなったが、満鉄ハ子会社ノ多数ヲ引キ受ウル積リニテ調査、研究、統制ノ目的ヲ以テ社内ヨリ有為ノ人物数名ヲ挙ケテ満鉄ノ北支最高委員会ヲ設置スヘキコトヲ提議」した。泉哲「北支ニ満鉄高級委員会ヲ設クルノ必要及蒙古連合委員会ノ将来」1938年2月24日、満鉄資料館。
59) 前掲『華北交通株式会社創立史』363～368頁。
60) 安達興助、前掲「日支事変に於ける鉄道戦史」。
61) 企画院第三委員会「北支経済開発方針及上海方面ニ於ケル帝国の経済的権益設定ニ関スル件」1937年12月18日『公文雑纂・昭和十二年・第三の一巻・内閣三の一・第一委員会・第二委員会・第三委員会』国立公文書館所蔵；前掲『戦時日本の華北経済支配』136～138頁。

62) 前掲『戦時日本の華北経済支配』174〜176頁。
63) 前掲『華北交通株式会社創立史』639〜641頁。
64) 前掲『華北交通株式会社創立史』641〜644、667〜670頁。
65) 前掲『華北交通株式会社創立史』670〜674頁。
66) 前掲『戦時日本の華北経済支配』176〜177頁。原資料は満鉄「重役会議決議事項」1938年5月11日。
67) 前掲『華北交通株式会社創立史』674〜678頁。
68) 満鉄鉄道総局輸送委員会「戦時大陸鉄道総管理局設置ニ関スル法制的処置（案）」1938年7月、大野緑一郎文書、国立国会図書館。
69) 前掲『華北交通株式会社創立史』697〜700頁。
70) 前掲『華北交通株式会社創立史』649〜666頁。
71) 案としては設立要綱、設立計画書、会社法、定款、監督機構・監督要領、借款整理対策、権益処理対策、北支交通整備要領、営業収支予想、資金計画、所要員・人件費査定要領、会社創立時の従事員移交要領、運営区域と鉄道監管轄区域間との調整案。附属参考資料としては法規、借款、交通整備、収支、人事組織の参考資料が提示された。
72) 前掲『華北交通株式会社創立史』1169〜1188頁。
73) 満鉄が大連を経営したように、新設の交通会社が華北の港湾を兼営しようとしたのに対して、海軍および海運関係者が強く反発した。浅谷實次「日支事変に於ける鉄道戦史（北支、自昭十三年四月下旬至昭十四年十二月上旬）」1947年7月『軍事鉄道記録Ⅱ』。
74) 前掲『華北交通株式会社創立史』681頁。華北港湾運営について日本政府は最終的基本方針を決定しなかったものの、華北交通は北支那方面軍の命令によって天津構（1939年6月）、連雲港（1939年11月）、塘沽新港（1942年10月）を行った（「天津港と華北交通」華北交通東京支社『華北展望』1943年3月、42〜48頁）。
75) 「世界注視の的に：華北交通創業」華北交通社員会『興亜』第1号、1939年7月1日、4〜5頁；前掲『華北交通株式会社創立史』1233〜1234頁、1245〜1249頁、1465〜1513頁。
76) 北支那方面軍司令部「監督機構竝監督要領」1938年9月1日；同「交通会社ノ監督ニ関スル処理事項」1938年9月1日；同「日本軍最高司令官ノ交通会社ニ対スル指揮命令ニ関スル件」1938年9月1日；北支那開発株式会社『北支那開発株式会社竝北支那開発株式会社ノ関係会社概況』1939年度版、345〜350頁。
77) 「華北交通発生の経緯とその性格」『華交互助会報』第2号、1963年1月1日。
78) そのうち、吉田浩は戦争勃発に際して朝鮮総督府鉄道局長として釜山から新義

州に至る朝鮮内の集中輸送にあたった。
79) 前掲「世界注視の的に：華北交通創業」。
80) 前掲『華北交通株式会社創立史』703〜721頁。
81) ①社員制、②職名、③本俸、④昇格、⑤初任給、⑥在勤手当、⑦賞与、⑧退職手当、⑨職務傷病死亡給与金、⑩旅費、⑪住宅又は住宅料、⑫臨時手当、⑬家族手当、⑭別居手当、⑮諸勤務手当、⑯被服、⑰共済（満鉄と統合して共済制度を定む）、⑱休暇、⑲無賃乗車証。
82) 華北交通株式会社『華北交通』1940年12月。
83) 北支那方面軍司令部「北支交通整備要領（自昭和十四年度至昭和十七年度）」1938年9月1日；「同　説明書」1938年9月1日。
84) 北支那方面軍司令部「北支那交通株式会社営業収支予想」1938年9月1日；「同説明書」1938年9月1日；前掲『華北交通株式会社創立史』1053〜1054頁。
85) 前掲『華北交通株式会社創立史』1107〜1168頁。
86) 1938年5月に軍、満鉄、大使館などの関係者からなる「北支鉄道借款対策研究委員会」が軍特務部に設置され、2回にわたる会合を経て、6月7日に「北支に於ける外国権益に関する対策方針」が採択された。本方針は既存の借款および権益処理案の主旨とは大きく相違しないものの、債務継承の限度を明確にしたことが注目に値する。その後、7月になって、借款対策案（第二次案）、満鉄北支事務局作成の回答案、北寧鉄道借款に関するイギリス通牒に関する具体的対策（案）、権益対策案（第一次案）、隴海鉄道権益対策（案）などを検討し、「北支鉄道借款処理案（第三次案）」と「北支鉄道権益処理案（第二次案）」を作成した。

第3章　華北交通の輸送力増強と輸送効率化

1．鉄道輸送の増加と輸送力増強五ヵ年計画

1）鉄道輸送の増加と輸送難の発生

　中華民国臨時政府の成立によって華北分離が実現されると、北支那方面軍は民間資本の自由進出を許可し、財閥巨頭の決起を促すという方針を決定した。それが既述の「北支開発経済方針」において、挙国一致の国策会社による華北開発として確定した。そのため、財界の巨頭と言われた郷誠之助、池田成彬、結城豊太郎らが設立委員となり、1938年11月に「北支那ノ経済開発ヲ促進シ以テ北支那ノ繁栄ヲ図リ併テ我国国防経済力ノ拡充強化ヲ期スル為北支那開発株式会社ヲ設立」した[1]。それによって、関東軍・満鉄の華北進出方針は日本財界をあげての中国侵略へとエスカレートしたのである[2]。その結果、日本の華北開発とは、大手紡績会社、五大電力、石炭資本などが占領地の接収工場、鉱山の委託経営にあたり、北支那開発株式会社がそれらの経済活動を統轄した。同時に、1938年末に興亜院が設置され、その華北連絡部を中心に、経済統制と開発計画を立案した。主な方針は日本の生産力拡充計画と満州国の満州産業開発五ヵ年計画に連動して、北支産業開発五ヵ年計画を実施することで、開発資源の対日供給を図った[3]。こうした華北における占領機構の体系化[4]は、華北交通にとって輸送力増強を至急に必要とする輸送需要の増加を意味した。

　ここで、鉄道輸送量の動向（表3-1-1）をみてみよう。戦争による鉄道路線の徹底的な破壊と資材の持ち逃げによって、復旧は極めて困難であったにも

表 3-1-1　華北交通の輸送実績

年　度	1935	1938	1939	1940	1941
鉄道営業キロ（km）	5,725.40	5,020.60	5,539.40	5,944.70	6,008.50
社員（人）	104,030	76,357	101,560	106,382	129,202
1キロ当たり社員[2]	18.2	15	15.6	15.2	18.3
鉄道社員1人当たり労働生産性[1]	79.1	55.5	80.7	117.9	127.2
鉄道1日1キロ平均列車回数[3]			12.9	15.1	17.2
1日平均列車キロ（千km）			1041	1270	1518
機関車1キロ当たり石炭量（kg）[5]			22.91	21.99	21.9
鉄道旅客（千人）	20,580	14,484	26,748	38,441	38,904
人キロ（千人キロ）	2,482,272	1,635,158	3,118,766	4,298,827	4,451,398
旅客1人当たり移動距離	121	113	130	129	114
1キロ1日平均輸送人員[4]			1,622	2,101	2,054
1日1キロ平均通過客車[3]			39.8	46.8	51.2
1列車平均連結車数[3]			10.8	9.4	8.7
1列車当たり乗車人員			230	295	321
鉄道貨物トン（千トン）	30,344	12,901	17,462	28,655	38,779
トンキロ（千トンキロ）	5,744,910	2,296,626	3,861,937	6,389,174	9,553,538
貨物1トン当たり輸送距離	189	178	218	211	246
1日1キロ平均輸送トン[4]			1,988	3,816	4,380
1日1キロ平均通過貨車[3]			208.7	221.8	251
1列車平均連結車数[3]			25.5	25.9	25.3
使用車1両当たりトン			27.2	28	28.6
自動車営業キロ			9,008	11,551	13,338
旅客（千人）			6,608	8,929	8,954
貨物（千トン）			7,307	15,547	22,003
内河川営業キロ			584	3,312	4,104
旅客（千人）			41	117	142
貨物（千トン）				229	427

出所：華北交通株式会社『統計年報』各年度版；同『華北交通統計月報』各月版；同『華北交通の運営と将来』1945
注：1）鉄道社員1人当たり労働生産性＝（千トンキロ＋千人キロ）／社員。ただし、1939年度以降の鉄道社員＝全と将来』）。
　　2）1キロ当たり社員も1939年度以降は全社員×85.2％。
　　3）1943年度の1日1キロ平均列車回数、1日1キロ平均通過車両、1列車平均連結車とは1943年4～11月の
　　4）1943年度の1キロ1日平均輸送量は1943年4～44年1月の平均輸送量。
　　5）石炭消費量は準軌線蒸気機関車運転用である。なお、1943年度分は1943年3～12月の平均消費量。

第3章　華北交通の輸送力増強と輸送効率化　67

1942	1943	1944
6,002.00	6,066.00	5,894.00
140,004	148,028	175,617
19.9	20.8	24.9
144.4	182	133.6
19.3	20.1	
1751	1877	
21.59	22.9	
56,500	91,405	80,973
6,389,059	11,538,414	9,971,808
113	126	123
2,925	4,756	
59.7	71.8	
8.5	9	
292	339	340
40,643	39,023	34,316
10,832,064	11,408,775	10,023,192
267	292	292
4,937	5,164	
275.7	276	
24.9	24.8	
29	29	29.9
15,354	16,916	18,909
8,789	7,312	3,396
26,248	40,981	23,835
4,122	4,213	4,213
203	256	132
592	532	470

年12月。
社員×85.2%（鉄道要員比率『華北交通の運営

平均数値。

かかわらず、復旧工作は着々と進められ、治安が漸次良好となり、1938年度には35年度の旅客（人キロ）において66％、貨物（トンキロ）においては40％にまで回復した。さらに、1939年度には鉄道輸送は著しく発展し、旅客は早くも戦争前の水準を突破した。貨物の場合もその翌年からは戦前の水準を上回った。輸送人員を詳しくみると、1939年度に一般旅客25,609千人、軍隊1,146千人であって、軍隊人員は全体のわずか5％となった。さらに、同年には7、8月の未曾有の水害によって輸送力が阻害されたが、9月末に至ってひとまずその応急復旧が行われた[5]。その後、輸送量が急速に増え始め、1941年末には戦前に比べて旅客において1.8倍、貨物では1.7倍の著しい増加傾向を示した。貨物輸送は旅客に比べて緩慢な増加を示していたが、輸送トンと輸送トンキロを比較すれば、輸送量の増加は短距離貨物が増えた結果ではなく、主に遠距離貨物が相対的に増えたことがわかる。

表3-1-2において、貨物輸送について詳しく検討してみよう。まず、軍需品の動態に注目すれば、1938年には軍需用貨物は総貨物のうち26％を占めて以降、その比重が減少し、とりわけ1940年度からは著しい減少傾向をみせ、1941年には17％へと減少した。貨物における軍需負担の減少は、鉄

表3-1-2 日中全面戦争期における華北交通の品目別貨物輸送

(単位:千トン)

年　度		1934	1935	1938	1939	1940	1941	1942	1943	1944
営業品	鉱山品	14,407	14,982	9,242	11,997	16,063	19,503	21,090	18,435	14,374
	(うち、石炭)	12,795	13,289	7,601	10,747	13,826	17,042	18,377	15,786	11,561
	農産品	3,414	3,041	1,994	2,260	2,216	2,075	1,919	2,132	1,518
	林産品	217	196	267	478	678	820	1,149	1,175	916
	畜産品	285	300	143	209	256	226	172	172	127
	水産品			160	258	574	465	714	958	621
	その他	2,160	2,318	2,147	2,260	2,771	2,846	3,023	3,540	3,017
	小　計	20,483	20,837	13,953	17,462	22,558	25,935	28,067	26,412	20,573
軍需品				5,379	7,716	7,019	6,787	6,264	7,409	8,289
社用品				2,551	5,048	6,187	6,057	6,312	5,202	5,454
合　計		20,483	20,837	21,883	30,226	35,764	38,779	40,643	39,023	34,316
(うち、石炭)				8,588	13,036	16,900	20,434	21,496	19,023	

出所:華北交通株式会社『華北交通の運営と将来』1945年12月。

道の役割が軍事段階より経済建設段階への移行を物語るものであった。その反面、民需貨物が徐々に増えはじめたが、その中でも、特に線路補修材料、新線建設資材、運転用石炭などの社用品が初期段階に著しく増え、1938年度13%から1939年度17%となっていたが、営業品は61%から58%へと、むしろその比重が低下した。1940年度に入ると、それが逆転して営業品は顕著な増加を示し、1940年度の63%から1941年度の67%へと急増した。ちなみに、民需用貨物の増加も社用品の増加に見られるように、初期には鉄道自体の整備が重視されたが、その後は営業用品が著しく増加し、いわば「北支産業開発」が活発化したことを示している。

　営業用品においては、1938年度には総貨物量の中で鉱山品は42%を占め、それに次ぐ農産品は9%に過ぎず、林産、水産、畜産などの比重はわずかであった。鉱山品の中でも圧倒的な比重を占めたのが、石炭であって、総貨物の35%(軍需品と社用品の石炭を合わせると39%)を占めた。その後、貨物輸送量が増えつつある中、鉱山品と林・水・畜産品はその比率が増加した反面、農産品とその他商品は逆に比重が減少した(とはいえ、農産物の絶対量が大きく減少した

わけではない)。鉱山品の増加は極めて著しく、1938年度の42%から1941年度には50%となったことから、華北鉄道の鉱山鉄道、なかでも運炭鉄道としての性格が確認できる。すでに戦前より華北鉄道は「運炭鉄道」と呼ばれただけに、占領下の対日送出が強調される中、石炭類（軍需品、社用品の石炭を合わせたもの）は1938年度の39%から1941年度には52%へと増加し、鉄道収入でも約30%を占めた。

こうした石炭輸送の発着地別動態（表3-1-3）に注目してみよう。まず、発送地別には山東・山西の両省の諸炭鉱における発送量が石炭開発とともに急増し、とりわけ鳳山は10倍近い送炭量の急増を示した。これに

表3-1-3　華北交通における主要発着地の石炭輸送状況

(単位：千トン、%)

発着地		1938年度	1940年度	増加率
発送	河北省			
	古冶	4,176	5,126	123
	門頭橋	911	780	86
	唐山	665	992	149
	井陘	190	481	253
	蒙古			
	口泉	938	957	102
	河南省			
	六河溝	205	331	161
	山東省			
	棗荘	348	1,690	486
	博山	143	579	405
	罌山	119	694	583
	大崑崙	143	433	303
	山西省			
	鳳山	55	538	978
	陽泉	72	422	586
	白家荘	112	200	179
到着	秦皇島	2,970	3,973	134
	天津附近	1,402	1,357	97
	北京	1,067	1,272	119
	塘沽	410	713	174
	青島埠頭	289	1,590	550
	青島	87	291	334
	済南附近	191	295	154
	対満輸出		195	

出所：東亜研究所『支那占領地経済の発展』1944年9月、316～317頁。

対し、戦前より規模の大きかった河北省および蒙古の炭鉱では、それほど発送量の増加がみられず、場合によっては生産量が減少したところもあった。日本の占領は華北炭鉱にとって、生産および発送に大きな変化をもたらしたのである。次に、着地別の石炭輸送をみると、天津、北京、青島の石炭到着量は大幅な増加を示さなかった反面、対日輸送および華中移出に向けられる青島埠頭、塘沽埠頭への到着量は急激に増えた。対満輸出でも、従来の海上輸送が一部陸路輸送に転嫁されたため、その量は1940年度には19万5,000トンに上った。とりわけ、対日輸送が急激に増え、華北の鉄道は現地生産の石炭の対日輸送に全

力を尽くしたかにみえる。1940年度の華北石炭輸移出計画および実績をみれば、対日供給は計画4,740千トン、実績4,318千トン、達成率91％、対満供給は計画500千トン、実績368千トン、達成率74％、対華中・華南供給は計画1,990千トン、実績1,746千トン、達成率88％であった[6]。

とはいえ、華北交通は超過需要の常態化に直面した。華北交通の鉄道運営が安定したと考えられる1940年度においても、貨物輸送計画によれば、出貨見込量は3,700万トンに達したが、現有の輸送施設と1940年度要求諸施設の実現を見込んでも、なお輸送能力は3,500万トンに過ぎず、約200万トンの出貨抑制を余儀なくされた[7]。こうした現象は1941年度になっても解消できず、華北・蒙古炭の輸送実績は7、8、9、12の4ヵ月を除いて輸送計画を恒常的に下回っており、「奥地炭鉱ノ輸送力ノ不足」は常に石炭増産を制約した。例えば、井陘炭鉱は出炭制限を余儀なくされ、中興および陽泉炭鉱では貯炭が激増し、過重貯炭の結果、自然発火を起こした。このように、輸送隘路の悪影響は深刻なものであった。他の貨物についても出貨計画に輸送実績が追い着かず、鉄道は過大な計画を課せられていたのである。

以上のように、占領地の安定や資源開発の本格化に伴って、華北交通にとっての輸送需要は民需品、中でも営業品を中心に急増し、輸送難の発生が避けられず、それに対応できるような鉄道輸送力の強化が至急要請された。

2）輸送力増強五ヵ年計画と鉄道投資の実態

そこで、華北交通は資業局交通課が中心となって、「北支新設鉄道及主要強化鉄道三ヵ年計画要綱案」（1939年4月）を作成し、奥地資源の開発と沿線産業の復興による輸送量の増加に対応しようとした[8]。華北交通は三ヵ年計画の作成にあたって、輸送数量が1940年から42年への3ヵ年で旅客は3,003万人、33億5,965万人キロから4,129万人、45億4,190万人キロへと増加し、貨物は3,399万トン、74億1,373万トンキロから4,586万トン、109億6,821万トンキロへと増加すると想定した。これに対し、華北交通は、表3－1－4のように、1939年の99.0kmのほかに1941年まで598.0km（滄石線、包原線、大沁線、張

表3-1-4 華北交通の建設計画と竣工・工事中止状況

(単位:km)

年度	計画		実績		建設工事中止
	三ヵ年計画	五ヵ年計画	新線竣工	線路修復	
1937			1.0		
1938			355.4	90.3	
1939	99.0		86.2	175.6	
1940		165.0	457.6	36.0	
1941	598.0		66.0		
1942	281.0		84.7		
1943	120.0	108.0	7.8		
1944			54.0		152.8
1945		370.0	1.2		126.2
合計	1,098.0	643.0	1,113.9	301.9	279.0

出所:華北交通総裁室資業局「北支新設鉄道及主要強化鉄道三箇年計画要綱(案)」1939年9月4日;興亜院華北連絡部「北支蒙古鉄道輸送力増強五箇年計画(修正)案」1940年7月8日、北京市档案館;華北交通株式会社『華北交通の運営と将来』1946年。
注:五ヵ年計画は年度別建設キロ数が未詳であるため、完工年度を表示する。

柳線)を敷設したあと、42年度281.0km(大塩線、張北線)、43年度120.0km(大塩線)を追加建設し、合計1,098.0kmの新線敷設を行うという建設計画を立てた。主として幹線網の建設を内容としたものであったが、それに加えて、同蒲線と正太線の改軌(狭軌→準軌)や京山線の複線化を進め、既存路線の輸送力強化も同時に図ることにした。

　実際の工事進捗度をみると、1938年度に通古線、北同蒲線が建設されてから、1939年度に新開線、1940年度には大台線、大青山線、石徳線、東潞線などの新線建設工事が竣工した。それに合わせ、京漢線や隴海線において既存線路の修復工事も同時に進行した。ところが、資材の調達が思わしくならず、加えて労務者の確保も困難となったため、工事の進捗は表3-1-4のように設立直後から計画通りには進まなかった。それを反映して、三ヵ年計画は1940年中に北支産業開発五ヵ年を樹立するにあたって、幹線よりの支線建設、軽便線の改軌などを炭鉱開発計画に即応して、その確実な施行を図るという内容の「北支蒙古鉄道輸送力増強五ヵ年計画案」(1941～45年度)として改めざるを得なかった[9]。

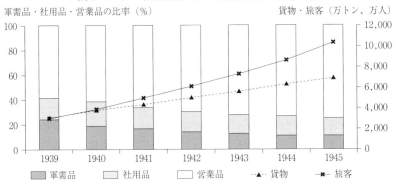

図3-1-1　華北交通における鉄道輸送の数量予想

出所：興亜院華北連絡部「北支蒙古鉄道輸送力増強五箇年計画（修正）案」1940年7月8日、北京市档案館。

　鉄道輸送力増強五ヵ年計画は北支那産業開発五ヵ年計画それ自体が「地下資源中特に石炭の増産並農産資源中特に食糧作物の増産を二大重点」としただけに、これらの貨物の輸送に重点を置いて作成された。北支産業開発に伴う予想輸送量（図3-1-1）をみると、軍需品と社用品の比重が減ってゆく反面、営業品の比重が急激に増加し、結果的に貨物輸送は1941年から1945年にかけて4,662万トン、10,059万トンキロから6,962万トン、19,126万トンキロへと増加すると想定された。そのうち、石炭は全体貨物の49％→59％（トンベース）、49％→65％（トンキロベース）を占めると想定された。また、旅客輸送は同期間中に1,952万人、59億292万人キロから1億315万人、114億7,250万人キロへと増加すると予測された。三ヵ年計画時の予想輸送量に比べて、貨物、旅客とも少しは大きくなったことがわかる。この予想量に対し、華北交通は「資金資材ノ逼迫セル現況ニ鑑ミ引込線其他ノ近距離ノモノヲ除キ可及的石炭増産ニ直接関係ヲ有セザル新線ノ建設ハ之ヲ留保シ現存ノ設備ノ改良並ニ車両ノ拡充ニ重転ヲ置クモノト」した。新線の建設は同塘線（大同－塘沽線）108キロ、石徳線165キロ、炭鉱引込線約370キロに限って行う反面、既存路線に対しては有効長延長、複線化、操車場の拡充などの改良工事や車両増備を進め、既存路線を強化することにした。

第3章 華北交通の輸送力増強と輸送効率化　73

表3-1-5　華北交通における年度別事業費

(単位:千円)

	1939	1940	1941	1942	1943	1944	1945	計
建　設	634	13,363	48,435	31,985	58,208	70,245		222,879
改　良	48,818	110,072	98,088	152,350	124,826	311,983	4,994,686	5,840,823
自動車	870	5,273	11,848	11,261	5,864	13,754	86,299	135,169
水　運	223	9,644	7,162	647	2,830	1,486	14,322	36,314
小運送							170,116	170,116
計	50,554	138,352	165,533	196,243	191,728	397,468	5,265,473	6,405,351
車　両	26,217	87,861	92,346	25,908	7,329	38,148	76,767	354,576
合　計	76,771	226,213	257,879	222,151	199,057	435,616	5,342,240	6,759,927
換算額	70,917	196,751	175,946	41,729	104,108	44,235	21,652	655,337

出所:華北交通株式会社『華北交通の運営と将来』1945年12月。
注:1．換算額は1937年物価基準で実質化したものである。
　　2．1945年度は上半期決算見込額を計上する。

　そして、表3-1-4のように、三ヵ年計画および五ヵ年計画と実際の新線竣工をみれば、1941年以来は計画の路線がほとんど建設されず、新線キロ数も三ヵ年計画はもとより、五ヵ年計画にも及ばなかった。しかも、戦争末期に至っては建設工事の中止も決定された。従って、占領期の新設工事は新しい幹線網を建設するより、新しく開発された鉱山地域と既存の幹線網を連結するという支線敷設が重視されたと評価せざるを得ない。

　それだけに、表3-1-5でみられるように、鉄道投資は既存路線の線路容量を高める改良事業を中心としたものとなった。会社設立時の事業費予算（前掲表2-2-4）と比べても、改良事業のほうに重点が置かれたことは明らかである。まず、輸送力の貧弱な狭軌線の改軌工事やレールの重量化が進められた。北同蒲線（太原北站－大同間）の建設工事が占領下再開されるとき、既存路線の改軌工事（1m→1.435m）やレールの重量化（16kg→30kg）がともに行われた[10]。また、石太線でも同様の工事が着手された。その他、大同炭鉱が開発され、口泉線（19.8km）が運炭鉄道としての重要性を増し、また膠済線でも輸送量が増えると、レールの交換工事（30kg→40kg）が行われた。次に、列車の運行回数増加と長大化のために、主要幹線網では525mへの有効長延伸

工事や信号場の増設が施された。また、站の構内改造、側線敷設などの改良工事が行われた。済南などの18主要站においては「大改良工事」が実施され、貨物処理の合理化が図られており、秦皇島など16站では機務検車施設の拡充、有効長延長、構内配線変更、新線連絡施設、側線付設などの「中改良工事」が施工された。その他にも、多くの站において工場引込線、貨物複線などの新増設の「小改良工事」が施行された。

また、線路施設の中で、最も線路強化のネックとなった橋梁に対しても、増強工事が実施された。橋梁の重要性のため、いち早く鉄道省から足立部隊が派遣されたことはすでに指摘したとおりであるが、162ヵ所852連に達した戦災橋梁に対する応急復旧工事が施され、1940年までには列車運行をみた。というものの、その後、鉄道の輸送量が急激に膨張し、橋梁強度の増大が至急課題となったため、橋梁強度調査班によって強度調査が行われたうえ、京山、津浦、京漢、膠済、京包、石太、隴海という順序で強度増強工事が行われた[11]。それによる改築橋梁は、1944年末に766ヵ所、1,702連、総延長22,261mに達した。

こうして、既存路線の改良工事によって線路容量が改善される一方で、華北交通は車両増備を進めた。既述のように、華北の鉄道は北寧・平綏の両鉄道を除いて、全線区にわたる甚大な損壊を被ったが、その被害が最も大きかったのが鉄道車両であった。管外流出、滅失および大破損などによって、保有両数は戦前に比べて機関車69％、客車79％、貨車71％となった。しかも、「鹵獲車両」と呼ばれる残存車両のうち、使用可能なものが機関車320両、客車286両、貨車4,278両に過ぎず、それもほとんどが車齢超過の老朽車で、その型式も雑多だったため、運用効率が悪く、「輸送力保持上の最難関」と判断されていた。そのため、鹵獲車両の改修はもとより、前掲表2－1－5のように、1938年末には満鉄および朝鮮国鉄の保有車両を華北地域へと延長運用していた。その他、鉄道省車両を改軌工作の上華北鉄道において運営していた。

ところが、満州内において満州産業開発五ヵ年計画の実施によって輸送量が増えており、張鼓峰事件（1938年7月）など満ソ国境情勢が悪化すると、参謀本部第三部主催の下に「鉄道輸送力増強に関する協議会」（1939年2月7日）が

表3-1-6　華北交通における車両増備状況

(単位：両)

車　種			機関車	客　車	貨　車	事故復旧用起重機
戦前の車両保有数（1936年度）			1,036	1,073	14,545	1
戦争勃発直後	残存数		460	652	7,333	1
	使用可能数		320	286	4,278	1
戦争勃発から敗戦までの車両増備数	増備	新製作	685	749	9,429	9
		他鉄道より譲受	234	11	2,608	
		現地での完成品購入	31	53	815	
		計	950	813	12,852	9
	大破損残存車復旧		103	280	1940	
	合　計		1,053	1,093	14,792	9
敗戦時の保有数			1,331	1,362	18,532	10
戦争勃発直後の使用可能数を100とした増備数指数			329	382	346	900
敗戦時の保有数を100とした増備数指数			79	80	80	90

出所：華北交通株式会社『華北交通の運営と将来』1945年12月。
注：大破損残存車復旧とは日本軍進駐時工廠において、大修繕を施す程度の状態に放置されたものを原型に復旧したことである。

開かれた[12]。その結果、華北鉄道は華北入込借受の満鮮車両を返還する代わりに、鉄道省から鉄道車両の追加譲受が行われるとともに、新製作車両が多く華北に導入されることになった。それによって、表3-1-6のように、満鉄、鮮鉄、日本国鉄からの譲受は敗戦の時点で機関車234両、客車11両、貨車2,608両となった反面、車両増備は日本内地と満州での新製作に頼らざるを得なかった。

　このような車両増備のために多くの努力が傾注されたにもかかわらず、表3-1-7のように、輸送量の増加に追いつかなかった。計画の段階から保有両数は所要両数より少なくなり[13]、さらに車両製作用資材の確保が厳しくなったため、戦時設計が余儀なくされ、非鉄金属の入手や代用材の採用や不必要な部分の削除が断行された。例えば、三等客車（ハ2）の場合、満鉄の同種標準車ハ3が自重平均44トンであったのに対し、16％の軽量化が可能となって37トンとなり、客車1両当たり6,000円も節約された[14]。車両の運用においても、在来標準では30トン積であった貨車の設計を一部増強し、45トン積貨車として運

第3-1-7　華北鉄道における各年度輸送量と車両

区　分		戦前(1935)	戦争当初(37.9)	1938	1939	1940	1941
輸送量(単位：千)	旅客（人キロ）	2,482		1,635	3,119	4,299	4,451
	貨物（トンキロ）	5,745		2,297	3,862	6,389	9,554
保有数(単位：両)	機関車	1,036	241	909	1,017	1,108	1,239
	客車	1,373	320	870	897	997	1,201
	貨車	14,545	2,875	11,154	15,082	16,010	17,152
	事故復旧用起重機	1	1	2	6	5	10
事変前を100とした指数	輸送量 旅客	100	0	66	126	173	179
	貨物	100	0	40	67	111	166
	保有数 機関車	100	23	88	98	107	120
	客車	100	23	63	65	73	87
	貨車	100	20	77	104	110	118
	事故復旧用起重機	100	100	200	600	500	1,000

出所：表3-1-1；華北交通株式会社『華北交通の運営と将来』1945年12月。
注：車両保有数は当該年度末現在数とする。

用し始めた。

　以上のように、占領地の開発に伴って輸送量が急増し、これに対応する輸送力増強が計画されたが、「不足の経済」のため、それが不可能となったのである。次では、こうした「不足の経済」に対応して、華北交通が如何なる経営資源調達ルートを構築したのかについて検討してみる。

2．経営資源調達の再編と鉄道運営の効率化

1）経営資源調達の再編

①資材調達の実態と調達ルートの再編

　ここでは、華北交通が会社設立時に構築した資材調達システムが、戦時統制と物資不足の中で作動しなくなったため、新たに模索された調達ルートの再編について検討する。

　まず、会社設立以前の資材調達をみると、1937年8月に北支事務局内に調度

保有数の比較

1942	1943	1944	終戦時(45.9)
6,389	11,538	9,972	
10,832	11,409	10,023	
1,254	1,311	1,352	1,331
1,308	1,384	1,410	1,362
17,321	18,414	18,709	18,532
9	9	10	10
257	465	402	
189	199	174	
121	127	131	128
95	101	103	99
119	127	129	127
900	900	1,000	1,000

係が初めて設置されたが、これが占領鉄道の確保とともに拡充され、1938年4月に経理班の中に第一調度係、第二調度係、購買係、倉庫係の4係が設置された。そのもとで、一切の物品事務処理が行われた。こうした体制は会社設立に際しても大きく変化せず、資材調達業務は本社経理部内の用品業務関係の購買課と倉庫課が担当することとなり、その他に日本からの資材供給を念頭において、港湾都市たる天津と青島に用度事務所が置かれた[15]。このシステムは資材運用が経理の観点から運用され、資金さえ確保されればその購入自体が不可能な事態が生じにくい「需要制約型経済」を前提としたものであった。換言すれば、戦時体制より平時体制にふさわしい資材調達システムであるといえよう。それだけに、華北における経済運営において戦時統制と物資不足が進行すると、正常な作動が不可能になったのはいうまでもない。

　ここで、表3-2-1をもって会社設立直後の主要資材の調達状況についてみよう。1939年度物動計画における鋼、銅、枕木の3主要資源を例として、その入手実績および見込み、使用実績あるいは発注状況を記したものである。該当年度の物動計画の結果によると、鋼材割当総額は車両新造用鋼材を除いて92,000トン（会社希望127,000トン）であったが、39年9月までの入手経過を見ると、発注40,500トンに対し、わずかに31%の12,500トンに過ぎなかった。なお、40年3月までの入手見込みは極めて楽観的に仮定した場合、35,000トン程度であるため、4月から9月までの入手量を含めても、48,000トンに過ぎなかった。その結果、1939年度物動計画割当総数に対して、僅かに52%の入手に過ぎなくなった。レールにおいては支線、側線を撤去流用することで急場をしのぐとしても、その他の工事は約50%の遅延が余儀なくされた。なお、銅材においては、1939年度物動計画割当1,400トン（第1次要望数量2,600トン、計画

表3-2-1　華北交通の1939年度主要資材調達状況

記　事	鋼材（トン）	銅材（トン）	枕木（千挺）
1939年4月現在のストック	13,600	240	14
1939年4～9月の入手量	12,500	180	270
（同期間の発注）	(40,500)	(1,400)	(2,618)
累　計	26,100	420	284
1939年4～9月の使用実績	12,600	200	273
1939年9月現在のストック	13,500	220	11
1939年10月～40年3月の入手見込み	35,000	790	1,000
（同期間の発注予定）	(47,000)	(1,200)	(390)
累　計（1939年入手見込み）	47,500	970	1,270
1939年10月～40年3月の所要予定	79,400	1,000	2,527
差引不足	31,900	130	1,257
1939年度（39年4月～40年3月）所要予定［附、物動計画決定割当予定］	92,000	1,200	2,800
物動計画決定数量に対する入手数量の比率予想	52%	80%	35%

出所：華北交通株式会社『華北交通会社事業の概要』1940年。
注：原資料上誤算があるが、そのままにする。

変更による第2次削減要望数量2,130トン）に対する9月末までの入手実績は13％の180トンに過ぎず、電気用資材は全く払底した。また、枕木においても同様の現象が生じ、腐朽状態が甚だしく、安全な列車運行が妨げられたといわざるを得ない。増強計画を実施するどころか、日常の補修や「匪害」復旧にも大きな困難が感じられたのである。

　この資材の不足は華北経済の運営に大きな影響を及ぼした。1939年度中に対日石炭として330万トン（ほかにも華中・華南130万トン、満州39万トン）を輸出する計画であった。そのうち、対日供給量の65％に当たる210万トンを海港（秦皇島）に最も近い開灤炭が占めており、それ以外には井陘炭15万トン、大同炭30万トン、中興炭55万トン、山東炭20万トン、計120万トンに過ぎなかった[16]。ところが、開灤炭鉱はすでに採掘の限度に達しており、他の炭鉱の増産が必要とされたというものの、その鍵となる輸送力増強が所要量の35％に過ぎない資材入手量をもって行われざるをえず、もはや華北の石炭増産は「華北交通、特ニ鉄道、港湾今後ノ整備如何ニ依リテ左右セラル」こととなった。

こうした状況を打開するため、華北交通は要素市場に深く介入するとともに、内部の資材調達システムを再編し、資材調達の確実性を高めることにした。まず、外部市場への介入についてみると、華北交通は東京支社に技術監を常置させ、日本の車両製作会社の製作監督と工程進捗ならびに本社発注資材の確保にあたらせた。とりわけ、1939年度生産力拡充計画実施計画の遂行に対応し、1939年7月には日鮮満支の鉄道関係官庁、各車両製作会社および鉄道会社を構成員とする「鉄道車両協議会」が設置されると、積極的に意見展開を行い、華北交通の資材要請が鉄道車両需要者別四半期別生産計画に反映されるよう努めた[17]。なお、同年9月には車両の主要部品規格を統一し、車両生産の能率向上や代用資材の使用を図るため、他の関係者との間に「鉄道車両技術協議会」を設置した。さらに、車両確保のため、車両製造および部品メーカーに職員を送り込み、当該会社との連絡を緊密にした[18]。

　ところが、車両調達が円滑に進められなくなると、華北交通は子会社の車両製作会社の設立を検討し始めた。大連機械製作所が1939年5月に天津張貴荘工場を建設するなど、華北の車両市場をめぐって車両メーカーの競合が現れることをきっかけとして、同年7月に華北交通は関連機関との意見調整を行い、「華北鉄道車両株式会社設立要綱（案）」（1939年9月）を設立させた。それに基づいて、青島（鉄道車両工場）、山海関（鉄道用品工場）、張貴荘（部品工場）の3工場を擁する公称資本金3,000万円の華北車両株式会社を1940年6月3日に子会社として設立した[19]。1942年以降、同社青島工場において機関車11両を製造し始めた。こうして、華北交通は「不足の経済」の中で事業の垂直化を図ったのである。

　その一方で、「業務量が三段飛びに倍加されて行く」につれ、内部組織の新たな再編が要請された。輸送量の増加や輸送力増強のため、華北交通の外部から調達する資材の品目およびその量が増えたばかりでない。物動計画の進展や輸出調整の断行を通して、日本の戦時統制が華北にも影響がおよび[20]、1939年11月には中央物資対策委員会が興亜院華北連絡部長官を委員長として設置され、物資・物価・輸送の3分科を置き、数量と価格の両面から華北における物資配

給統制を展開した[21]。さらに、各地方ごとに地方物資対策委員会が設置された。もとより、華北交通にとって物資統制の進展に伴う業務量の増加が多くなったのである。

そのため、1940年11月に「会社職制の画期的躍進と呼応して金銭部門と物品部門とを管掌していた経理部が発展的解消をなし、金銭部門を管掌する主計局が生れ、物品部門を管掌する資材局が新たに生れた」[22]。いわば、日本での物動計画の進展と現地での物資統制の強化に相まって、「カネ」の予算から「モノ」の予算を分離したのである。そのため、資材局には用品経理・物動・貯蔵配給計画・購買一・購買二・購買三の6主幹と天津・北京・青島の3用度事務所が設置された。こうして、要素市場の統制化に対応しようとしたのである。

そうした中、「各主管の業務の分界其他に対し多少の無理があったし、新体制に対する総裁の意図を更に徹底せしむる為」、華北交通は1941年5月に再び資材局の組織編成を、管理・用品経理・物動・計画一・計画二・計画三の6主幹、購買室（購買一・二・三）、天津・北京・青島の3用度事務所へと再編した。すなわち、既存の貯蔵配給計画主幹を計画一・計画二・計画三の3主幹として強化し、特殊資材の総合計画、再用品、不用品の運用統制、貯蔵品の総合的運用、資材の配給計画などの関連業務を担当させた[23]。それとともに、購買業務の担当部門を既存の主幹より「購買室」として分離し、資材調達の確実性を高めようとした。こうした体制の中で中心となったのは、やはり物動主幹であった。これを通して「会社必要物資需給の基本計画と配給機構に対する渉外」にもよりいっそう力を入れ、なお日本、満州、華北の主要資材供給地には資材局の要員を派遣し、資材配分をめぐって関連機関および企業と緊密に協議を行った。さらに、取引商人選衡委員会を設け、指定取引人を決定し「良品の廉価」を図った。

そして、代用資材の利用も大きく進められるようになった。華北交通は業務審議会に資材運用分科会および物資節用分科会を設置し、物資の活用、節約に関する組織的計画を樹立、その実行に着手した[24]。封筒の2回利用、ペン・鉛筆の節約、回覧文書の使用、電灯点滅の注意、ガソリン1日使用量の遵守など

のような日常的な物資節約はもちろん、「設計又は工事に際して資材の点を考慮する」ことにした。さらに、2つの分科会以外にも代用品研究分科会を設置し、代用品の発明および利用に関する積極的研究を行うことにした。既述のように、華北交通は車両製作や建設改良において戦時規格を確立した。1939年8月にコンクリート試験室を設置し、鉄道工事の増加によるコンクリートの使用量の急増に対応しようとした。その後、欧米情勢の急変、英米の日本資産凍結、日英通商条約の廃止などによって物資不足が深刻化すると、1941年11月にはコンクリート試験室を材料研究室として拡充し、建設局長管理の下に材料研究室主事がその運営にあたった[25]。材料研究室では、セメント、コンクリート、土質、レンガ、石材などの材料の性質に関する科学的調査研究・試験を総合的に行うことにした[26]。

　以上の対応にもかかわらず、「物動は必ずしも当初の計画通り動いて来ないし、入るべき品物も船舶やその他の関係で予定通り搬入されない。寧ろ予定通り行はれないといふ事が常態である。従って毎月々購入量と資金とが狂って来る。その間の調整をうまくとる事は容易な事ではな」かった[27]。

　次に、人的資源の確保状況とそれに対して講じられた対策を分析しよう。

②人的資源の確保・運用の再編
　a．労働力の流動化と質的低下

　戦争勃発直後、北寧鉄路局を除いて多くの旧従事員が「離職逃避」し、特に中国人の高級従事員はほとんど残らず、占領鉄道の運営が困難となったため、満鉄や鉄道省から予想より多くの職員が派遣されたことはすでに指摘したとおりである。その後、1938年10月までに日本人15,815人、満州人3,638人、旧従事員47,681人、合計67,134人をもって鉄道の復旧や輸送の遂行に当った（表2-1-2）。けれども、営業キロの拡大や業務量の増大に伴って、要員不足が著しくなったことから、極力旧従事員の復帰を慫慂するとともに、鉄道省、朝鮮国鉄[28]より「有経験者の供出」を求め、会社の設立時には営業5,020.6キロに対して、従事員数は日本人18,940人、中国人61,092人、計80,032人となった（表

表 3-2-2 華北交通における民族別従事員数

(単位：人、％)

年 月	1939年度末	1940年度末	1941年度末	1942年度末	1943年度末	1944年度末	45年6月 A	45年6月 B
日本人	27,893	30,080	35,663	38,387	36,807	34,130	32,866	49,108
比率	27.5	28.3	27.6	27.4	24.9	19.4	18.2	24.2
中国人	73,667	76,302	93,539	101,617	111,221	141,487	147,592	154,118
比率	72.5	71.7	72.4	72.6	75.1	80.6	81.8	75.8
合計	101,560	106,382	129,202	140,004	148,028	175,617	180,458	203,226

出所：華北交通株式会社『華北交通統計月報』各月版；同『華北交通の運営と将来』1945年12月。
注：1．1945年6月のAは定員外扱者を含まないもの、Bはそれらを含むものである。定員外扱者は外局たる港湾局（外局）人員、非役、応召、傷病、養成生徒など。
　　2．1944年度末までは定員外扱者を含まない。

表 3-2-3 日鮮満支における鉄道要員配置比較（1939年10月末現在）

種 別	華北交通		満州国線	満鉄社線	朝鮮国鉄	日本国鉄
	39年予想	40年予想				
1キロ当たり人員（人）	15.1	14	8.9	21.6	6.9	12.7
1キロ当たり営業収入（円）	22,000	31,000	14,054	91,973	12,312	28,170
1人当たり営業収入（円）	1,325	1,900	1,080	5,901	2,244	2,094

出所：華北交通株式会社『華北交通会社事業の概要』1940年。
注：1．従事員数85,343人（自動車部除く）、営業キロ5,640キロ（開封・連雲間を含む）。
　　2．華北交通は日本国鉄、朝鮮国鉄にはない鉄道路警員15,000人（1キロ当り2.7人）を含む。

2-1-12)。

　ところが、表3-2-2のように、その後営業キロが伸び輸送量も急増したため、追加的要員の確保が要請された。特に計画通りの資材確保が難しくなったため、大量の資本投下による輸送力強化が不可能となっただけに、労働力の大量投入による鉄道施設の労働集約的な運営が必要とされた。

　ここで、華北交通の直面していた要員不足問題の実態を明らかにするため、表3-2-3で日鮮満支における鉄道要員配置比較に注目してみよう。1人当たり営業収入において、華北交通は1939年度の予想が満州国線（満鉄社線除く）に比べては良好だったが、日本国鉄、朝鮮国鉄には劣っており、なお1940年度予想ではおおむね両国鉄なみの成績が期待された。その反面、営業1キロ当た

表3-2-4 華北交通と満州国線の民族別従事員状況と日本人の職別比率

鉄道別	従事員の民族別構成			日本人従事員の職別比率		
	日本人	中国人	計	職員	雇員	傭員
華北交通（1939年10月）	20,698人（24％）	64,645人（76％）	85,343人	32％	17％	51％
満州国線（1936年3月）	11,857人（18％）	54,475人（82％）	66,332人	27％	20％	53％

出所：華北交通株式会社『華北交通会社事業の概要』1940年。
注：（ ）内は民族別比率。

り従事員数においては、華北交通は日本国鉄より多く満州国線、朝鮮国鉄の約倍に達した。外見的には充分な労働力が確保できたかに見えるが、実際の業務量の処理という観点からみれば、むしろ労働力不足現象が深刻であった。さらに、満州鉄道（社線・国線）と営業1キロ当たり現場員数（1939年9月末基準）を比較してみると、工務関係要員は満州鉄道が日本人0.6人、中国人2.6人、華北交通が日本人0.3人、中国人0.12人、機務関係要員は満州鉄道が日本人1人、中国人1.9人、華北交通が日本人0.52人、中国人0.8人であって、労働力の不足は明らかであった。そして、表3-2-4で見られるように、民族別構成において華北交通「会社従事員ノ現況ハ其ノ量ニ於テハ概ネ昭和五年度満州国線ノ状況ニ達シ居ル」と判断された。

華北交通の要員問題を民族別に考えてみよう。まず、日本人従事員をみれば、比較的多数の有経験者を擁していたが、従事員51％を占める傭員の58％（すなわち、日本人の30％）は勤続2ヵ年以下の「無経験養成社員」であった。そのため、全般的に「社員ノ質的低下モ否メザル」を得ない状態となった。次に、中国人社員は従来下級従事員の給与がかなり低かったこともあり、「不必要ナル多数ノ無能従事員」を抱えていた。満鉄派遣「満人」のうち約2,000人が最終的に残り「中国人ノ指導的立場」に置かれ、日本人と中国人の間に立って重要な役割を遂行したものの、ほとんどの中国人は日本語が分からず、日本人とのコミュニケーションに困難があったのみでなく、日本的鉄道運営システムに対して馴染んでいなかった。そのため、中国人従事員は「個々ニ与ヘラレタル業務ノミヲ取扱フヲ以テ足レリトシタル習慣」をもっており、その業務能力は満鉄出身の中国人従事員の40％に過ぎなかったと評価された。なお「中国従事

表3-2-5　従事員増員計画（1939年度～1942年度）

（単位：人）

民族	職能	学校	39年3月	39年度 増加数	39年度 総人員	40年度 増加数	40年度 総人員	41年度 増加数	41年度 総人員	42年度 増加数	42年度 総人員
日本人	技術員	大学卒	102	67	169	46	215	69	284	67	351
		専門卒	213	123	336	93	429	119	548	103	651
		実業卒	718	385	1,103	233	1,336	308	1,644	305	1,949
		小学卒熟練工	1,862	579	2,441	147	2,588	243	2,831	189	3,020
		未熟練工	218	68	286	17	303	27	330	22	352
		計	3,113	1,222	4,335	536	4,871	766	5,637	686	6,323
	事務員	大学卒	298	116	414	58	472	84	556	77	633
		専門卒	405	234	639	144	783	188	971	187	1,158
		中学卒	5,630	1761	7,391	459	7,850	750	8,600	588	9,188
		小学卒	7,716	2005	9,721	164	9,884	462	10,346	202	10,548
		計	14,049	4,116	18,165	825	18,989	1,484	20,473	1,054	21,527
	日本人計		17,162	5,338	22,500	1,361	23,860	2,250	26,110	1,740	27,850
中国人	技術員	熟練工	9,234	508	9,742	205	9,947	394	10,341	294	10,635
		未熟練工	14,400	729	15,129	318	15,447	613	16,060	458	16,518
		計	23,634	1,237	24,871	523	25,394	1,007	26,401	752	27,153
	事務員		35,066	5063	40,129	837	40,966	1,633	42,599	1,218	43,817
	中国人計		58,700	6,300	65,000	1,360	66,360	2,640	69,000	1,970	70,970
	社員計		75,862		87,500		90,220		95,110		98,820

出所：華北交通株式会社資業局交通課『北支鉄道増強計画（自昭和13年度至昭和17年度）』1939年10月1日。

員の中には文盲の人が二割を占めて」いた[29]。しかも、中国人からなる現場に対する日本人の統制が完全なものではなかったことにも注目しなければならない。華北交通が占領鉄道から出発しただけに、抗日ゲリラの活動と相まって、日本人から要求される「滅私奉公」の精神の発揮が難しかったとも考えられる。そのため、日本人幹部から中国人は常に「素質劣等」に見えただろう。

これに対し、華北交通は「現下緊急ノ用ニハ使シ得サルヘク差当リテハ先ツ量ヲ以テ補ヒ而シテ後之力質ノ昂上ヲ図ル」という方針をとった[30]。当時想定されたのが、表3-2-5の従事員増員計画であった。日本人の場合、1939年度には小学卒2,652人、実業学校・中学卒2,146人、専門学校卒357人、大学卒183人を採用したあと、40年度からはほぼ毎年小学卒の採用者を300～700人に抑える一方、約350人以上の大学・専門卒、1,000人近くの実業学校・中学卒を採用し、日本人労働力の質を高めていくつもりであった。そのうえ、日本人採用者

数を少し超える規模で中国人を採用し、1942年度には民族別構成が日本人3割、中国人7割になるように調整しようとした。

しかしながら、日中戦争の長期化や戦時経済の進展に伴い日本内地での要員確保、特に専門学校卒以上の日本人の採用はなかなか困難となった。例えば、1939年度下半期を迎えて、人事課では鉄道省に対して3,000人の「人員割愛方」を要求したが、「満鉄の鉄道省への人員補充依頼と同時であったため」、2,300人しか認められず、不足要員を次年度採用予定人員に追加することにしたのである[31]。こうした高学歴者の不足を補うため、華北交通は毎年5,000人以上の若年日本人、またそれより少ない人数の中国人を採用せざるを得なかった。その結果、華北交通は「会社経営ノ多角多様性、営業成績ノ顕著ナル向上、就中治安状況ヲ併察スルトキ寧ロ少数人員ヲ以テ高度ノ運営ヲナシ」ていた[32]。

そのうえ、戦時中の入営・応召や他産業への離職が続き、日本人を中心とする退職も増えたため、華北交通はもはや労働力の流動化現象を避けられなかった。それに伴い、労働力の年齢構成にも大きな変化が生じ、若年化傾向が加速化した。そのため、勤続経験や該当技術の不足による労働力の質的低下はよりいっそう深刻化した。さらに、若年層の従事員が従来より多くの業務処理にあたっており、そのうえ食料確保も自由ではなかった[33]ため、体力低下も無視できなくなった。

そこで、華北交通社員の健康状況を把握するため、表3-2-6のように、華北交通と最も近い営業環境に置かれた満鉄社員の1936年度罹病率と1939年度の華北交通のそれを比較してみた。もちろん、満州と華北は風土的に異なっており、ことに華北交通社員は常に抗日ゲリラの攻撃にさらされたが、あえて1936年度の満鉄と1939年度の華北交通を比較することによって、勤務環境の変化が満鉄より移籍させられた社員の健康状態に及ぼした影響が把握できるとも思われる。

占領地域の特性上、外傷の罹病率が中国人では約10倍、日本人では約3倍に達し、「鉄道戦士の苦闘」が読み取れる。次に、胃腸系疾患において、特に日本人の罹病率が高かった。もとより「不慣の水質食物」をとったからであるが、

表 3 - 2 - 6　華北交通と満鉄における民族別社員罹病率の比較

(単位：人、‰)

主要疾患	1936年度満鉄共済日本人社員		1939年度華北交通日本人社員		1936年度満鉄共済中国人社員		1939年度華北交通中国人社員	
	患者数	罹病率	患者数	罹病率	患者数	罹病率	患者数	罹病率
法定伝染病	614	13.3	308	14.7	91	7.3	257	4.1
マラリヤ	153	3.3	551	26.3	19	1.5	1,393	22.0
胃腸系疾患	6,237	135.4	8,644	413.2	697	55.9	11,366	179.7
性病	5,974	129.7	6,036	288.5	672	53.9	3,357	53.1
結核	3,503	76.1	1,072	51.2	240	19.2	1,012	16.0
神経系疾患	10,334	224.4	1,777	84.9	1,952	156.4	1,942	30.7
外傷	3,197	69.4	4,464	213.4	304	24.4	15,779	249.5
合計（その他を含む）	73,163	1,588.8	57,918	2,768.3	6,700	537.0	75,966	1,201.2
1ヵ年平均全社員数	26,049		20,922		12,477		63,240	

出所：村瀬渉「社員の保健状態から観た北支の生活環境」華北交通社員会『興亜』第15号、1940年9月、32頁。
注：罹病率＝（患者数／社員数）×1,000。ただし、この罹病率は8日以上継結休養の罹病実人員数を基準としていない。

「盛夏の湿熱は身体の新陳代謝を緩慢にして胃腸疾患」を起こし易くしたのである。また日本人に限られるが、性病の罹病率が36年度に比べて2倍以上となった[34]。治安不安や教育環境不備のため、独身者や別居者が多く、合宿生活で「私生活がともすると共同生活化し遊戯的な時間が多く」なったからであろう。その他、性病とともに、戦時中に上昇するといわれる結核は満鉄より低くなったかにみえる。ところが、「上昇の一途を辿りつつあることは明白で」あった。1939年11月、呼吸器病が「五箇月の数字を」見ると、「昨年のそれに比較」して3～4倍も激増したことが確認され、結核が社員病死の主要因となった[35]。

　1939年10月～40年9月の1年間の共済社員死亡者（職務遂行中の死亡者以外）の年齢と勤続年数（満鉄での勤務年数含む）を見る[36]と、（年齢）20歳以下21人、21～25歳49人、26～30歳35人、31～35歳26人、36～40歳18人、41～45歳14人、46～50歳9人、51歳以上6人、（勤続年数）1年未満65人、2年42人、3年31人、4年12人、5年8人、6年以上20人であった。すなわち、当時共済社員が主に華北以外の出身者からなることから、勤続年数の短い20代の若年日本人従事員が激務などにさらされ、多く病死したことが推定できる。こうした華北交通従事員の罹病率（表3-2-7）が1939年の2,693.7‰から40年2,613.2‰、

表3-2-7 華北交通における社員罹病率

(単位：人、‰)

主要疾患	1939年度		1940年度		1941年度	
	患者数	罹病率	患者数	罹病率	患者数	罹病率
総患者数	244,577	2,693.70	271,697	2,613.20	315,600	2,679.30
消化器疾患	33,567	369.7	33,229	319.6	38,860	329.9
性病	24,479	269.6	24,184	232.6	24,866	211.1
外傷	18,196	200.4	21,979	211.4	24,112	204.7
呼吸器疾患	9,116	100.4	10,449	100.5	12,133	103.0
結核	4,785	52.7	7,299	70.2	9,753	82.8
脚気	5,384	59.3	3,535	34.0	4,688	39.8
マラリヤ	2,297	25.3	2,828	27.2	3,616	30.7
法定伝染病	1,180	13.0	1,081	10.4	1,084	9.2
精神系疾患	7,454	82.1	8,671	83.4	8,493	72.1
1ヵ年平均従事員数	90,796		103,971		117,792	

出所：村瀬渉「健康あっての御奉公、不摂生は一生の損」華北交通社員会『興亜』第34号、1942年4月、20頁。

注：患者数は罹病率から推計。患者数=【罹病率×|(前年度末従事員数＋当年度末従事員数)／2|】／1000。ただし、1939年度は、会社設立時の従事員数と当年度末従事員数を用いる。

41年2,679.3‰へとほとんど変わらず低下しなかったことからわかるように、社員の体力低下は深刻な問題になりつつあった。

　以上の労働力の質的現象は施設保守の不備や抗日ゲリラの攻撃と相まって、多くの運転事故をもたらす要因ともなった。表3-2-8を見ると、会社が設立されてから、脱線事故、運転阻害・妨害、機関車破損故障など事故が多発し、華北交通の列車運転を脅かしたが、「不可抗力」や「匪害」による事故だけでなく、労働力の希釈化と過労、いわば「過失」による衝突、接触、信号冒進などの運転事故も発生した。過失事故は1940年度に全体の12.5％となったのをピークとして減少したが、線路内立入、列車停車、列車遅延のような比較的軽い事故件数を除いてみると、絶対数においては依然として無視できなかった。

　こうして、労働力の流動化および質的低下が進行し、運転事故が多発していたのに対し、華北交通は内部教育の強化や社員会・鉄道青年隊の強化を通して労働力の質的低下に対応しながら、同時に日本人中心の内部組織統制を強化しようとした。

表 3-2-8 華北交通における運転事故

(単位：件、%)

年度		1939	1940	1941	1942	1943
事故種別	列車衝突	37	31	39	37	45
	列車接触	17	12	12	17	16
	列車脱線	911	713	777	731	1,260
	列車火災	33	20	16	36	17
	列車異線進入	8	14	14	16	13
	列車運転阻碍	66	65	41	33	25
	列車信号冒進	11	9	10	7	13
	列車分離	583	483	488	461	299
	閉塞取扱違反	25	37	37	15	16
	乗務員欠乗	37	74	43	23	20
	違法運転	81	53	37	44	29
	燃料木砂欠乏	113	57	53	36	151
	車両衝突	143	155	175	179	166
	車両接触	46	69	63	80	74
	車両脱線	424	593	637	652	1,077
	車両火災	9	12	16	10	12
	車両逸走	10	12	8	5	7
	列車運転妨害	526	741	610	506	676
	機関車破損・事故	1,963	1,315	944	879	2,057
	動車破損・事故	67	38	26	49	17

年度		1939	1940	1941	1942	1943
事故種別	客車破損・事故	267	188	159	204	315
	貨車破損・事故	2,162	1,275	1,155	1,225	1,869
	線路破損・事故	456	514	458	621	559
	閉塞装置破損・故障	614	759	679	590	481
	信号装置破損・故障	103	185	95	136	181
	死傷	375	432	400	533	667
	線路内立入	89	89	125	133	111
	列車停車	745	583	935	660	842
	列車運延	9,317	4,380	4,463	3,813	4,524
	雑	24	16			
	合計	19,262	12,924	12,515	11,731	15,539
原因別	過失	1,487	1,623	1,128	869	1,023
	不可抗力			233	435	329
	匪害			727	582	827
	雑因			10,142	9,857	13,395
	過失比率（%）	7.7	12.5	9.2	7.4	6.3
動力車走行百万キロ当たり	総件数	579.5	315.2	245.8	209.8	
	過失件数	44.7	51.6	22.7	15.5	
営業路線百キロ当たり	総件数	363.5	228.3	204.5	195.2	254.6
	過失件数	28	28.6	18.9	14.4	16.7

出所：華北交通株式会社『華北交通統計月報』各月版。

第3章 華北交通の輸送力増強と輸送効率化　89

表3-2-9　華北交通における従事員の職場別配置（1940年9月）

（単位：人）

職場		職員			雇員			備員			工役			合計		
		日本人	中国人	計	日本人	中国人	計	日本人	中国人	計	日本人	中国人	計	日本人	中国人	計
本社本部		1,291	201	1,492	329	52	381	765	1,201	966	361	2,385	815	3,200
本社直轄箇所		365	77	442	167	19	186	592	155	747	385	1,124	636	1,760
鉄路局本部		2,216	946	3,162	755	393	1,148	1,467	527	1,994	1,335	4,438	3,201	7,639
計		3,872	1,224	5,096	1,251	464	1,715	2,824	1,883	3,707	2,081	7,947	4,652	12,599
現場関係	鉄道 站	1,242	499	1,741	632	821	1,453	1,823	2,441	4,264	8,793	3,697	12,559	16,256
	列車段	524	84	603	397	289	680	108	812	920	1,091	1,029	2,276	3,305
	機務段	1,422	345	1,767	772	1,302	2,074	1,297	2,225	3,522	8,034	3,491	11,906	15,397
	検車段	329	25	354	235	34	269	460	319	779	3,527	1,024	3,905	4,929
	工務段	446	67	513	614	105	719	1,119	759	1,878	9,752	2,179	10,683	12,862
	電気段	248	12	260	361	26	387	1,550	255	1,805	1,475	2,159	1,763	3,927
	鉄路工廠	407	129	536	528	256	784	534	669	1,203	11,442	1,469	12,496	13,965
	その他	824	215	1,044	344	384	735	959	452	1,412	2,388	2,127	3,490	5,566
	計	5,442	1,376	6,818	3,883	3,217	7,101	7,850	7,932	15,783	46,502	17,175	59,078	76,207
	自動車	101	22	123	119	12	131	1,197	1,149	2,346	347	1,417	1,530	2,942
	水運	104	26	130	56	58	113	224	78	301	390	384	552	936
	警務	103	56	159	110	345	455	2,440	7,759	10,199	442	2,653	8,551	11,255
合計		9,622	2,704	12,326	5,419	4,096	9,515	14,535	18,801	32,336	49,762	29,576	74,363	103,939

出所：華北交通株式会社『第一編社務一般・経理・人事』1940年度版。

表 3-2-10 華北交通における職名別

職 名	1940年9月								
	職 員		雇 員		備 員		工 役	合 計	
	日本人	中国人	日本人	中国人	日本人	中国人	中国人	日本人	中国人
段長	24	2						24	2
庶務主任	1							1	
運転主任	26	2						26	2
技術主任	6	1						6	1
庶務副段長	20	3						20	3
経理副段長	6							6	
運転副段長	106	38						106	38
技術副段長	9	5						9	5
検査副段長	36	2						36	2
装修副段長	21	1						21	1
弁事員	13	17	36	30	64	70		113	117
材料員	19	7	34	28	68	92		121	127
技術員	34	20	18	2	29	9		81	31
準備員	103	41	33	61	5			141	102
検査員	215	36		30				215	66
司機員	690	165		852				690	1,017
学習司機員	24		181	144				205	144
旗員	5	3	12	4	9	47		26	54
司炉	16		202	11	247	1,461		465	1,472
学習司炉				69	179		152	69	331
装修工長	44		45	70	1	6		90	76
装修司工	4		191	61	323	236		518	297
水塔司工			15	5	81	56		96	61
軌道車員			4		221			225	
警守		2		3	6	10	5	6	20
機生			1		174	53		175	53
煖気司工				1		1			2
炭水手長						5			5
炭水手							1,937		1,937
装修工							1,790		1,790
煖気工							38		38
水塔工							624		624
機手							3,307		3,307
材料手							181		181
合 計	1,422	345	772	1,302	1,297	2,225	8,034	3,491	11,906

出所：華北交通株式会社『統計年報　第一編社務一般・経理・人事』各年度版。

機務関係現業員配置

(単位:人)

1942年3月								
職　員		雇　員		傭　員		工役	合　計	
日本人	中国人	日本人	中国人	日本人	中国人	中国人	日本人	中国人
31							31	
5							5	
22	2						22	2
8							8	
25	4						25	4
13							13	
140	28						140	28
18	3						18	3
45							45	
32	1						32	1
11	15	37	25	76	106		124	146
18	7	34	24	96	103		148	134
36	12	19	4	29	11		84	27
139	42	8	67	6	2		153	111
251	29		34				251	63
773	111		1,040				773	1,151
4	1	171	237				175	238
6	1	7	6	10	115	2	23	124
5		55	5	206	1,882		266	1,887
		6		70	107	444	76	551
68		33	60	1	24		102	84
15		173	46	293	184		481	230
3		11	3	77	62		91	65
		5		170			175	
2		3	3	24	28	3	29	34
4				215	58		219	58
			2		6			8
			1		33	14		48
						669		669
						2,188		2,188
						48		48
						564		564
						3,522		3,522
						232		232
1,674	256	562	1,557	1,273	2,721	7,686	3,509	12,220

b．日本人中心の要員配置と内部教育の強化

以上のような社内教育とともに、華北交通は要員活用の効率化を図った。会社設立以来の要員配置について考察してみよう。華北交通は「日本人社員ヲ指導部門ニ、華人社員ヲ其ノ下ニ配置スル」ことにした。すなわち、日本人は①「軍事上機密ヲ要スル職務及軍事上特ニ必要ナル職務」、②「計画立案及教育指導等重要ニシテ中国人ノ能ハザル職務」、③「特殊技術者其ノ他中国人ヲ以テ充当困難ナル職務」を担当したのである[37]。その他、満鉄から派遣された「満人従事員」2,000人を中心とする「有能ナル華人社員ハ日本人社員ノ協力者トシテ本社、鉄路局ヲ始メ現場各機関ノ幹部ニ配属」し、「将来ハ更ニ可及的中国人ヲ訓練シテ多数活用ノ予定」であった。

表3-2-9によると、職場別占有率において日本人の配置が本社および鉄路局本部に集中されており、同時に身分別占有率において職員層に集中した。要するに、満鉄北支事務局以来、日本人は鉄道運営の管理統制部門に集中していたのである。さらに、現業部門においても、表3-2-10で見られる機務段の事例のように、段長、主任、副段長など幹部陣のポストを日本人が占め、現場のイニシアティブを掌握した。もちろん、中国人も幹部陣として活用されたが、そのような事例は一部に限られたものであり、しかも、1940年9月と1942年3月を比べても分かるように、中国人の幹部陣は少なくなっていた。こうして、華北交通は少なくない日本人を現場上層部や管理統制部門に配置することによって、労働力の激しい流動化の中でも鉄道運営能力を維持しようとした。このような要員配置構造＝技術ヒエラルキーは他の現場でも見られる現象であった。

こうした要員運用に対して、華北交通は1940年11月に画期的な組織改正を断行した[38]。本社においては機構再編を行い、業務審議会、輸送委員会、監察、総務・主計・資材・資業・運輸・自動車・水運・工作・工務・電気・建設・警務の12局を設置したうえ、従来の理事部長制および部（局）課長制を廃し、参与および局参与制を採用した。すなわち、総裁が直接社業を指導推進することにし、それを補佐するため、参与制・局参与制を設けたのである。同時に、局単一制の運用、すなわち部・局・課・係→局一本建とし、一挙に上意下達、

下意上達の能動的方式を導入し、「執務態度の更新、換言すれば企画統制の積極化」と「事務能率の増進」が可能となった。主幹業務の変更も局長の意見具申によって、比較的簡単な手続で行うことにし、要員の活用は融通無碍にできるようになった。現場中心主義の観点より「本社と鉄路局との職分の規正」と「本社定員の削減」も断行されて、業務の主体を現場最高機関たる鉄路局に置き、本社は専ら社業の全般的な企画、統制、指導および業績の監察にあたることとなった。

　以上のような人的運用は社内の教育体制と密接な関係を有した。中国人従事員が「素質劣等」で日本語も理解できず、なお鉄道システムの日本的運営にも馴染まなかったことから、華北交通はいち早く中国人従事員の再教育に取り組んだ。既述のように、1938年6月に北京に中央鉄道教習所が設けられ、中国人站長、副站長を対象とする再教育が開始された。それに合わせ、各鉄路局においても現地に即応した短期講習会が実施された[39]。もちろん、戦前にも中国人による従業員の再教育が実施され、すでに鉄道運営に欠かせないものになっていたが、占領の下にこれらの教育機関は、日本的鉄道運営システムが導入される窓口となったといえよう。そのうえ、日本人を中心とする労働力の希釈化現象が発生したため、1938年9月、北支事務局は中央鉄道教習所を中央鉄路学院と改称し、日中両国従事員の管理部門要員と現場実務担当者を養成し始めた。また、各鉄路局所在地（北京、天津、張家口、済南）と青島には鉄路学院を設置し、後には鉄路局の新設に合わせて、1939年6ヵ所、40年8ヵ所、43年9ヵ所、44年11ヵ所へと鉄路学院を逐次増設した[40]。

　会社設立後間もない1年間に行われた社内教育状況（表3-2-11）について検討してみよう。社内教育は「本社」と「鉄路局」のレベルで「学院」と「学院外」に分かれて、中堅社員の「養成」と既存社員の「再教育」として実施された。本社の場合は全体的に3,576人の教育が行われたが、その重点が中央学院による中堅社員の養成におかれていた。なかでも日本人の比率が71％にも達した。その反面、鉄路局では14,042人の社員教育が実施される中、中堅社員養成よりは既存社員の再教育が重視されており、なお鉄路学院の教育人員をはる

表3-2-11 華北交通における従事員の業務関係教育および養成 (1939年10月～40年9月)

(単位：%)

			本社			各鉄路局			合計		
			修了者	在学中	計	修了者	在学中	計	修了者	在学中	計
学院	養成	日	1,467 (78)	678 (66)	2,145 (74)	788 (96)	59 (100)	847 (97)	2,255 (83)	737 (68)	2,992 (79)
		中	417 (22)	343 (34)	760 (26)	29 (4)		29 (3)	446 (17)	343 (32)	789 (21)
		計	1,884 (100)	1,021 (100)	2,905 (100)	817 (100)	59 (100)	876 (100)	2,701 (100)	1,080 (100)	3,781 (100)
	再教育	日	307 (58)		307 (58)	712 (19)	37 (10)	749 (18)	1,019 (23)	37 (10)	1,056 (22)
		中	224 (42)		224 (42)	3,102 (81)	325 (90)	3,427 (82)	3,326 (77)	325 (90)	3,651 (78)
		計	531 (100)		531 (100)	3,814 (100)	362 (100)	4,176 (100)	4,345 (100)	362 (100)	4,707 (100)
学院外	養成	日	25 (27)	15 (100)	40 (37)	234 (47)	112 (12)	346 (24)	259 (44)	127 (13)	386 (25)
		中	69 (73)		69 (63)	266 (53)	820 (88)	1,086 (76)	335 (56)	820 (87)	1,155 (75)
		計	94 (100)	15 (100)	109 (100)	500 (100)	932 (100)	1,432 (100)	594 (100)	947 (100)	1,541 (100)
	再教育	日	31 (100)		31 (100)	956 (13)	14 (12)	970 (13)	987 (13)	14 (12)	1,001 (13)
		中				6,486 (87)	102 (88)	6,588 (87)	6,486 (87)	102 (88)	6,588 (87)
		計	31 (100)		31 (100)	7,442 (100)	116 (100)	7,558 (100)	7,473 (100)	116 (100)	7,589 (100)
合計		日	1,830 (72)	693 (67)	2,523 (71)	2,690 (21)	222 (15)	2,912 (21)	4,520 (30)	915 (37)	5,435 (31)
		中	710 (28)	343 (33)	1,053 (29)	9,883 (79)	1,247 (85)	11,130 (79)	10,593 (70)	1,590 (63)	12,183 (69)
		計	2,540 (100)	1,036 (100)	3,576 (100)	12,573 (100)	1,469 (100)	14,042 (100)	15,113 (100)	2,505 (100)	17,618 (100)

出所：華北交通株式会社『統計年報第一編社務一般・経理・人事』1940年度版。

かに超える規模で、主に中国人を対象として学院外、すなわち現業機関の教育が実施されたのである。社内教育の内容を見ても、日中両国民を対象とするものがあったとはいえ、開設の教科は民族別に明確に分かれており、管理統制要員や現業幹部を養成する列車司令、機務幹部、警務高等科などの教科は日本人に限られていた[41]。ちなみに、社内教育は量的には中国人を中心とする反面、質的には日本人を中心として行われ、前述した民族別要員配置構造＝民族別技術ヒエラルキーを再生産しようとしたのである。その他、コミュニケーションの障害を克服し、組織統合を達成するため、同期間中に中国語教育2,182人、日本語教育27,445人に達する語学教育が精力的に行われた[42]。

しかしながら、労働力の不足および質的低下が解決されるどころか、戦争の長期化や輸送量の急増によってその深刻さが目立つと、内部養成機関の整備が断行された。華北交通は外部から確保し難くなった高級技術者を内部で養成するという「自家養成方針」をとった[43]。本社の総裁室人事局において人事課、厚生課の一部として取り扱われていた社員養成業務を統合し、1940年11月に総務局内に養成主幹を置いて、従事員の教育計画および実施にあたらせた。

それに相まって、華北交通は鉄路学院体制を整備した。表3－2－12のように、1940年4月、中央鉄路学院に中卒の日本人を対象とする修業期間1年の本科を新設した。ただし、中国人の場合、中央鉄路学院に予科を設置し、予科修了生あるいは鉄路学院普通科を卒業して1年以上鉄路業務に従事した者に限って、2年の本科へと進学させることにした[44]。また、小学校高等科卒業の日本人を対象に修業期間1年の別科を設け、中学に該当する教科を実施したが、修業学科において民族差別があり、日本人は電気・機械・工作の3科に入学できたが、中国人は自動車科に入学資格が限られた。従事員の再教育においては、副站段長およびその予定者を対象とする専科が設けられた他、それ以外の従事員を対象に修業期限6ヵ月以下の講習が開かれた。鉄路学院では初級中学卒の中国人を対象とする修業期間1年半の普通科、高等小学卒の中国人を対象とする修業期限1年半の別科が設けられた。また、4ヵ月以下の促成科と講習が設置され、日中従事員の短期再教育が実施された。

表3-2-12 華北交通の教育施設（1942年12月12日）

箇所		科別		国籍	期間	入学資格	養成目的
中央鉄路学院	本科	業務、機務、検車、自動車、機械、工務、電気		日	1年半	中等学校卒業ないし同等の学力認定者（28歳未満）	站務員、技術員、司炉－司機員、車生－検車員
		業務、機務、検車、機械、工務、検車、電気		中	2年	鉄路学院普通科を卒業し1年以上鉄路業務に従事した者ないし中央鉄路学校予科修了者（28歳未満）	技術員
	別科	電信、機務、工作		日	1年	小学校高等科卒業ないし同等の学力認定者（17歳未満）	電報員、機生－司炉、工作工
		自動車		中	6月	高級小学校卒業ないし同等の学力認定者（19歳～26歳未満）	自動車司機員
	予科			中	1年	高級中学校卒業ただし、社員受験の場合は初級中学校卒業	本学入学者
	専科	運輸、機務、検車、工務、電気		日・中	4～6月	副站長または副站長たり得る者	副站段長
	講習	各科		日・中	6月以下		
鉄路学院	普通科	運輸、機務（開封除く）、検車（北京・太原のみ）、工務（天津・開封のみ）、電気（天津・開封のみ）		中	1年半	初級中学校卒業。ただし、社員受験の場合は高級小学校卒業（16歳～23歳未満）	站務員、車上行李員、機生－司炉、技術員、車生－検車、線路土木司工、電力保安司工
	別科	電信		中	1年半	高等小学校卒業（17歳未満）	電報員
	促成科・講習			日・中	4月以下		

出所：「創業四周年、躍進社業の現状」『興亜』第46号、1943年4月、8頁。
注：中国の初級中学校と高級中学校はそれぞれ中学校と高等学校にあたる。

新しい教育体制の下に行われた社内教育の実態（1941年4月〜42年3月）について検討しよう。表3-2-13によると、中央鉄道学院では日本人714人、中国人946人、合計1,660人の教育が行われた。そのうち、鉄路警務学院と学院外が日本人のみを対象としたことに留意すれば、中央鉄路学院は以前（表3-2-11）とは異なって予科を設けるなど、多くの中国人に対して教育機会を提供した。ところが、教科別民族構成をみると、高級技術者を養成する本科の場合、あくまでも日本人を中心としたことが明らかである。これに対し、鉄路局では日本人1,806人、中国人5,616人、合計7,422人が同期間中に教育された。普通科と別科には日本人が在籍しなかったことはもとより、速成科と講習にも日本人の在籍者の比率は極めて低かった。こうして、中央鉄道学院は日本人を中心に運営され、一方、各鉄路局所在地の鉄路学院は中国人を中心として運営されたのである。1939年10月〜40年9月と1941年4月〜42年3月を比較してみると、「学院」が8,488人→10,407人、「学院外」が9,130人→5,403人となり、鉄路学院を中心とする内部教育体制が整えられたといえよう。また、語学講習生も同期間中25,690人から16,136人へと減少し、言語の障害も解決しつつあったとみえる。

　他にも、会社幹部やエキスパートの育成の観点から、委託教育や留学派遣が実施された。給費生制度が実施され、選抜試験によって優秀者を給費生として東亜同文書院、南満工専附設高等技術員養成所に入学させた。また、委託学生制度として日本内地の大学・専門学校に学生教育を委託した。さらに、日本などへの留学派遣制度も実施された。その一方で、平素より従事員の語学奨励のため、語学修得義務規程を設け、語学検定試験、奨励金支給、語学講習会を通して、日中従事員間の業務処理の円滑さを図った[45]。その他、中国人従事員の子女を対象とする扶輪学校が初級4年、高級2年に分けて実施された。扶輪学校は当初は中国人の厚生のために実施された側面があったが、後には労働力の確保の観点より1つの重要な供給源となった（後述）。

　占領下の治安確保に多くの注意が払われたが、抗日ゲリラの活動を断つことができず、治安確保の必要が痛感されたため、華北交通は中央鉄路学院より警

表 3 - 2 -13　華北交通における従事員業務関係教育および養成

			本　社						各鉄路局					
			修　了		在　籍		計		修　了		在　籍		計	
中央鉄路学院	本　科	日	202	100	169	37	371	56	0		0		0	
		中	0	0	287	63	287	44	0		0		0	
		計	202	100	456	100	658	100	0		0		0	
	別　科	日	102	27	0	0	102	23	0		0		0	
		中	277	73	69	100	346	77	0		0		0	
		計	379	100	69	100	448	100	0		0		0	
	予　科	中	153	63	94		247	102	0		0		0	
	専　科	中	66	27	0		66	27	0		0		0	
	講　習	日	241	100	0		241	100	0		0		0	
鉄路警務学院		日	1,011		314		1,325		0		0		0	0
鉄路学院	普通科	中	0		0		0		434		0	0	434	472
	別　科	中	0		0		0		0		92	100	92	100
	促成科	日	0		0		0		642	13	227	33	869	16
		中	0		0		0		4,139	87	464	67	4,603	84
		計	0		0		0		4,781	100	691	100	5,472	100
	講　習	日	0		0		0		895	72	42	24	937	66
		中	0		0		0		356	28	131	76	487	34
		計	0		0		0		1,251	100	173	100	1,424	100
学院外	講　習	日	509	100	0		509	100	945	23	4	1	949	19
		中	0	0	0		0	0	3,152	77	793	99	3,945	81
		計	509	100	0		509	100	4,097	100	797	100	4,894	100
合　計		日	2,065	81	483	52	2,548	73	2,482	23	273	16	2,755	22
		中	496	19	450	48	946	27	8,081	77	1,480	84	9,561	78
		計	2,561	100	933	100	3,494	100	10,563	100	1,753	100	12,316	100

出所：華北交通株式会社『統計年報第一編社務一般・経理・人事』1941年度版。

務員の養成業務を分離し、1941年3月15日に鉄路警務学校（1945年4月、中央鉄路警務訓練所と改称）を開設した。教科として警務普通（修業期限3ヵ月）・中等（6ヵ月）・高等（1ヵ年）・愛路恵民（1ヵ年）・専修（1～3ヵ月）の5科を設けた。この鉄路警務学校が日本人を対象としたのに対し、既存の各鉄路学院は中国人警務員の練成を行った。このように、一般鉄道要員だけでなく、

(1941年4月～1942年3月)

(単位:人、%)

合計						
修了		在籍		計	
202	100	169	37	371	56
0	0	287	63	287	44
202	100	456	100	658	100
102	27	0	0	102	23
277	73	69	100	346	77
379	100	69	100	448	100
153	63	94		247	102
66	27	0		66	27
241	100	0		241	100
1,011		314	341	1,325	100
434		0	0	434	100
0		92	100	92	100
642	13	227	33	869	16
4,139	87	464	67	4,603	84
4,781	100	691	100	5,472	100
895	72	42	24	937	66
356	28	131	76	487	34
1,251	100	173	100	1,424	100
1,454	32	4	1	1,458	27
3,152	68	793	99	3,945	73
4,606	100	797	100	5,403	100
4,547	35	756	28	5,303	34
8,577	65	1,930	72	10,507	66
13,124	100	2,686	100	15,810	100

警務員の養成においても日本人中心主義が貫徹されたのは言うまでもない。

内部教育は鉄路学校による養成に限られず、イデオロギー的教化も重視された。言い換えれば、「国策的使命完遂」を主眼とする社風確立のため、心身両面の練成に力点を置いた[46]。

まず、その中心となったのが華北交通社員会であった。「社員会は絶対に必要である」という決定によって、会社設立同日の1939年4月17日に日本人全社員をもって会社職制と「表裏一体」の自主的結合として社員会が構成された[47]。全地域を一定の標準によって、まず251区に分け、各区には分会を置いて、それを併せて地域ごとに連合会を設置した。そして、各連合会から評議員が選出され、連合会評議会を構成し、それに基づいて、中央評議会、幹事会が構成された。そのため、社員会は医療機関整備、福祉施設、社員子弟の教育施設、「配給列車の配給品充実方」など、一般社員の福祉向上の利害を代弁する重要な役割を果たした。

その一方、職制と「表裏一体」であったことから、指導者は業務上の主務者であるとし、「指導ノ根幹ヲ華北交通精神ノ高揚ニ置キ建業ニ殉ズルハ国策ニ殉ズルモノ、興亜聖業ノ礎石タルモノトノ自覚ト矜持トヲ鼓吹シ日常専ラ聖域奉公ト生活ノ規正トニ意ヲ注イデ居ル」こととなった。具体的には「殉職同僚の記念碑建立」、「聖地巡拝団特派」、興亜新生活運動の実施などを行い、生活練

成に深く関わった。さらに、1941年4月には新体制運動に共鳴して組織体制を改め、会長→地方会長→分会長→班長→班員の指導者体制とともに、常会→分会協議会→地方協議会→中央協議会の協力体制を確立した[48]。それに相まって、会員範囲を中国人職員にも拡大し、中国人雇員以下は会費免除の準会員とした。

次に、25歳以下の日本人男子独身従事員を対象とした華北交通青年隊を取り上げる。1939年7月に青年社員約1万人を軍隊式に編成し、軍事教練に力点を置き、さらに隊舎を設けて日常私生活にも「社業本務ノ一」として心身の練成を図った[49]。1941年3月には組織強化が図られ、30歳未満の独身者、25歳以下の既婚者も隊員となった。さらに、1941年9月には30歳以下の未婚女子従事員約1,600人を対象とした華北交通女子青年隊が編成された。青年隊とほぼ同様の趣旨を持ち、「非常時下ノ婦徳ノ練磨」を重視した。こうした青年隊は1942年4月に男子10,890人、女子1,793人、合計12,683人に達した。さらに、1941年5月には、北京、豊台などの11ヵ所に華北交通青年学校を設立し、青年隊の訓練と一体の関係をもち、「健民強兵たるの基礎的練成」が施された[50]。その他、風紀班の巡察、大学専門学校定期採用者の大東亜錬成院（東京）・内原訓練所（茨城）[51]・鉄驪訓練所（北満）などによっても、従事員の「訓練」が行われた。中国人従事員に対しても、「交通奉公の職域を通じて興亜の聖業に参画する華北交通精神」を徹底させるため、沿線各地で教化講演会や映画会を開いた[52]。

　c．インセンティブ提供の拡充

従事員の確保維持と作業能率の向上を図るためには、給与、保健、厚生の3方面より総合的な労務管理を実施し、従事員の生活を安定させることが最も「肝要」であった。これに対しては、華北交通は会社設立以来「最大の関心」を払って、華北の経済情勢、とりわけ物資の需給状況と物価の趨勢に対処し、給与に関しては金銭給与より漸次現物給与に重点を置くこととなった。

中国連合準備銀行において発行された連銀券が法幣インフレを遮断できず、連銀券自体の増発が行われ、占領下のインフレが急速に進行する[53]と、図3-2-1

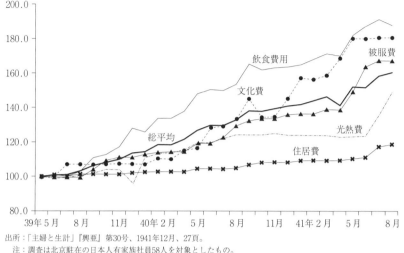

図3-2-1　華北交通における北京駐在日本人の生計費指数

出所：「主婦と生計」『興亜』第30号、1941年12月、27頁。
注：調査は北京駐在の日本人有家族社員58人を対象としたもの。

のように、華北交通社員の生活費が急速に上昇した。なかでも「飲食料費」の上昇がもっとも著しくなり、社員一般の生活困難がうかがえる。そのため、中国人に対しては1939年7月下旬に本社および各鉄路局内に「中国人従事員資暦審査委員会」を設置し、それまで区々の状態にあった身分および給与を統一整備するとともに、数万人に及ぶ中国人従事員を審査し、その身分確定、待遇改善を行った。それによって、1940年6月には幹部級380人の資格確定が決定され、61人が参事、73人が副参事、246人が職員にそれぞれ任命された[54]。それもかかわらず、生活困難のため、「有能社員を失ふ結果」は避けられなかった[55]。

そこで、超インフレが進行する中、社員に対しては俸給・給料の他にも戦時手当の支給、物価手当の支給、家族手当の改正、旅費増額、補給津貼の改正（中国人）などによる賃金引上げの措置が取られた。とはいえ、大幅な賃金引上げは運賃引上げを伴うこととなるため、政策的にもその実施が困難であった。その結果、実質賃金の低下が余儀なくされ、社員1人当たり実質賃金は1939年10月〜40年9月を100として1941年4月〜1942年3月には77へと下落した[56]。こ

表 3-2-14 生活必需品の販売価格（青島生計所調査）

品名	単位	1939年9月18日	1940年5月18日	上昇率	民族
白米	42kg	12.98円	16.25円	26%	日本人
味噌	3kg	0.92円	1.26円	27%	
醤油	3升	2.40円	3.00円	5%	
木炭	1俵	3.60円	5.60円	50%	
白砂糖	2.4袋	1.60円	3.34円	116%	
麦粉	3袋	19.20円	30.00円	56%	中国人

出所：「社員会ニュース」華北交通社員会『興亜』第13号、1940年7月、35頁
注：大人2人、子供1人の1家族の1ヵ月間消費量。

れに対し、フリンジ・ベネフィット（fringe benefit）が強調され、その推進部署として基本給与・附帯給与・住宅の3主幹が1940年11月に本社総務局に設置された。

　いち早く戦争勃発の直後に、満鉄消費組合が満鉄社員とともに出動して配給列車を運行したが、1937年9月18日には北支事務局の設置に合わせて消費生計所を新設し、満鉄消費組合にその運営を委託した。1939年10月より配給通帳による現金払い、いわば「現金通帳」の方式がとられた。1940年の物資統制のもと、この通帳方式は米、味噌、醤油、塩、マッチ、木炭、砂糖などの切符制度に変わった。しかしながら、その生計所の運営実態をみると、社員側のすべての要請を満たすには至らなかったようである。趣旨として日本人に対しては米を、中国人に対しては白麺を配給するほか、主要副食物、調味料などの廉価で供給するつもりであった。ところが、表3-2-14で8ヵ月間食料価格が急騰したことから分かるように、委託経営の性格から、当時の生計所は物価騰貴分を吸収できず、主要食料品の価格が高く、中国人社員用の品物が少なかった。それだけでなく、配給列車の運行においても中間站在勤者の場合、配給品不足のため、食料の確保が困難となったと批判された[57]。しかしながら、配給内容は改善されるどころか、物資統制の進展によって悪化した。

　そのため、1939年12月に消費生計所研究委員会が設置され、人事局計画課および厚生課とともに、会社直営と社員消費組合の両案を検討した[58]。その結果、1941年4月に日本内地で米穀通帳制と外食券制が実施されることに合わせて、

従来の委託経営を廃止し、本社直営として庶務・経理・調査・管理・仕入一・仕入二・倉庫の7係からなる中央生計所を設置し、従来の生計所の従事員3,200人を会社の従業員に移籍させた。新設の中央生計所は「社員の生活用品の購入・貯蔵・生産・加工及び配給」と「各生計所業務運用の統制に関する事項」を分掌した。中央生計所は現地の輸入組合の会員として認められ、日本製品の廉価調達ができ、社員・家族35万人の生活必需品の配給に当たっては、物価上昇による生計費の負担を軽減させた[59]。そして、各鉄路局所在地に生計所を設け、なおそのもとに53ヵ所の支所を設置した。それ以外の沿線勤務社員のためには、厚生列車[60]を定期的に運行した。また、主要職場には社員食堂を設置し、食費の節約を図った。これによって、生計所は現物給与を機関化したといえよう。

一方、既述のように社員の健康状態が悪化していたのに対し、華北交通は保健・衛生に力を入れた。鉄道の占領とともに、戦前の鉄道ごとの鉄路医院を診療所と改称し、日本人医療陣をもって運営してきたが、会社の設立に際して、それを再び鉄路医院と改称し、そのもとに分院と（沿線勤務の社員および家族のための）巡回診療班を設置した。これらの保健医療業務を総括する保健課を本社総務室内に設置した。医療陣を拡充するため、日本から医師を100人単位で募集し、なお中国人医師を日本に留学させた。そして、医療費の負担は満鉄の社員共済制度を導入し、社員は無料、その家族は月額5円程度であった。のみならず、社員および社員家族の生命保険団体加入を推進し、社員の福祉増進と貯蓄奨励を同時に図った[61]。

さらに、華北交通は住宅の整備も重視し、ことに日本人社員はそのすべてが異国で生活していることに鑑み、社有住宅の新築、買上、借上改善などを行った。また、中国人に対してもできる限り住宅提供を図った。地方では愛路村を中心とする沿線に集団住宅を建設した。華北交通は設立以来「この必要を痛感」し、5ヵ年にわたって家族社宅11,000戸、独身部屋7,000室を建設するという住宅五ヵ年建設計画を樹立し、初年度分として39年8月に家族社宅2,200戸、独身部屋4,000室の建設に着手した[62]。ところが、それも物資不足の深刻化のため家族社宅480戸、独身部室150室への圧縮が余儀なくされたが、住宅難をあ

る程度は解決できたと言えるであろう。

　以上のように、「不足の経済」と戦時統制の進展に対応して、華北交通は外部からの資源調達ルートを再編し、生産要素市場を組織化する一方、内部の資源運用システムを同時に再編した。それにもかかわらず、輸送需要の拡大により要請される経営資源の確保が不十分であったため、華北交通は現有の資源をより効率よく運用できる輸送システムを構築しなければならなかった。

2）輸送の効率化と統制の拡充

　大々的投資による輸送力の強化が資源的制約のため不可能となったのに対し、華北交通は列車の長大化と運行回数の頻繁化を図ることで輸送力を増強しようとした。そのため、既述の通り、橋梁の改築、站施設の拡充、有効長の延伸、重要区間の複線化などの施設改良を進め、線路容量におけるボトルネックの解消に取り組むと同時に、車両修繕の改善を通して運用車両を増やし、さらに運用車両の利用を効率化し、車両不足を緩和した。

①車両修繕能力の向上と運用車両の増大

　ここでは、鉄路工廠、機務段、検車段を中心に展開された車両修繕の改善について検討してみよう。

　占領鉄道の接収に伴い、各鉄道所属の鉄路工廠（津浦鉄路の天津・済南、平綏鉄路の張家口・南口、平漢鉄路の張辛店、正太鉄路の石家荘、同蒲鉄路の太原、膠済鉄路の四方、隴海鉄路の徐州）にはいち早くから満鉄・鉄道省の工作関係職員が派遣された[63]。当時の修理施設は、唐山などの2～3ヵ所以外にはほとんど戦災や盗難のため、利用不可能な状態であった。また、唐山工廠のみが天井走行起重機による車輪の脱着、車体の上げ下ろしおよび搬送ができており、他の工廠では旧式のビーム・ジャッキや櫓、チェーン・ブロックを利用していた。もちろん、車輪の削正、主要部品の削正修理に必要な機械設備や、鋳造、鍛造、旋盤および仕上げ加工設備は一部を除いて揃っていたものの、旧式かつ非能率なものが多く、製作可能な部品の数は少なく、購入品に頼るものが

多かった。そのため、北支事務局は工廠施設の迅速な回復、機務段の復旧、検車段の設置などに着手した。また、満鉄および朝鮮国鉄からの導入車両の場合、その定期検査および修繕を元所属に返送して行わせた。

　その後、戦災施設の復旧作業が一段と進むと、華北交通は車両修繕の受持ち工廠を各鉄路局別に定め、車両状態を的確に把握し、なお修繕の責任を明確にした。そのうえ、機関車、客貨車別の検査修繕期間を定め、定期検査システムを構築した[64]。一般検査の実施は、機関車は3年ごと、客車は1年6ヵ月ごと、貨車は3年ごとに行い、それに合わせた一般修繕および局部修繕を実施し、その他の検査は機務段、検査段で行うこととなった。さらに、資材調達での在庫管理の体制化、部品製作の戦時規格適用と代用材の使用、機械設備の導入・改良、鋳造・冶造設備の具備、工作工に対する賃金制度の改善などの措置が施され、鉄路工廠の車両修繕能力は大幅な向上を示した。

　その結果、出廠車の平均在廠日数は、図3-2-2で分かるように、1938年度から41年度にかけて大幅に短縮し、機関車19.8日→12.6日、客車23.9→16.6日、貨車10.0日→7.8日となった。それに伴い、修繕作業の工作工数も低減し始め、1942年度には機関車が1,046人工、客車が251人工、貨車が54人工（人工［にんく］は1人の作業員が1日で出来る仕事量）となった[65]。これらの修繕作業の改善によって、表3-2-15のように、修繕車両の実績が1941年度にまで増えており、計画に対する修繕の実績率も機関車は100％を超えており、客貨車はそれより低いとはいえ、約90％以上の実績率を記録した。

　さて、機務段においても、同様の措置がとられた。戦前における機務段の作業能力は日常の修繕に過ぎなかったが、戦災をこうむって多くの施設が散逸したため、日常の機関車の補修管理がむずかしくなった。それに対し、北支事務局は応急復旧の推進と並行して、1938年初めに「機務段施設長期復旧整備計画」を決定した。すなわち、天津、上海、北京などにある機器を購入するとともに、日本と満州からも設備や資材を調達することとし、資金および資材の確保、機器製作・輸送の監督などで関係機関の支援を得て、ほぼ計画を実施できた。その上、既存の機務段の統合が進められて膠済、津浦両線の済南所在機務段や京

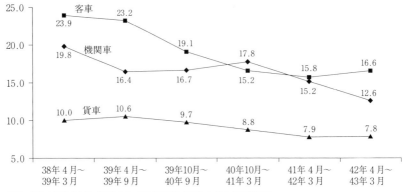

図3-2-2 華北交通における出廠車の平均在廠日数

出所:華北交通株式会社『統計年報 第四編運転・工務・工作』1942年度版。
注:一般、局部、改造、事故など修繕すべての平均在廠日数。

表3-2-15 鉄路工廠における車両修繕能力整備状況

年度	計画実績	機関車 一般	機関車 局部	客車 一般	客車 局部	貨車 一般	貨車 局部
1939	実績	202	1,326	538	377	4,344	4,859
1940	計画	303	794	714	255	5,610	5,030
1940	実績	252 (83.2)	1,075 (135.4)	799 (111.9)	354 (138.8)	4,933 (87.9)	5,847 (116.2)
1941	計画	339	892	802	286	6,150	5,140
1941	実績	413 (121.8)	1,187 (133.1)	737 (91.9)	348 (121.7)	5,337 (86.8)	5,056 (98.4)
1942	計画	405	940	925	263	6,850	5,760
1942	実績	407 (100.5)	1,031 (109.7)	842 (91)	318 (120.9)	4,631 (67.6)	4,528 (78.6)
1943	計画	469	910	1,128	378	7,300	5,780
1943	実績	352 (75.1)	1,047 (115.1)	931 (82.5)	265 (70.1)	5,206 (71.3)	3,225 (55.8)
1944	計画	509	1,021	1,158	422	8,430	7,270
1944	実績	403 (79.2)	1,122 (109.9)	881 (76.1)	395 (93.6)	4,226 (50.1)	6,289 (86.5)
1945	計画	586	1,174	1,297	486	8,680	8,100
1945	実績	414 (70.6)	1,242 (105.8)	819 (63.1)	291 (59.9)	4,050 (46.7)	5,768 (71.2)

出所:華北交通『華北交通の運営と将来』1945年12月。
注:1.1945年度の実績は同年7月までの実績の3倍である。
  2.( )内は実績率(%)。

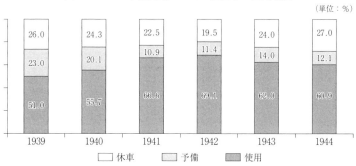

図 3-2-3 華北交通における機関車の運用状況

出所：前掲『華北交通の運営と将来』。

漢、正太両線の石家荘所在機務段がそれぞれ統合され、合理化が実行された。その後、機関車の修繕や運用において多くの改善が施され、臨戦地区にもかかわらず機関車運用の成績が毎年向上するに至った。

まず、機務段において甲種検査が実施された。戦争当初には甲種検査はすべて鉄路工廠において入廠実施されたが、機務段の修繕技術が向上し、修繕施設が整備改良されると、機務段での甲種検査が決定された。それによって、機動的な検査が可能となり、機関車状態の向上と運用効率の増進が図られたのである。次に、乙・丙検および洗缶能力の増大が図られた。戦争当初の洗缶能力は1日に約93両に過ぎなかったが、工作機器、その他の温水洗缶装置の拡充、電気ガス溶接機などの整備が行われ、車両増備と相まって、機関車の作業工程を短縮でき、敗戦時には1日洗缶能力が67両も増えた（増加率72％）。それに合わせて、華北交通は入出庫線および給炭水施設の改良、機関車の停留線の増備を進め、機務段構内の機関車収容能力を拡充した。これらの結果、図3-2-3のように、機関車の運用において休車および予備機関車の比率が、1939年度の49.0％から1942年度に30.9％へと低下した反面、運用機関車の比率は逆に51.5％から69.1％へと上昇したのである。

こうした措置は検車段においても実施された。戦前には客貨車の保守作業が機務段と鉄路工廠において実施されたが、鉄路工廠は平均600kmごとに配置

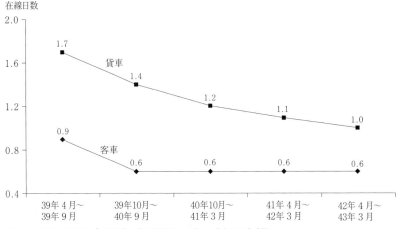

図3-2-4　検車段の出線車1両平均在線日数

出所：華北交通株式会社『統計年報　第四編運転・工務・工作』1942年度版。

されたため、検査・修繕車は相当の距離にわたって回送され、車両の運用効率が低下した。それに対し、華北交通は日本の検車区にあたる検車段を125～200キロの地点を原則として鉄路工廠と機務段との間の20ヵ所に設置し、客貨車の検査技術の向上と検修所要時日の短縮を図った。そのうえ、車種・車号・標記の統一、連結器の移降、客貨車概要調査（車両別構造、特種設備および寸法など）、単電池改造、増積車に対する各種施策、古車軸油の再生などがとられ、作業能率の向上が図られた。さらに、応急修理の技術を練磨させるため、貨車応急修理競技会が実施された。

　それによって、図3-2-4のように、出線車1両平均在線日数は1939年度から1942年度にかけて客車が0.9日→0.6日、貨車が1.7日→1.0日へと短縮され、検車段の修繕能力の向上を示している。もとより、客貨車検修成績は大きく向上し、客車の乙検は907両→1,342両、丙検は6,708両→11,014両、修繕は3,798両→2,996両、貨車の甲検は3,131両→8,876両、乙検は12,802両→15,815両、丙検は6,2867両→112,804両、修繕は22,816両→28,694両の増加を記録した[66]。その結果として、各種事故の減少や車両運用の効率向上（後述）がもたらされ

た。運転事故を引き起こす破損故障件数は、客車は1939年度の車両走行1万キロ当たり0.35件から1941年度の0.14件へと減少し、同期間に貨車も0.32件から0.19件へと減少した。また、客貨車破損故障の70％を占めていた車軸発熱故障も同期間に客車は3.84件から0.53件へ、貨車は10.2件から3.1件へと低下した。

表3-2-16　華北交通における1939年7月大水害の貨物輸送への影響

(単位：千トン)

	4月	5月	6月	7月	8月	9月
想定輸送量	1,967	2,280	2,395	2,621	2,728	2,512
実績輸送量	2,185	2,494	2,455	2,132	1,970	2,155
差　引	218	214	60	-489	-758	-357

出所：興亜院華北連絡部『華北交通会社概説』1940年8月。

②配車能力の倍加と構内作業の定型化

　以上のような修繕能力の向上とともに、貨車を中心とする車両の運営能力も大きく改善された。1939年7月に北支・蒙古一帯に大水害が発生し、7～9月にわたって各所で列車運行ができなくなったことをきっかけとして、車両運用の効率化が強調された。水害によって現在車の偏りが発生し、「上半前期三〇％を堅持した貨車運用効率も二三乃至二六％と急落の憂き目にすら遭遇し、さなきだに過重負担に悩む輪転不足に拍車がかけられたのであった」[67]。そのため、表3-2-16で見られるように、7月から9月にかけて実績が当初の想定に及ばなかったのである。

　そこで、貨車運用効率を高めるのに中心的な役割を果たしたのは配車業務であった。華北交通自らによって定義された配車の仕事を見ると、①貨物輸送計画、②貨車および貨車用具の運用、増備計画、他線との直通、③貨物列車の組成、貨物積載方、④貨物輸送作業荷役用具であった。要するに、貨物運送の手続を完了した貨物を実際に輸送するため、貨車を配給し、積込、入換を行って列車に連結または組成し着站に運んで取り卸すまでの貨車運用に関する一切を計画処理したのである[68]。

　そのため、列車ダイヤの編成において、集結列車の拡充強化、中間車の適切な運用を通して、輸送の的確・迅速を図ったうえ、「水害に対する善後措置の

完璧、輸送能率の増進を期するため」、配車科長会議あるいは輸送処長会議を開催し、また出貨繁忙期に対処して、あらゆる観点より貨物輸送能率を高め、「難関を打開する」ことにした。要するに、「管内を総動員して旬間を施行し、不断に修繕車の緊縮、特定留置車の整理を強行して運用車の増加を図る外、軍貨・社用品の荷卸時間の一斉調査を施行して貨車停留時間の短縮を図った」[69]。その後1940年10月のダイヤ改正において、最大貨物である「石炭輸送に対し山元港湾を一環とする往路石炭積車、復路空車の輸送列車を指定し確実に車を入れることにより、山元の積込、港湾に於ける取卸作業計画の的確性を」もたせ、貨車停留時間の短縮を図った。さらに、貨物の流動状態に応じて列車の系統を改め、貨物の時間的発生に対応して列車の配列を整斉して、貨物の適時輸送を計画することにした[70]。

　例えば、1939年11月下旬には管下全線にわたって貨物運送能率増進旬間を実施し、運送業者、荷主方面の協力と現場各機関の努力を得て、良好な成績を収めた。貨物輸送は各局とともに向上、総体的にみれば、その1日平均輸送量に比し、4,719トンの増加を示した[71]。1940年4月下旬には貨車輸送改善旬間を施行し、構内在貨が減少傾向を示した。さらに、雨期、夏期などの輸送障害を目前に控えて、本社では荷主に対してできる限り送り越しを行い、「平調輸送確保」を図った[72]。同年12月上旬には貨物輸送の繁忙期に際して、貨物輸送総力旬間を実施した[73]。また、物資の不足が深刻化し、戦時輸送力のロスたる荷物事故が多くなるにつれ、同年7月には荷物事故防止旬間を開催し、各站段における到着または中継手小荷物の点検、積卸の場所などを通して「荷物の濡損防止」を図った[74]。

　ここで、華北交通の鉄道荷役1人当たり作業能力についてみよう。不足している貨車の運用効率を高めるため、託送、積込、取卸、中継、荷捌、手押入換などの站構内作業の定型化が上述のとおり励行された。その結果、1939年度を100とする指数の動き（表3-2-17）に注目すると、まず、品目別1時間当たり作業能力は41年度に穀物の8割増、一般貨物の6割、木材の5割6分、石炭積の5割5分増など作業能率の著しい向上を示した。次に、地区別1日当たり

表3-2-17　華北交通における鉄道荷役1人当たり作業能力

品目・地区		1939		1940		1941	
		トン数	指数	トン数	指数	トン数	指数
品目別 1時間当たり 作業能力	穀物	1.359	100	2.1	155	2.44	180
	綿花	0.987	100	0.919	93	1.222	124
	木材	0.715	100	0.994	139	1.114	156
	一般貨物	0.7	100	0.935	134	1.111	159
	石炭積	0.777	100	0.812	105	1.242	160
	石炭卸	2.341	100	2.583	110	2.777	119
	砂利土砂	1.369	100	1.549	113	1.646	120
	危険品	0.765	100	0.932	122	1.109	145
地区別 1日当たり 作業能力	天津地区	502	100	607	121	606	121
	北京・石門地区	407	100	501	123	601	148
	済南地区	405	100	407	100	602	149
	青島地区	600	100	609	102	909	152
	開封・徐州地区	402	100	408	101	406	101
	太原地区	308	100	303	98	405	131
	平　均	437	100	473	108	588	135

出所：前掲『支那占領地経済の発展』309～310頁。原資料は在北京日本大使館『華北に於ける交通運輸労働者調査』年度未詳、164～165頁。

作業能率も著しく改善され、北京・石門、済南、青島は約5割増を示しており、平均して3割5分程度の能力向上が確認できる。これは同時にかなりの労働の強化が行われていたことを物語る。

　さらに、華北交通は鉄道輸送の両端たる出発地と到着地において、集配・積卸の業務を担当する小運送が構内作業をはじめとする鉄道輸送力の発揮にも大きな影響を及ぼすことから、子会社として1941年10月1日に華北運輸株式会社を設立した。1939年春、華北の小運送機関設立問題は関係方面において計画に着手し、その後、慎重に研究を重ね、幾多の紆余曲折を経たあげく、華北運輸の設立が41年6月7日に興亜院で設立要綱として承認され、8月31日に発起人下打合会を開き、10月1日に会社が設立された。新会社は資本金1,200万円の中国普通法人で国際運輸北支支社、福昌華工（天津、連雲、新河の碼頭運輸営業）の管轄業務、施設および従事員一切をそのまま継承・統轄して、戸田直温社長のもとに業務を開始した[75]。それによって、構内作業の効率化がよりいっ

そう進んだことはいうまでもない。

　なお、華北交通は車両不足を緩和するため、貨車1両当たり平均積載量を増やした。貨物の取扱方式のうち、小口扱の場合、輸送量に比して貨車の積込成績が悪く、多くの車両を必要としたのに対し、1939年3月に小口扱貨物の混載車扱制度を実施し、貨物集約輸送による貨車の使用効率向上を図った。また車扱貨物の増積制方を制定し、貨車の標記荷重を超えて積載する増積制度を実施した。会社創立直後の1939年7月から、膠済線において試験的に一部の貨物に限って、貨車1両ごとに1割の増積を行ってきたが、1940年6月より増積制度をほとんど全ての貨物に拡大し、増積程度を約2割へと引き上げた。それによって、30トン貨車は35トンまで、40トン貨車は48トンまで積載が行われ年間250万トンの増送が可能となった[76]。その結果、1両当たり平均容量トン数はほとんど変わらなかったにもかかわらず、貨車1両当たり平均積載量実績トン数は、増積の実施以前の27.0トンから1941年度の28.6トンへと1.6トン増加した[77]。

　さらに、運賃率の計算において、1941年2月に各鉄道ごとに異なっていた運賃率を統一し、取扱の迅速化を図った[78]。従来は各線別に賃率が異なったため、二つの路線にまたがって貨物輸送を行うときには、各線別に運賃を算出して合算せざるを得なかったが、統一運賃率の制定によって時間節約はもちろん、輸送の効率化が進められた。同時に遠距離逓減法を適用し、鉱炭地開発と物資流動の円滑化を図った。華北外との連絡輸送においても、華北交通は鮮満支貨車直通制度を制定して、大陸鉄道各機関の貨車を共通運用して、同一経営体のように貨車を運用することによって、鮮満支相互間の貨物輸送を効率化した。

　それのみならず、1941年7月からは指定貨物運送状および指定貨物通知書を制定し、石炭、鉄鉱石などの物動貨物に対して取扱を簡易化するため、数両の貨車を一通の運送状および貨物通知書で託送することとした[79]。その後、華北交通は小運送と鉄道輸送の直結を企図し、小口扱貨物集配制の実施に着手し、荷主の利便を目的として1941年10月より小口扱貨物に限って集荷配達を実施した。他にも、積卸時間の短縮、留置料の値上による貨車運用の効率化などに重

第3章　華北交通の輸送力増強と輸送効率化　113

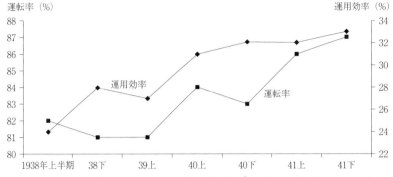

図3-2-5　華北交通における貨車の運転率および運用効率

出所：華北交通株式会社『統計年報　第五編配車』各年度半；前掲『支那占領地経済の研究』306～308頁。
注：1．1939年度下半期は資料上不明。
　　2．運転率とは現在車に対する運用車の割合。運用効率とは運用車に対する使用車の割合。

点を置くほか、後には荷主の貨車選択権を否定し、取扱の簡易化を図った。

　こうした貨車運用の効率化の結果、図3-2-5のように、貨車の運転率と運用効率は目覚しい上昇を見せた。まず、運転率の動向についてみると、1938年度上半期の82％から1941年度下半期には87％へと約5％の上昇を示した。こうした運転率の向上はすでに指摘した通り、車両修繕の改善によるものであった。運用車以外の項目には修繕車および留置車の割合が比較的多く、その他の専用の列車による工事用貨車および構内運搬用貨車があったが、そのうち修繕車の割合は10％前後より8％へと減少した。次に、運用効率は1939年度夏期における水害の影響によって、同年上半期が前期に比較して低下したものの、その他は毎期上昇を示し、1941年度下半期には33％を示すに至った。

　こうして華北交通は、輸送の増大にはもとより積極的に設備資材の増強、改良が望ましいとしつつ、応急策として既存の設備を「フル」に使用することによってその利用度を高め、それによって一応の目的を達成できた。それが前掲表3-1-1の労働生産性が向上を示し、戦前水準を大きく上回ったことからも確認できる。しかし、当時これが「その飽くまで応急策であることを知らねばならぬ。修繕車の割合が現在車に対して逐年減少していることは貨車運転率を高めているが、之は同時に当然行はるべき貨車の保全、修繕を犠牲にしている

ものに非ざるかを懸念される」と評価されたことに注目しなければならない[80]。こうした対応は鉄道運営におけるスラックをもたず、どこかで破綻が生じる。そこで、輸送統制はさらに厳しくならざるを得なかった。

③鉄道運営における戦時統制の拡大：鉄道から沿線へ

増えつつある輸送需要に到底対応できなかったため、華北交通は「不要不急」部門に対して輸送統制を加え、需要調整に乗り出した。このような調整には平時の価格調整だけでなく、広範囲の数量調整が伴われた。戦争勃発以来、鉄道輸送に対しては厳しい統制が展開されてきたが、それは極めて臨時応変のもので、まだ体系的な統制にはなっていなかった。ところが、物資対策委員会の設置によって進展した物資の配給統制に伴って、輸送と生産・配給の関係がさらに緊密化し、華北交通運輸局の配車業務を中心とする輸送統制が体系化した[81]。1941年8月に「対敵地区経済封鎖」とともに、「地区別物資統制」が強化され、輸送統制との連繋が求められた[82]。それを前後とする7月から9月にかけて実施された関東軍特種演習（以下、関特演）は、華北交通の輸送統制が体系的な計画輸送に転換されるきっかけとなった。

「ソ満国境の風雲、急を告げたとき、内地、朝鮮及び華北から、満州国境方面に大部隊の軍隊輸送が実施された」[83]。社内では「100号輸送」とも呼ばれた関特演輸送のため、「華北交通（第二野鉄）と満鉄間の連絡員」が北京から奉天に1ヵ月の予定で出張を命じられ、「状況の進展次第で新京からハルピンまたそれ以遠に進出移動することあるべき内命も受け」、「満鉄の配車課や奉天の野鉄司令部などとの間で満州・華北の貨車出入状況などについて協議を行った」。もちろん、対ソ戦争の勃発には至らず、「華北交通連絡員の奉天滞在の必要はなくなった」。

というものの、「車両ノ対満供出ニ伴ヒ当初想定ニ対シ約四二〇千粁ノ減少ヲ来タ」すと、図3-2-6で見られるように、1日平均使用車数が急減した反面、使用日車キロは急激に増えた。この車両不足に対し、華北交通は①貨物輸送の順序決定、②使用貨車の選択禁止、③夜間荷役の強制、増積の励行による

第3章　華北交通の輸送力増強と輸送効率化

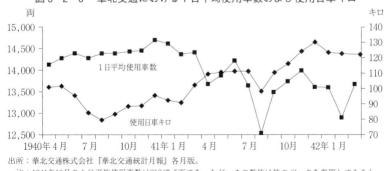

図3-2-6　華北交通における1日平均使用車数および使用日車キロ

出所：華北交通株式会社『華北交通統計月報』各月版。
注：1941年10月の1日平均使用車数は21247.5両であったが、この数値は他のデータを参照してみると、誤字と判明したため、前後の2ヵ月をもって補間した。

貨車運用効率の増進という3つの措置を決定した[84]。それによって、既述のように、貨物運用効率が大きく改善されたのは言うまでもないが、同時に「用兵作戦上、軍事輸送及動物資（特殊貨物）輸送ヲ第一義トスルヲ以テ一般民需及旅客輸送ハ第二義的ト」なった。その結果、すべての貨物輸送に対して軍需品―社用品―営業品のプライオリティが成立し、営業品のうちでも物動関係の戦略物資が優先され、運賃価値の高い「不要不急」貨物は後回しされたのである。

貨物輸送の中心となる主要統制物資輸送をみると、第二野戦鉄道司令部の影響下にある「北支那輸送統制本部」を頂点に、輸送供給側の華北交通、とりわけ運輸局と、輸送需要側の輸送組合あるいは配給統制機関の3者間に事前的輸送力配分が行われ、それに基づいて月別輸送計画が作成・実施された。この輸送計画は華北における物動計画の遂行と連動し、物動計画の実行を空間的に保障する形で年間および四半期別に立てられた。これに関連する大口貨物の小運送業務は、国策会社たる華北運輸によってほぼ独占的に取り扱われた[85]。しかしながら、これが抗日ゲリラの活動によってたびたび妨げられ、日本でのような高い計画性を保てなかったことはいうまでもない。

貨物中心主義によって旅客輸送にも輸送規制が加えられた。満州国の生産拡充に絶対に必要な苦力を輸送する場合、特別な輸送計画を樹立・実行するとと

もに、低賃運賃を設定し、その出回りを促進した。ところが、「不要不急」旅客として分類されると、厳しい統制が加えられた。とりわけ、既述の関特演の実施によって、華北交通が1941年7月以降「他鉄道ニ比シ諸設備大イニ劣ルヲ免レズ、座席比率一五〇－一八〇％ノ如キハ内地ノ五五％内外ニ比シ其ノ例ヲ見ザル超満員たる現状モ已ムヲ得ザル」状態となったため、中国人を対象とする旅行証明書制度が実施された[86]。すなわち、プライオリティに基づいた座席の割当が始まったのである。

さらに、同年10月にいたっては、①鉄道の社会性強調、②運営の合理化、③規定の簡易化、④運賃料金（基本運賃、料金を除く）の適正化の四点にポイントが置かれ、鉄道旅客および荷物運送規制が改正された[87]。具体的には団体旅客運賃割引の廃止、回遊乗車券制度の廃止、回数乗車券使用制限（本人のみ）、手荷物の受託制限拡大、列車運休による普通定期乗車券・回数乗車券の払戻の廃止、ラウンド・ナンバー制の導入などの措置が取られた。それによって、事実上旅客運賃引上げが行われただけでなく、「不要不急」旅行に対する規制が強化され、不足している鉄道輸送力を貨物輸送に優先的に配分しようとしたのである。貨物輸送は旅客輸送とは対照的に、遠距離運賃低減制度が拡大された。

鉄道をめぐる統制は、ゲリラ活動が華北交通にとって実質的に最大の阻害要因であっただけに、輸送需要を乗り越え、沿線住民に対する統制へと拡大した。ゲリラ活動に対する華北交通の対応策は警務と愛路工作であった[88]。

従来は軍警の補助機関であったが、1940年4月以降軍命によって鉄道の直接警備は軍支持のもとに会社が担当することとなった。そのため、既述のように、中央鉄路学院から警務員の養成業務を分離し、1941年4月に鉄路警務学院を設置し、警務員の養成を本格化した。1941年6月現在、鉄道警務機関をみると、警務人員15,000人（うち日本人4,500人）、小銃12,000挺、軽機400挺、重機50挺、擲弾筒250個、本部要員900人（うち日本人450人）であった。それ以外にも1,000人（うち日本人50人）が別途に組織され、軍から借用された小銃800挺が支給されていた。

こうした「警備業務ト唇歯輔車ノ関係」において、華北交通は軍会民鉄一致

の愛路中央委員会を組織し、軍区処の下に行政機関、新民会、合作社、労工協会などの協力を得て愛路工作を展開した[89]。その目的を「民路合作ニ依リ共産系ノ羈絆ヲ脱セシメテ日本ヘノ信頼依存ノ念ヲ高メシメ以テ此等ヲ日中提携ノ実践的基地タラシムル」ことにおいた[90]。そのため、鉄路、水運路線の両側10キロの地域の住民を結集して愛路村を組織した。その規模は1941年に村数8,459ヵ村、村民約1,133万人に達した[91]。主な工作の内容をみれば、愛護村の結成および指導をはじめとして、愛路情報網の設定、愛護村民による線路の巡察、愛路少年隊の結成・指導、線路周辺の高稈植物の刈取と植付禁止の指導、沿線の物資不足に対し補給方法の斡旋、災区農村応急対策としての種子および食糧配給、愛路功労者の表彰、講演・懇談・印刷物による愛路宣伝、愛路列車の運行などであった。その効果は1940年度に情報募集、線路巡察への協力者延620万人、ゲリラ情報22,000件、匪害未然防止1,343件、表彰者950人であったが、愛路工作の被害者も多く、日本側通牒者としてゲリラによって殺害された村民が260人、同負傷者が50人にも達した。

　この治安強化と鉄道警備の増強によって、ゲリラ攻撃の被害は減少傾向を示した。1938年度に4,611件に達したゲリラ攻撃は、1939年度に2,298件へと減少し、1940年度には8月中に石太線一帯の「大匪襲」があったものの、1,068件へと減少した[92]のである。そして、「剿共華北の任務完成のため昨年度［1940年：引用者］展開される三次に亘る治安強化運動、並屢次に亘る皇軍の粛清討伐の成果は、華北をして敵の蠢動を封殺、撃進して今や僅かに余喘を保って最後の足掻きを続けて居るに過ぎない」といわれるほどとなった[93]。

注
1)　「北支那開発株式会社設立要綱並中支那振興株式会社設立要綱ニ関スル件」（内閣決定、1938年3月10日）『公文雑纂・昭和十三年・第二ノ三巻・内閣二ノ三・第三委員会』
2)　原朗「『大東亜共栄圏』の経済的実態」『土地制度史学』71、1976年4月。
3)　興亜院華北連絡部「北支産業開発五箇年計画総合調整要綱」昭和15年7月4日、北京市档案館。

4） とはいえ、他の中国地域から華北経済を分離して円ブロックに編入させることは、中国内部の経済連関関係を破壊したものであっただけでなく、中国連合準備銀行券（以下、連銀券）が国民党の法幣や共産党の辺区券と常に通貨戦を展開したことからわかるように、日中両国間の経済戦を伴うものであった。

5）「今次水害の跡を辿りて」『興亜』第 4 号、1939 年 10 月 1 日、7 頁；満鉄調査部編『支那経済年報』1940 年度版、228 頁。

6） 華北交通株式会社東京支社業務課「昭和十五年度北支炭輸移出計画実績比較表」1942 年 1 月。

7） 興亜院華北連絡部『華北交通会社概説』1940 年 8 月、20 頁。

8） 華北交通株式会社総裁室資業局交通課「自昭和十四年至昭和十七年間北支鉄道輸送数量及能力想定ニ就テ」1939 年 6 月；同「自昭和十四年至昭和十七年間北支鉄道及港湾輸送能力調査附属説明書」1939 年 9 月 1 日；同「北支新設鉄道及主要強化鉄道三箇年計画要綱（案）」1939 年 9 月 4 日；同「第一次北支鉄道新設及主要改良計画要綱（自昭和十四年至同十七年）案に対する検討」1939 年 9 月。

9） 興亜院華北連絡部「北支蒙古鉄道輸送力増強五箇年計画（修正）案」1940 年 7 月 8 日、北京市档案館。

10） 華北交通株式会社『華北交通の運営と将来』1946 年。

11） 京山線は主要橋梁強度 SL-9（E20）を最小限度 SL-12（E26）、平均 SL-15（E33）に増強、津浦線は SL-9（E20）を最小限度 SL-10（E22）、平均 SL-14（E30）に増強、京山線は SL-5（E11）を最小限度 SL-7（E15）、平均 SL-22に増強、膠済線は SL-5（E11）を最小限度 SL-14（E20）、平均 SL-18（E40）に増強した。

12） 華北交通株式会社創立史編纂委員会『華北交通株式会社創立史』興亜院華北連絡部、1941 年、515 頁。

13） 華北交通株式会社「昭和十五年度車両新造計画要旨（準軌、自昭和十五年四月至昭和十六年三月）」1939 年 4 月 1 日。

14） 車両の軽量化は物資節約効果だけでなく燃料節約や車両増結の効果もあった。「工作局、どんな仕事をするか」『興亜』第 29 号、1941 年 10 月、14 頁。

15）「資材局」『興亜』第 27 号、1941 年 9 月、6 ～ 7 頁。

16） 華北交通株式会社『華北交通会社事業の概要』1940 年。

17）「鉄道ニュース」『朝鮮鉄道協会会誌』1939 年 6 月；沢井実『日本鉄道車両工業史』日本経済評論社、1998 年、212 頁。

18） 車両製造会社は日本内地では日本車輛、汽車製造、日立製作所、川崎車輛、日中車輛、帝国車輛、新潟鉄工所、木南車輛、若松車輛、本江など、満州では満鉄

大連鉄道工場、大連機械製作所、大連船渠など、部品メーカーとしては車輪、車軸、煙管などは住友金属、空気制動機は日本エアブレキー、三菱電機などが主要なメーカーであった。

19) 華北交通は青島と山海関の鉄路工廠を華北車両会社に貸与し、その代わりに徐州に工廠を開設した。「工作局、どんな仕事をするか」『興亜』第28号、1941年10月、15頁；内田正則「北支に於ける第一号機関車製作の思出」『華交』第12号、1966年1月25日、4頁。
20) 臨時資金調整法と輸出入品等臨時措置法によって始まった戦時統制が、物動計画の実施を契機に日本戦時経済の中心軸となり、それが「関東州、満州国及中華民国向輸出調整に関する件」（1939年商工省令第53号、1939年9月20日）のかたちで占領地の華北に影響を及ぼすこととなった。
21) 『北支那資源要覧 四部（12）』『昭和十七年「陸支密大日記 第51号 1／2」』防衛研究所図書館。
22) 「資材局」『興亜』第27号、1941年9月、6〜7頁。
23) 各主幹別に担当している資材の品目を見ると、計画第一主幹は備品、鋳物、被服材料、油脂、彩料、燃料、医療科学用品、薬品、釘鋲工具、食料、文具、雑品、計画第二主幹は車両、機械、車両用品、地金、自動車用品、船舶用品、計画第三主幹は橋桁、レール、枕木、木材、鉄路用品、セメント、石炭、レンガ、石材、建物用品、水道ガス用品、電気用品であった。「資材局」『興亜』第27号、1941年9月、6〜7頁
24) 「華北交通新聞」『興亜』第30号、1941年12月、24頁。
25) 華北交通株式会社「鉄道技術研究所概況」1946年。
26) 「華北交通新聞」『興亜』第31号、1942年1月、34頁。
27) 石橋用品経理幹部の発言「資材局」『興亜』第27号、1941年9月、8頁。
28) 林采成『戦時経済と鉄道運営：「植民地」朝鮮から「分断」韓国への歴史的経路を探る』東京大学出版会、2005年、69頁。
29) 「一年の回顧と我が信念」『興亜』第12号、1940年5月、17頁。
30) 華北交通株式会社『華北交通会社事業の概要』1940年。
31) 「華北交通新聞」『興亜』第4号、1939年10月、23頁。
32) 華北交通株式会社『華北交通概要』1942年1月。
33) 本社および鉄路局勤務社員約400人を対象として実施された日本人社員生活必需品毎月需要量調査（1940年2月、人事局厚生課）によれば、日本人社員の1日カロリー摂取量は2,229カロリーに過ぎず、日本人青年男子の保健上不可欠の1日カロリー摂取量2,440カロリーを220カロリーほど、下回っていた。勝直義「胃袋も

新体制へ！」『興亜』第16号、1940年10月、28〜29頁。

34) 天津鉄道青年隊員の391人を対象として実施された性病調査（1940年2月）によれば、全被検査員の11.56％が患者であることが判明した。留田英夫「天津鉄道青年隊員性病調査成績について」『興亜』第13号、1940年7月、32〜33頁。

35) 「第一回評議員会議事録」『興亜』第6号、1939年12月、26頁。

36) 死亡者の病名と人数は以下のようである。地方病流行伝染病4人、肺尖カタル肺浸潤肺結核74人、其他結核14人、悪性腫瘍2人、神経系疾患5人、肺炎18人、胃及腸カタル8人、虫様突起炎2人、腎臓炎7人、外傷5人、肋膜炎7人、消化器疾患9人、脳出血3人、血行器疾患2人、急性中毒4人、気管支炎1人、脚気2人、喘息1人、神経衰弱2人、全身病2人、戦病死6人。「共済社員死亡者死因年齢勤続年数別」華北交通株式会社『統計年報　第一編社務一般・経理・人事』1940年度版。

37) 華北交通株式会社、前掲『華北交通概要』1942年1月。

38) 「華北交通・新体制の全貌」『興亜』第18号、1940年12月、2〜7頁。

39) 「創業四周年、躍進社業の現状」『興亜』第46号、1943年4月、8頁。

40) それに伴い、鉄路学院（中央含む）の教育人員は1939年7,478人、40年10,235人、41年6,280人、42年6,055人、43年5,508人、44年6,363人であった。華北交通株式会社『華北交通の運営と将来』1945年12月。

41) 「学院養成」は日本人のみが業務科、機務科、検車科、機械科、工務科、電気科、無電科、有線電信科、車守、車号、配車司令、運転司令、列車司令、運転配車司令、中等学校卒業後新採用、機務幹部、促成土木科、小車員、促成電信科、電気、無電、通信、警務普通科、警務員小車、中国人のみが電信科、予科、運転配車司令者、学院講師、両国民が自動車科、司令者。「学院再教育」は日本人のみが庶務経理、材料員、旅客、信号、電話、警務高等科、警務中等科、特務、鑑識技術、警務庶務、中国人のみが運輸科、機務科、工務科、電気科、警務科、検車科、促成日語科、社守、調守、站務、車上行李員、運転、学習司機員、学習司炉、検車、車電、自動車車守、線路、電機、通信、警務、促成警務手長、路警、日中両国民が貨物、構内、促成警務科、自動車警護要員、愛路、保安。「学院外養成」は日本人のみが専卒以上実習、自動車電話交換調度、冷房装置、小車員、自動車（短期）、中国人のみが装車、工作工見習、瓦斯溶接工、警備犬取扱、両国民が瓦斯切断機使用、小車修理、警備犬取扱、重油自動車。「学院外再教育」は日本人のみが省採用華北事情、省採用経理、珠算、電機設備、信号施設、警務特務、気象担当者、起重機操縦者、中国人のみが検車、線路、警務、炉夫、両国民が路警、警務特別集合。

42) 「従事員語学関係教育並養成」華北交通株式会社『統計年報第一編社務一般・経

理・人事』1940年度版。
43）「華北交通新聞」『興亜』第4号、1939年10月、23頁。
44）中国の学制では、小学は初級4年、高級2年、中学は初級3年、高級3年、大学は本科4年、研究院2年であった。佐藤澄子「北京の学校」『興亜』第3号、1939年9月1日、30頁
45）語学検定試験の特等合格者は日中両社員とも傭員、雇員を問わず、一律に職員に登格させられた。「社業の動き」『興亜』第15号、1940年8月、19頁。
46）華北交通株式会社、前掲『華北交通概要』。
47）華北交通社員会『華北交通社員会要覧』1940年6月
48）「我等斯く編成し斯く出発す：華北交通社員会規約」『興亜』第23号、1941年5月、2～5頁。
49）人事局厚生課「鉄道青年隊の結成」『興亜』第1号、1939年7月1日、23頁。
50）「創業四周年、躍進社業の現状」『興亜』第46号、1943年4月、8頁。
51）内原訓練所とは、茨城県水戸市の西に位置した満蒙開拓青少年義勇軍訓練所である。
52）「華北交通新聞」『興亜』第31号、1941年12月、24頁。
53）中村隆英『戦時日本の華北経済支配』山川出版社、1983年、209～217頁。
54）「社業の動き」『興亜』第14号、1940年8月、19頁。
55）「最低生活の確保に重点、物価手当の実施ちかし」『興亜』第22号、1941年4月、25頁。
56）実質賃金の推計方法は次のようであった。まず、『統計年報』の鉄道・自動車・水運の損益勘定から得た人件費を従事員数で割り算して名目賃金を計算した。この際、従事員数は前期間末と当期間末の算術平均を用いた。次に、名目賃金を北京卸物価指数で実質価格化した。
57）社員側からは品種の制限に関連して、価格の重点主義、特に上級品に対して比較的高い価格を設定し生活必需品は実費或は実費以下の販売方式を取って貰ひたいとの意見が続いた。また、中国人用主食である小麦粉の配給もそれほど多くなかったため、中国人社員の利用率が1割に過ぎないといわれた。「消費生計座談会（二）」『興亜』第5号、1939年11月、22頁；「社員会ニュース」『興亜』第10号、1940年4月、36頁。
58）「第二回評議員会議事録」『興亜』第11号、1940年5月、7頁。
59）中央生計所「生計所の話」『興亜』第23号、1941年5月、28～29頁；「我等の兵站、生計所の活躍」『興亜』第26号、1941年8月、20頁。
60）厚生列車とは、満鉄で実施し好評を受けた慰安列車の内容を充実したもので、

廉価で生活必需品を沿線住民にも供給し、愛護村工作を兼ねた。「華北交通新聞」『興亜』第 2 号、1939 年 8 月 14 日；華北交通株式会社厚生課「厚生列車」年度未詳。

61) 「華北交通新聞」『興亜』第 11 号、1940 年 5 月、32 頁。
62) 「第二回評議員会議事録」『興亜』第 11 号、1940 年 5 月、6 頁；「物価騰貴対策・住宅問題」『興亜』第 22 号、1941 年 4 月、17 頁。
63) 満鉄北支事務局工作班長市原善積『業務日記』年度未詳；華北交通株式会社『華北交通の運営と将来』1945 年 12 月。
64) 鉄路工廠の運営体系化に伴う規程および手続の制定は以下のようである。「鉄路工廠規程」(1939 年 4 月 17 日)、「客貨車入出廠取扱手続」・「客貨車検査規程」(同年 4 月 29 日)、「鉄路工廠事務分掌規程」(同年 5 月 23 日)、「客貨車検査手続」(同年 5 月 16 日)、「客貨車修繕規程」(同年 7 月 26 日)、「蒸気機関車車両入出廠手続」・「蒸気機関車入出廠手続」(同年 8 月 13 日)、「鉄路工廠業務報告手続」(同年 10 月 7 日)。「業務概況」華北交通株式会社『統計年報　第四編運転・工務・工作』各年度版。
65) 華北交通株式会社『統計年報　第四編運転・工務・工作』1942 年度版。
66) 前掲『華北交通の運営と将来』。
67) 「我輩は鉄道貨物である」『興亜』第 13 号、1940 年 7 月、14〜16 頁。
68) 「運輸局、どんな仕事をするか」『興亜』第 36 号、1942 年 6 月、10〜11 頁。
69) 前掲「我輩は鉄道貨物である」。
70) 「社業の動き」『興亜』第 16 号、1940 年 10 月、23 頁。
71) 「華北交通新聞」『興亜』第 8 号、1940 年 2 月、15 頁。
72) 「華北交通新聞」『興亜』第 12 号、1940 年 6 月、13 頁。
73) 実行項目は、①荷主全般・小運送業者との緊密な連絡、②貨物係と構内係員の緊密な連絡、③構内作業の合理化、④荷役作業の計画化と貨車卸取廻出品の迅速・正確化、⑤発送および中継の迅速化、⑥貨車付属品の運用の能率化。「社業の動き」『興亜』第 18 号、1940 年 12 月、8 頁。
74) 「社業の動き」『興亜』第 14 号、1940 年 8 月、18 頁。
75) 華北運輸の事業範囲は運送および運送取扱営業や、それに関係ある労力請負・供給、倉庫営業、委託売買業、資金の融通、代弁・保証行為などで、本店を北京に置き、支店を北京、天津、石門、太原、青島、済南、徐州、開封、連雲に、出張所を山海関、唐山、塘沽、芝罘、保定の各地に開設した。資本金 1,200 万円の出資割当は北支那開発 150 万円、華北交通 400 万円、国際運輸 400 万円（現物）、福昌華工 50 万円（現物）、その他 200 万円であった。「華北交通新聞」『興亜』第 29 号、1941 年 12 月、7 頁。

76）「社業の動き」『興亜』第14号、1940年8月、19頁。
77）後掲「表4-2-14　貨車の増積実績」。
78）「社業の動き」『興亜』第21号、1941年3月、13頁。
79）大橋栄治・萩原静雄「鉄道」華北交通株式会社『北支蒙古産業開発計画ノ推進状況』1942年3月；前掲『華北交通の運営と将来』。
80）東亜研究所『支那占領地経済の発展』1944年9月、311頁。
81）大橋栄治・萩原静雄、前掲「鉄道」。
82）「創業四周年、躍進社業の現状」『興亜』第46号、1943年4月、1頁。
83）「北支派遣から内地引揚迄の思い出8」『華交互助会報』第17号、1967年3月30日。
84）華北交通株式会社、前掲『華北交通概要』。
85）華北交通株式会社『北京を中心とする小運送業調査報告概要』1944年7月、21頁。
86）華北交通株式会社、前掲『華北交通概要』。旅客の絶対多数が中国人であった（後述）。
87）「華北交通新聞」『興亜』第29号、1941年11月、7頁。
88）宇佐美寛爾「華北交通ト愛路工作」年度未詳；興亜院華北連絡部『華北交通会社概説』1940年8月；華北交通『華北交通概要』1942年1月、32～36頁。
89）愛路中央委員会「昭和十六年度北支交通線路愛護村工作計画要綱」1941年6月；華北合作事業総会「民国三十一年度北支交通愛路工作実施計画要綱」；中華民国新民会「民国三十一年度北支交通愛路工作実施計画要綱」；華北労工協会「民国三十一年度北支交通愛路工作実施計画要綱」；華北交通株式会社「昭和十七年度北支交通愛路工作実施計画要綱」1941年、北京市档案館。
90）華北交通株式会社、前掲『華北交通概要』31頁。
91）愛護村地帯は愛路工作浸透如何によって甲、乙、丙の三地域に分類された。例えば、合作社の愛路工作要領をみれば、「甲地域にて合作社は特に社員の自発性高揚に努め、村の実態に応じ簡易なる倉庫、共同作業場等の設置を自力又は助成により行う等永久的施設を行はじめ又各種業務を濃密に実施し以て県合作社連合会との連携を強靱ならしめ、鞏固なる精神的防壁の結成に協力し、郷村の更生を図るものとす」、「乙地域にては村内の反愛路分子及施策を排除して先つ村内指導者及名望家を我に同調せしめ逐次全村民を獲得して甲地域たらしむる如く工作するものとし、合作社は村民の要望する物資或は資金を適当なる制限の下に村民に供給し、漸次甲地域化する如く経済面より協力す」、「丙地域にては合作社は必要に応じ関係工作機関と協同し宣伝的意味を濃密に含む断続の経済工作を行い、或は特別工作の経済面を担当し、以て乙地域たらしむる工作に協力す」。前掲「民国三十一年度北支交通愛路工作実施計画要綱」。

92) 華北交通株式会社『華北交通概観』1941年12月、40〜41頁;「創業四周年、躍進社業の現状」『興亜』第46号、1943年4月、8〜9頁。
93) 田尻末四郎「治安」『興亜』第35号、1942年5月、4頁。

第4章　日米開戦と戦時陸運非常体制

1．華北交通と戦時陸運非常体制の確立

1）陸運転嫁と輸送動態の変化

　占領下の華北は円ブロックに包摂され、その一環として戦略資源の供給が要請されたが、日米開戦に伴って太平洋戦場への兵站基地として巨大な消耗戦に巻き込まれた。その要請に応ずるため、1942年7月14日に興亜院の「支那経済建設基本方針立案ニ関スル諒解事項」が決定された[1]。その内容を見ると、5年間の第1期の課題としては、戦争遂行上必要な「重要国防資源ノ確保」、「大東亜諸民族ノ戦時生活保証」、「将来ニ於ケル産業発展ノ基礎確立」が提示され、差し当り南方からの対日供給力には期待できないと想定された。その後の10年間の第2期には政治・軍事情勢が好転し、なお南方の対日供給力も大きく改善されると見て重要国防産業の生産力を飛躍的に拡充し、「日支経済提携ニ依ル支那ノ開発ヲ促進」することが期待された。それに基づく形で、8月31日に「支那建設基本方策（案）」が作成された。支那の経済的地位は「豊富ナル労働資源、地下資源並農業資源供給国」たる「自存圏」として想定され、その中で華北は「資源ノ開発卜之ニ伴フ重軽工業並ニ交通通信施設ノ完備」を進めることとなっていた。

　その中で、米英の対日資産凍結以来、輸入力に代って物動計画の規定要因となった海上輸送力が、ガダルカナル作戦を境として急激に減退し、陸運転嫁が決定されると、華北の兵站基地化の必要性はより大きなものとなった。戦時日

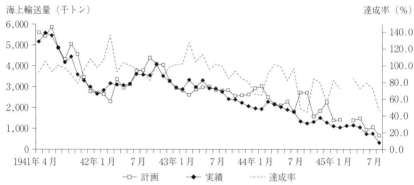

図4-1-1 アジア太平洋戦争期における日本の海上輸送推移

出所：原朗「経済総動員」大石嘉一郎編『日本帝国主義史Ⅲ』東京大学出版会、1994年、104頁。

本の生産実績は計画に比して明らかに漸次低下の傾向を示し、普通鋼鋼材、アルミニューム、船舶建造の減退が戦力弱化の原因となっていた。なかでも、海上輸送力は図4-1-1のように、1942年度7月以降達成率が落ち始め、ソロモン海戦の打撃や稼行率の低下によって、事態の悪化は避けられなかった。海上輸送力の低下により日本戦時経済が危機的状況に陥ると、海上輸送を陸上輸送に代替させるという陸運転嫁が政策に検討され、1942年10月6日に「戦時陸運ノ非常体制確立ニ関スル件」が閣議決定されるに至った[2]。日本内地における陸運転嫁の決定[3]に合わせて、「北支炭ニ付テハ、現在年間朝鮮向六〇万屯、満洲向六〇万屯、中支向七〇万屯海送中ナル処、之ヲ不取敢陸上輸送ニ転移セシムル如ク措置スル」とともに、「北支炭ノ水洗励行、朝鮮向内地及樺太炭ノ可及的北支炭ヘノ振替等、苟クモ海上輸送力補塡ニ必要ナル一切ノ措置ヲ講ズル」こととなった。

これに合わせて、10月27日に「昭和十八年度支那ニ於ケル物資動員計画設定要綱」が興亜院経済部によって決定された[4]。軍需優先の強化と民需の圧縮を前提に、日本からの重要物資供給を抑制し、中国の各地域間および対満、対南方物資交流が必要とされた。「海上輸送力逼迫ノ情勢下ニ於テ前項ノ物資交流ヲ確保スル為、北中支、満州間ニ於テハ極力海送ヨリ陸送ヘノ転換ヲ図ルと共

ニ、之ニ依リ生ズル船腹余力ハ対日増送ニ充ツル外可及的ニ中南支、南方間ノ輸送ニ充当」することにした。「対日供給重要物資ノ質的向上ヲ図リ、船腹ノ有効利用ニヨリ実質的増送ヲ期スル為、現地ニ於ケル精選並ニ第一次加工設備ヲ拡充」することに重点を置いた。こうして、石炭、塩、綿花、礬土頁岩などの戦時重要物資が華北から満州を経て朝鮮の南鮮諸港（木浦、麗水、馬山、釜山）まで陸送され、そこから日本へと海上輸送された。それのみならず、鮮・満・支（華北・華中）間でも陸送による物資交流が大きくなった。

　さて、陸運転嫁が華北交通の鉄道輸送に与えた影響について考えてみよう。まず、華北から南鮮諸港を経由して日本にまで中継輸送された物資規模は、1942年度の72,901トンから43年度443,761トン、44年度（4～11月）1,008,981トンへと急速に増えた[5]。さらに、それをはるかに上回る規模で大陸交流物資輸送が行われた。表4-1-1をもって資料上確認できる1943年度に限ってみれば、華北から満州への物資輸送は石炭や鉄鉱石を中心として3,436.7千トンに達したが、満州から華北への交流物資は食糧、枕木などの546.3千トンに過ぎなかった。また、華北から華中には石炭をはじめとする重要物資1,857.7千トンが輸送されたのに対し、華中から華北への物資は食糧など309.2千トンであった。このように、中国大陸内で華北は石炭や鉱石など天然資源の供給元となっていた。石炭は「大東亜戦争完遂の戦力増強の随一」であると称され、対日・満・華中への輸移出が「驚くべき数字に達し大体の見当としては貨物全点の四分の一、輸送全石炭の二分の一と見てよい」と言われた[6]。石炭の他にも鉄鉱・塩・綿花などの重要物資輸送も増え、華北の「大東亜戦争完遂の兵站基地」の役割を現した。

　これらの影響が華北からの輸移出貨物輸送に反映された。表4-1-2によれば、主に輸移出が塘沽・秦皇島・青島・連雲経由の海送によって行われたが、日本占領下で山海関経由（対満州・朝鮮・日本）と蚌埠・徐州経由（対華中・華南）の陸送が増え始め、陸運転移が政策的に決定されてからは海送を上回るようになった。それを行先別にみると、1942年以来満州・華中・華南向け物資は主として鉄道によって輸送されたのに対し、日本向物資は海上輸送量が絶対

表4-1-1 華北交通における1943年度転嫁および交流輸送状況

(単位：千トン、％)

種別			物動計画	鉄道計画	実績	物動対比	鉄計対比
転嫁物資	華北→日本	塩	416	466.4	368.9	89	79
		石炭	124.9	124.5	59.6	48	48
		銑鉄	30.0	31.2	18.6	62	60
		小計	570.9	622.1	447.1	78	72
交流物資	華北→満州	石炭	3,219.0	3,123.3	2,699.4	84	86
		鉄鉱石	677.0	747.5	648.9	96	87
		その他		133.7	88.4		66
		小計		4,004.5	3,436.7		86
	満州→華北	枕木	105.9	126.5	80.0	75	63
		木材	49.6	38.2	25.6	52	67
		糧穀	170.0	287.2	212.8	125	74
		大豆粕	44.6	62.5	51.8	116	83
		金属・鉱石	13.2	24.8	24.3	184	98
		木炭	3.4	33.0	24.1	708	73
		その他		113.8	127.8		112
		小計		686.1	546.3		80
	華北→華中	石炭	2,723.0	2,390.2	1,563.3	57	65
		その他		297.1	294.4		99
		計		2,687.3	1,857.7		69
	華中→華北	穀物		72.8	61.9		85
		生物及野菜		12.2	12.9		106
		小麦粉		183.0	81.3		44
		その他		122.3	153.1		125
		小計		390.2	309.2		79
総計				5,702.9	4,739.2		83

出所：大陸鉄道輸送協議会事務局「昭和十八年度転嫁及交流物資輸送概況表」1944年より作成。
注：前掲表と数値が一致しないのは、転嫁・交流輸送によらない鉄道輸送があるからである。

的には減ったものの、その比重は依然として大きかった。要するに、大陸内部では陸運転移が積極的に進められて、節約された海上輸送力が対日輸送に回されたとも考えられる。

そのため、華北交通の貨物輸送は営業品は著しく増加した反面、軍需品の輸送が急激に減少した。営業品は1940年度の22,558千トンから1943年に26,412千トンになったが、軍需品は7,019千トンから7,409千トンへと増えただけであっ

表4-1-2　華北交通における輸移出貨物の経路別輸送推移

(単位：千トン、％)

年度			1939		1940		1941		1942		1943		1944	
			輸送量	比率	輸送量	比率	輸送量	比率	輸送量	比率	輸送量	比率	輸送量	比率
陸送	石炭	日本	112	1.9	273	3.6	387	4	246	2.1	37	0.3		
		朝鮮	0	0	0	0	0	0	0	0	24	0.2		
		満州	91	1.5	297	3.9	1,702	17.4	2,110	18.1	2,701	25.4		
		華中南	181	3.1	267	3.6	309	3.2	1,642	14.1	1,557	14.7		
		小計	384	6.5	837	11.1	2,398	24.5	3,998	34.3	4,319	40.6		
	その他	日本	0	0	100	1.3	106	1.1	115	1	249	2.3		
		朝鮮	0	0	0	0	0	0	0	0	140	1.3		
		満州	82	1.4	34	0.5	107	1.1	673	5.8	1,145	10.8		
		華中南	326	5.5	258	3.4	216	2.2	449	3.9	693	6.5		
		小計	408	6.9	392	5.2	429	4.4	1,237	10.6	2,227	21		
	計		792	13.4	1,229	16.3	2,827	28.9	5,235	44.9	6,546	61.6	6,021	76.4
海送	石炭	日本	3,261	55.1	4,065	54	4,420	45.2	4,833	41.5	3,268	30.8		
		朝鮮	0	0	0	0	0	0	0	0	373	3.5		
		満州	107	1.8	189	2.5	375	3.8	433	3.7	101	1		
		華中南	1,500	25.4	1,623	21.6	1,470	15	326	2.8	30	0.3		
		小計	4,868	82.3	5,877	78.1	6,265	64.1	5,592	48	3,772	35.5		
	その他	日本	255	4.3	415	5.5	682	7	798	6.8	308	2.9		
		朝鮮	0	0	0	0	0	0	0	0	0	0		
		満州	0	0	0	0	0	0	7	0.1	0	0		
		華中南	0	0	0	0	0	0	27	0.2	0	0		
		小計	255	4.3	415	5.5	682	7	832	7.1	308	2.9		
	計		5,123	86.6	6,292	83.7	6,947	71.1	6,424	55.1	4,080	38.4	1,856	23.6
合計			5,915	100	7,521	100	9,774	100	11,659	100	10,626	100	7,877	100

出所：華北交通運輸局「輸移出貨物年度別経路別輸送噸数総括表」1944年11月4日。
注：1944年度は資料上、合計以外不詳。

た（前掲表3-1-2）。もちろん、軍需品の急減は「皇軍不断の討伐による治安の確保」によるものであることは言うまでもないが、営業品の急増は華北経済開発と陸運転移の開始に伴うものにほかならない。すなわち、表4-1-3によると、1943年度に地域外部への輸出貨物が全体の約30％を占めたが、現地貨物は約37％に過ぎなかった。これは、陸運転嫁によって対満・対華中への車両供出のため、地場貨物の抑制が余儀なくされたことを意味する。それだけでなく、前掲表3-1-1で貨物1トン当たり輸送距離が1941年211キロから1943年292キロになったことから分かるように、貨物の長距離輸送が進行し、トン数よりトンキロが大きく増える結果となった。その結果、所要運用車数が増加し

表4-1-3　華北交通の1943~44年度鉄道輸送計画およびその実績

(単位:千トン、%)

種別	1943年度				1944年度（未決定）				
	計画	実績	実績比率	実績構成	当初計画	抑制計画	実行見込	実績比率	実績構成
対日輸出	6,193	5,130	82.8	12.9	7,866	6,332	5,162	65.6	12.3
対満輸出	4,419	4,212	95.3	10.6	4,390	4,690	3,850	87.7	9.2
対華中南輸出	3,345	2,692	80.5	6.8	3,450	3,160	2,260	65.5	5.4
軍需	6,600	7,409	112.3	18.6	6,288	6,288	7,288	115.9	17.4
社用	6,350	5,776	91.0	14.5	6,400	6,400	6,200	96.9	14.8
現地製鉄	2,666	1,650	61.9	4.1	5,846	4,340	4,340	74.2	10.3
その他	14,327	13,005	90.8	32.7	14,760	14990	12,900	87.4	30.7
（うち、石炭）	8,187	6,928	84.6	17.4	7,258	6,908	6,128	84.4	14.6
合計	43,900	39,824	90.7	100	49,000	46,200	42,000	85.7	100

出所：交通通信省石田参事官・森田書記官・大東亜省好井技師「北支鉄道輸送視察報告（其の一）」1944年5月19日。
注：1944年度の比率は、実行見込／当初計画×100。

たため、運用効率が低下した。

　貨物輸送の年度別推移をみると、トンベースは1942年にピークに達したが、トンキロベースは1943年にも増えたのち、1944年に減少した。それに伴い、図4-1-2のように、計画の達成率は戦時陸運非常体制の一環として、一般貨物に対する強力な制限が加えられたにもかかわらず、華北交通はその低下を避けられなかった。さらに、それが滞貨の増加として現れた。図4-1-3の中で、営業品（石炭除き）を中心として鉄道滞貨が1943年6月の145,301トンから翌年3月には、その2倍強の311,480トンへと急激に増えたように、輸送力不足は1943年中に甚だしくなったのである。そして、1944年度「石炭需給ハ主トシテ陸上輸送力ニヨル制約著シキヲ以テ極力輸送力ヲ節減」せざるを得なかった[7]。この輸送需要の増加に対し、ボトルネックを中心とする輸送力増強が進められたのみならず、海陸一貫輸送体制の確立と大陸鉄道間の連絡輸送の強化が要請された（後述）。

　当然、こうした陸運転移のしわ寄せが中国人の旅客輸送に及んだ。1942年度の乗客人数においては一・二等客が全体の3％内外、それ以外は三等客であり、

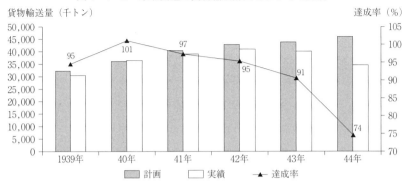

図4-1-2　華北交通の貨物輸送計画およびその実績

出所：交通通信省石田参事官・森田書記官・大東亜省好井技師「北支鉄道輸送視察報告（其の一）」1944年5月19日。
注：1944年度の実績及び達成率は表3-1-1による。

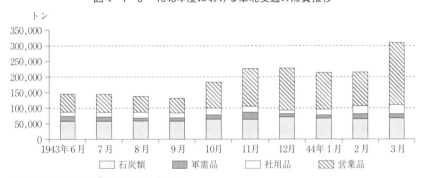

図4-1-3　1943年度における華北交通の滞貨推移

出所：華北交通株式会社『北支鉄道状況』各月版。

　国籍別には中国人99％、日本人1％であったが、旅客の増加ぶりをみると、旅客人員は1939年を100として、43年には342を記録しており、同期間の貨物の223に比べて如何に急激に増えたかが分かる[8]。すなわち、戦時経済の進展とともに、中国人の旅行が急増したのである。しかしながら、それに対する輸送力の配分が行われず、「客車に就ては人より物といふ時局の要求で入手益々困難となり、激増する旅客の輸送に応じ得ず、日々の旅客列車が超々満員で文字通りの輸送地獄を現出している」のであった。

2）華北交通の戦時陸運非常体制

　こうして、戦時陸運非常体制が決定されると、石炭、鉱石、その他の生産拡充物資の必然的増加はもちろん、これに加えて海上輸送力の逼迫による海運貨物の大量かつ長距離にわたる陸運転嫁をみることが明らかになった。鉄道への輸送要請量はいよいよ増加の一途をたどったのである。いまや華北交通にとって「最大の命題は生産拡充とその誘因、成果を全的に背負ふ輸送強化そのもの」となった。そのため、会社内外に陸運転嫁を推進する非常体制が整えられた。

　まず、華北交通はボトルネックとなっていた港湾における海陸一貫輸送体制の強化を図った。華北交通は大陸物資の陸運転嫁輸送が1942年度第4四半期より実施されることに合わせ、戦時港湾荷役増強対策協議会で決定された「港湾荷役五割増強案」に基づいて、水運局[9]を中心に1942年12月1日から43年3月31日までの戦時港湾荷役力強化期間に対する実施要綱を決定し、直ちに実行に移した[10]。これは、造船による船腹の確保が徐々に難しくなったため、港湾における船舶の碇泊時間を短縮して、その運航能率を増進しようとしたものであった。塘沽碼頭は5割、連雲碼頭は設備関係を考慮して3割の増強を目標とし、それに必要な荷役老工の確保、徹夜作業による昼夜連続作業および夜間荷役照明設備の充実、荷役機具の緊急設備などを推進した。なお、青島は青島埠頭会社、秦皇島は開濼鉱務局がそれぞれ同様の荷役増強を進めた。

　特に、華北交通は総合交通会社であったことから、「大宗貨物」たる石炭については港頭の輸出計画ないし配船計画に基づいて、炭鉱よりの貨車発送計画および港頭貯炭計画を樹立し、なおかつ船舶作業においては「着離埠作業」および貨車廻込作業ならびに労工の配置、荷役道具の運用などを総合計画的に指令した。また、宿舎の設置、食糧の提供、出勤奨励金および臨時奨励金の拡充などのようなインセンティブの提供を通して、労働力の源泉たる荷役華工を約5割増しし、幹部自らが陣頭に立ち、華工の2交替制度で終夜荷役作業を実施した。これらの措置によって、いずれも荷役日数の2～3日の短縮、入出港手続の簡易化などによって四大港平均5割の増強が見込まれた。例えば、連雲港

の場合、平常時の3分の1以下に碇泊時間を短縮できたのである。

　次に、鉄道の運営においても、戦時陸運非常体制における「鉄道運輸業務方針」（1943年1月18日）を決定した。1943年度に対日輸出6,193千トン、対満輸出4,419千トン、対華中輸出3,345千トンなど合計43,900千トンの貨物輸送が計画されると、①現有施設および車両の極度活用、②従事員教育訓練の徹底化、③「経営の合理経済化」の3点に重点を置いて「15万人日華従事員の総力を結集」することにした[11]。具体策として、①機関車の牽引定数増加、②作業の合理化による車両修理能率の向上、③機関車、客貨車の定期検査日数の短縮、④運用の合理化による機関車日車粁の増大、⑤荷役の迅速化、操車の合理化による貨車運用効率の向上、⑥貨物増積による輸送力増強、⑦事故の絶滅、⑧「従事員の勤務年間延長、荷役昼夜作業の実施、従事員の創意工夫による能率の向上」を進めようとした。陸運転嫁ルートを直ちに強化することは、ほぼ不可能に近かったため、車両運用を中心とする既存施設の労働集約的な運営を図ったのである。

　さらに「戦時鉄道輸送体制の確立を目指して」貨物輸送力を捻出するため、国際特急列車「興亜」・「大陸」を含めて、京山線旅客列車運転時刻の全面的改正ならびにこれに基づく京漢、京古、通州各線の一部改正が実施された[12]。それに合わせ、遠距離貨物の増加による経営収支構造の悪化、浮動購買力の吸収、旅客輸送の制限を主旨として旅客運賃の引上を断行した[13]。その反面、「低物価政策堅持に協力する建前から収入の根幹たる貨物運賃についてはこの際は値上げをしないこととした」。

　こうした対応策は基本的に現場労働力を拡充しなくては到底実行不可能であったため、現場中心の組織構造の再編が断行された。華北交通は人事管理の合理化と業務能率の最高度に発揮することを図って、1943年4月27日に業務組織の調整を行った[14]。その要旨は、①指導者陣頭主義による社業の推進、②本社および鉄路局の職分確立による本社定員の減少と鉄路局の整備充実、③「適材適職主義」による事務能率の増進と人材の活用、④業務系統相互間の連絡緊密化による会社総力の発揮、さらに組織の簡素化と重点業務の拡充を進めること

とした。

　要するに、本社の機構の簡素化と精鋭寡兵主義によって、従来の主幹局参与85人、無任所局参与10人、主事8人、計103人が部署の廃止・統合のうえ49人の主幹業務となったため、主幹級の員数において54人の減員が実行されるなど、人事配置の徹底化が行われ、幹部以下多数の優秀社員約1,000人を、鉄路局以下現業機関に権限の移行とともに転入させた。その他、重要な企画統制に関する意思決定を下す業務審議会には幹事長を設け、その事務的機能を強化した。信賞必罰主義に基づいて業務の責任を明確にするため、要員を拡充し、監察室を強化した。そして、防空本部や愛路委員会が設置され、日米開戦後の鉄道防衛が重視された。さらに各局に分割付属されていた各種機関、すなわち鉄道技術研究所、技工養成所、華北事情案内所、交通図書室、清化拓地事務所、華北交通印刷所、食堂事務所、海州臨時工事事務所などが一括して総裁直属となった。鉄路局でも関係近似業務を統合整理し、鉄路局ごとにおける従来の11処を5部とし、また43科を27課とし、従来の処と課の幹部54人が32人へと減り、22人減となった。組織再編が1943年11月に再び実行され、業務簡素化はさらに進んだ（後述）。

　以上のような社内体制だけでなく、連絡輸送の相手となる他の大陸鉄道との協力体制が新しい段階に入った。日中全面戦争の勃発以来、ブロック内の連絡輸送および資材調達を円滑にするため、日満支交通懇談会やその専門委員会が成立して、大陸四鉄道と日本国鉄が協力してきた[15]。これが、対日転嫁物資および交流物資の連絡輸送が急増すると、それに伴うさまざまな問題を解決する目的で、大陸鉄道輸送協議会を設置するに至った。表4-1-4で見られるように、1943年4月に朝鮮国鉄、満鉄、華北交通、華中鉄道からなる大陸四鉄道の他にも、日本内外地の軍機関および関連行政機関が参加して第1回協議会が開催されてから、100人以上の規模で陸運転嫁物資および交流物資輸送について協議を行い、諸般の輸送計画を確定したのである。その事務局が1943年6月に満鉄新京本部内に設けられ、各鉄道から連絡事務を担当する幹事などの職員が派遣された。幹事補以下は庶務、配車、運転、施設および海務の5班に分けら

表 4-1-4　大陸鉄道輸送協議会の地域別参加機関および人員

地域	第 2 回協議会（161人）	第 5 回協議会（145人）	第 7 回協議会（108人）
日本	陸軍省1、参謀本部2、企画院6、海軍省4、内務省1、大蔵省2、農林省5、商工省4、海務院1、鉄道省4、大東亜省3、関東局交通課5（計37人）	陸軍省2、海軍省1、運輸通信省9、軍需省3、大東亜省3、内務省1、農商省1、大蔵省1（計21人）	運輸通信省2、農商省1（計3人）
朝鮮	朝鮮軍1、鎮海警備府1、釜山軍需輸送統制部1、総督府総務局2、同司政局1、同東京事務所1、同逓信局1、同専売局1、同鉄道局（朝鮮国鉄）15（計24人）	朝鮮軍1、総督府鉱工局7、同農商局2、同財務局1、同交通局（朝鮮国鉄）19（計30人）	朝鮮軍1、鎮海警備府京城在勤武官1、総督府鉱工局4、同農商局2、同交通局（朝鮮国鉄）13（計21人）
満州	関東軍10、関東軍野鉄2、駐満海軍武官府1、関東局交通課4、満州国政府総務庁6、同興経済部9、同専売総局1、同興農部3、同林野総局1、同交通部6、日満商事2、農産公社2、満鉄11（計58人）	関東軍12、関東軍野鉄3、駐満海軍武官府1、関東局交通課4、満州国政府総務庁4、同興農部1、同経済部2、同交通部3、満鉄17（計47人）	関東軍9、大陸鉄道司令部5、駐満海軍武官府2、関東局4、満州国政府総務庁3、同興農部1、同経済部4、同交通部4、満鉄10（計42人）
華北	支那派遣部隊3、日本大使館3、華北交通11、北支那開発1、山東煤鉱山1、華北石炭販売1、開灤炭砿1（計21人）	支那派遣部隊3、日本大使館4、華北交通15（計22人）	支那派遣部隊3、日本大使館10、華北交通14人（計27人）
華中	支那派遣総軍1、日本大使館1、華中鉄道3（計5人）	支那派遣総軍1、日本大使館3、華中鉄道10（計14人）	支那派遣総軍1、日本大使館2、華中鉄道4（計7人）
事務局	局長以下16人	局長以下11人	局長以下8人

出所：大陸鉄道輸送協議会事務局『第二回大陸鉄道輸送協議会議事録』1943年9月；同『第五回議事録』1944年9月；同『第七回議事録』1945年3月。
　　注：第五回協議会は欠席者10人を含む。

れ、関連業務を分掌した。

　輸送計画が作成されるプロセスをみると、まず企画院（のち、軍需省）によって作成され、大本営を経由して関東軍へ内報された四半期別の輸送要請案に即して、次に表4-1-5のように、協議会において大陸の転嫁および交流物資の輸送計画を確定した上、そのために必要とされる施設の拡充、輪転材料の増備、運転要員および荷役労働者の確保が検討された。もとより大陸四鉄道間に

表4-1-5　大陸鉄道輸送協議会の提出および懇談議題

開催		提出および懇談議題
第1回 43.4 新京	提出	3．貨車直通協定改正の件（華北側）、6．大陸鉄道相互の通信連絡改善の件（華北側）、8．関釜連絡貨物の荷役に要する船及労働者の確保方に関し現地関係機関の協力を煩度（鉄道省）、9．海陸輸送釜山協議会の設置に就て（朝鮮側）、10．釜山港其の他南鮮諸港の整備に就て（朝鮮側）
	懇談	11．釜山港に於ける大型船着難用曳船に付ては現在の配備船は十分なりとは謂ひ難きに付船舶回転率工場の為軍又は船舶運営会に於て釜山港に配備のことに考慮ありたし（朝鮮側）、12．港湾使用に関する件、13．中支対日出入物資輸送経路の件、鮮満対中支、南方交易物資輸送経路の件（日本大使館）
第2回 43.9 新京	提出	1．1943年度下期陸運転嫁輸送計画に関する件（総会）、2．1943年度下期朝鮮、満、華間の交流物資輸送計画に関する件（第一分科、事務局）、3．1943年度下期計画に関連し1944年度の計画概要に就て（第一、第二分科会、企画院）、4．関釜又は博釜航路経由大陸転移物資に付ては発着地間一貫輸送の態勢を整備せられ度（第一分科会）、5．内地より対満州、対北支向交易物物資輸送の為の本輸送の能力を阻害せざる範囲内に於て帰還船腹及貨車の利用に付具体的に研究せられ度（第一分科会、企画院）、6．1943年度下半期に於ける新揚上品目苞輸送ルート変更品目に関する増嵩諸掛に関する件（第一分科会、企画院）、7．関釜又は博釜航路連絡貨物の荷役に要する艀沿労務者の整備増強方に関し現地関係機関の協力を煩し度（第一分科会、鉄道省）、8．将来に於ける転嫁貨物品種別輸送線路数量等に付予め根本方針を策定せられ度（第一分科会、華北側）、9．関東局を関東州代表として大陸鉄道輸送協議会構成機関へ介入せしむる件（総会、満州側）、10．事務局用専用回線構成に関する件（報告、満州側）、11．専用通信回線用資材に関する件（報告、満州側）、12．専用回線□□迄に於ける事務局用通話取扱に関する件（報告、満州側）、13．大陸鉄道相互通信施設改善に関する件（第二分科会）、14．次期ダイヤ改正の目標及時期に関する件（第一分科会、華北側）、15．貨車の増積制度の拡大並問題鉄道機関統一に関する件（第一分科会、華北側）、16．貨車直通協定改正の件（第一分科会、華北側）、17．戦時規格貨車に関する件（第一分科会、華北側）、18．陸運転嫁貨物輸送ルートの調整に就て（第一、第二分科会、事務局）、19．物動物資輸送状況調査に関する要項の件（第一分科会、事務局）、20．車両・人員融通の簡易化に関する件（第一分科会、事務局）、21．軍事輸送と転嫁貨物及一般民需輸送との調節に関する件（第一分科会、朝鮮側）、22．内地地方地区の配船を運営会に於て管掌せしむるの件（第一分科会、朝鮮側）、23．本輸送に要する燃料油等の確保に関する件（第一分科会、朝鮮側）、24．対日物資輸送の北鮮経由転嫁に伴う関係鉄道港湾の整備に関する件（第二分科会、満州側）、25．1943年度下半期並1944年度に於ける輸送に対する諸施設の重点的整備に就て（第二分科会、朝鮮側）、26．陸送転嫁に伴う主要幹線の施設増強に関する件（第一分科会、華北側）、27．大陸鉄道一貫輸送に伴う鉄道主要資材の配分に関する件（第二分科会、華北側）、28．転嫁貨物輸送計画変更の際に於ける関係の向との連絡に関する件（第一分科会、朝鮮側）、29．対日物動物資輸送に関し日本内地側に当事務局との連絡機関設置方要望の件（第一分科会事務局）
第3回 44.3 京城	提出	7．通信制度撤廃に関する件（通関委員会、関東軍）、10．大陸鉄道工作能率運用の件（第一分科専門委員会、関東軍）、11．1944年度輸送に対する要員、車両燃料に関する件（第一分科会、交通局）、16．南鮮諸港の補助施設として背後地に臨時野積場の急設方要望の件（第二分科会、事務局）、17．転嫁貨物の増加に伴なふ南鮮諸港への提出労工増備の計画化に関する件（第一分科会、満鉄）
	懇談	5．対日向北支輸送確保に関する件（第一分科会、事務局）
第4回 44.6 新京	提出	1．1944年度第2四半期以降における転嫁及交流物資輸送計画に関する件（総会）、3．枕木至急入手に関し御配慮煩度（第二分科会、華北交通、華中鉄道）、4．工作専門委員会よりの要請の件（総会）、5．物動数量は協議会開催前進確定し如く取計はれ度（総会、関東軍）、6．大陸内地間の陸海輸送計画変更の場合大陸側への連絡は軍中央部を通し一本建にて行ふ如く配慮あり度（総会、関東軍）
第5回 44.9 新京	提出	1．第3四半期以降の陸転転嫁及大陸相互間交流物資の輸送計画に関する件（総会）、2．運転用石炭確保に関する件（第一分科会、鮮交）、3．他鉄道相互間に機関車直通運行の件（第一分科会、事務局）、4．空気制動装置部品不足の新造貨車臨時運用方に関する件（第一分科会、事務局）、5．支那向木材南鮮中継に関し援助要望の件（第一、第二分科会、大東亜省）、6．工作専門委員会よりの要望の件（総会）、7．次回協議会開催の件（総会、事務局）
	懇談	1．突発事項を考慮して重要物資の輸送確保の為南鮮各地に集積場を拡張の件（総会）、2．南鮮中継大豆の機帆船に依る散積輸送の件（第二分科会）

第4章　日米開戦と戦時陸運非常体制　137

第6回 44.12 新京	提出	1．第4四半期以降の陸送転嫁及大陸相互間交流物資の輸送計画に関する件（総会）、2．盈車路に対する空車回送防止に関する件（朝鮮交通局）、3．釜山港輸送力確保用資材緊急入手方要望の件（朝鮮交通局）、4．背後集積地急設用資材入手方要望の件（朝鮮交通局）、5．華北車「タハ」（40トン積無蓋貨車）を鮮交線に直通運用方特設され度（華北交通）
第7回 45.3 新京	提出	1．大陸転嫁物資及鮮満支交流物資の輸送計画に関する件（総会）、2．協議会に電気関係専門委員会設置要請の件（第一分科会、華北）、3．司令電話機、個別呼出電話機竝閉塞機器の大陸自給に関する件（第二分科会、満鉄）
	懇談	1．大陸鉄道輸送協議会設置要綱於同事務局設置要領の再検討方事務局の強化方策に附する件（代表者会、事務局）、2．過熱気筒油及軟グリース不足援助方要請の件（第一分科会、華交）、3．港湾荷役曳船用重油の絶対確保に関し中央の援助を得たき件（第二分科会、鮮交）、4．河南へ供出せる機関車の保善に関する件（第一分科会、華北）、5．線路資材特に枕木入手確保の件（第二分科会、華交）、6．大陸転嫁物資の北鮮経由への転向に伴ふ諸施設の強化に関する件（第二分科会、鮮交）、7．鉄道用□□通信機器竝信号機器制作確保の件（第二分科会、華交）

出所：大陸鉄道輸送協議会事務局『第二回大陸鉄道輸送協議会議事録』1943年9月；同『第五回議事録』1944年9月；
　　　同『第六回議事録』1944年12月。
　注：1．第1回、第3回、第4回は資料上提出議題と懇談事項の一部。
　　　2．第2回は一部の懇談事項を含むが、資料上不詳であるため、そのままにする。

は鉄道輸送力の格差や起重機など特定施設の偏在、確保荷役力の格差が存在することから、事実上鋼材、石炭を始めとする各種資材の調整、機関車・貨車や施設の融通が中央部の主導下に決定され、施設改善計画、車両相互融通計画、人員援助計画などの諸計画が作成、実行された。2〜3日間の協議会における第一分科会（輸送関係）・第二分科会（施設関係）および総会によっては到底調整、検討できない場合、提出議題の事項別には臨時増送打合会、直通貨車検修委員会、工作専門委員会、機械能力調査委員会、車両部品統一委員会、転嫁物資輸送用機関車数算出基準制定委員会、華北・華中間直通貨車相互検査協定打合会、蒸気機関車共通検査既定制定委員会、配車関係打合会、大陸鉄道輸送協議会専用通信打合会などが開かれ、具体的方案が模索された。

　大陸鉄道輸送協議会は開催の日時や議題の内容・数から分かるように、半期別から四半期別へと頻繁に開かれ、戦況の急変に対応するとともに、協議の内容も体系化した。それによって、当初は「中央が決めた中継物資を、いかにして送るかという技術的な検討をすればいい」と企画院側が主張した[16]にもかかわらず、輸送計画の確定や施設および職員の融通だけでなく、輸送力増強用の資材の配分や鉄道運営方式の統一化が進められたのである。この協議会を通じて華北交通は資材割当や連絡輸送の調整を行ったのである。

こうして、華北交通の戦時陸運非常体制が組織内外で整えられた。次には、輸送力増強のために取られた諸般の措置について述べてみよう。

2．輸送力増強と資源的制約の深刻化

1）陸送ルートの強化と経営資源運営の再編

戦時期には「カネ」より「モノ」と「ヒト」の面から輸送力の増強を考えなければならない。予算的制約ではない、資材の不足や要員の不足という資源的制約が輸送力増強を規定したのである。

①陸送ルートの強化と資材難

前章で述べたように、華北交通は日中全面戦争の当初より「一面戦争一面建設の鉄道史」ともいえるほど、戦災の鉄道施設を復旧するとともに、31路線約1,000キロ以上の建設や石太線・北同蒲線の改軌など輸送幹線の増強工事を完成した。ところが、陸運転移量の増大に伴って、華中と満州を結ぶ戦略的縦貫幹線に対する輸送力強化の要請がますます高くなった[17]。南北の陸送ルートをみれば、北は京山線から満州奉山・安奉線を経て朝鮮京義・京釜両線に結ばれており、南は津浦線から華中の京滬線、滬杭甬線を経て浙贛線に結ばれていた[18]。そのため、表4-2-1のように、華北交通は焦作運炭線、羅家荘運炭線などの運炭線以外にはできる限り新線建設を抑制し、京山・津浦両線の増強を図った。

京山線は輸送隘路たる単線区間（唐山－塘沽間、天津北站－南蔵間）を早急複線化するとともに、「満華一貫輸送をなすため秦皇島－唐山間の有効長延伸」を推進した[19]。津浦線の場合は信号場、待避線、給水設備を緊急整備し、なお既定計画のものが一応完成すれば、「輸送量に応じ漸次上記設備の増設を計り列車回数二十五回程度となるときは複線となす」予定であった。他路線については、輸送量に応じて信号場の新設、第一種連動装置の増設、待避線の設置、

表 4-2-1　華北交通における輸送幹線増強工事計画

路線別	1944年度施行計画	1945年度施行計画
京山線	①複線完成（塘沽－唐山間86キロ） ②天津、補助操車場完成 ③古治、唐山、山海関構内拡張	①天津附近短絡線新設 （天津北站－張貴荘間および津浦－京山線間） ②唐山－秦皇島間有効長延伸 ③古治、唐山、山海関拡張完成
津浦線	①待避線12、信号場11箇所新設 ②徳縣、兗州、徐州各站拡張	①済南附近改良 （補助操車場、膠済－津浦線間短絡線） ②徐州站拡張完成
膠済線	①軌条交換（博山支線） ②張店站一部拡張	①信号場新設2ヵ所 ②張店站拡張（継続工事）
京漢線	①信号場新設（土工のみ）4ヵ所 ②黄河北岸線軌条交換	①信号場新設（完成）4ヵ所 ②石門操車場拡張 ③新郷附近改良
石太線	①陽泉站改良（完成）	①陽泉站及同炭鉱站拡張
京包線	①南口バス（南口－康荘間） 有効長延伸（完成）	①康荘－大同間有効長延伸 ②張家口附近短絡線新設 ③口泉站拡張（継続工事）
臨趙線		①棗荘站拡張

出所：阿部嘱託『華北鉄道の概況』1944年12月。

給水設備の増強、操車場の拡充、線路・橋梁強度の強化などが行われた[20]。また、山海関・古治・唐山・済南・徐州・徳縣など主要站構内施設では、有効長の延伸、線路配置の変更、夜間作業用の電灯証明の整備などに現有の資源を優先的に投入しようとした[21]。そして、縦貫鉄道における通信信号施設や鉄路工廠の整備拡充や、線路維持保修に必要な資材および車両新造用・修車用の資材は重点的に早期割り当てて、輸送力増強を図った。

ところが、表4-2-2と表4-2-3のように、日米開戦後には資源開発および増送の要求に反して鋼材や枕木など施設増強用資材の供給は円滑に行われていなかった。1941〜42年度に割当量に対する入手量は従来よりよくなったこともあるが、それ以降は要求量ないし所要量に比べて極めて少なくなった。日本帝国全体の次元で鉄道資材の供給について見ると、陸運転嫁に伴って鉄道輸送力の重要性が認められ、鉄道用資材は物動の中でC_2（生産力拡充）およびC_3

表 4-2-2　華北交通の鋼材割当および入手状況

(単位：トン、%)

年度	要求量(A)	割当量(B)	入手量(C)	B/A	C/B	C/A	入手内訳
1939	225,131	69,872	23,978	40	34	14	
1940	170,000	78,957	41,294	46	52	24	全部対日
1941	92,366	35,104	43,715	38	125	47	全部対日
1942	75,158	47,352	30,571	63	65	41	全部対日
1943	68,880	31,404	27,151	46	86	39	対日23,713、対満2,230、現地1,208
1944	108,800	31,038	16,021	29	52	15	対日13,225、対満1,700、現地1,096
合計	689,879	293,747	182,730	43	62	26	

出所：華北交通『昭和18年度配車統計年報速報』1944年；阿部嘱託『華北鉄道の概況』1944年12月；華北交通株式会社『輸送ノ現況ト輸送力確保対策』1945年2月。
注：1944年度は1944年12月時点の予想数値である。41,294

表 4-2-3　華北交通の枕木割当および入手状況

(単位：挺、%)

年度	要求量(A)	割当量(B)	入手量(C)	B/A	C/B	C/A
1939	2,500,000	1,312,276	2,184,037	52	166	87
1940	3,200,000	2,468,433	2,224,110	77	90	70
1941	3,107,000	2,862,865	1,709,150	92	60	55
1942	3,058,993	1,965,000	2,238,154	64	114	73
1943	3,985,000	1,714,348	1,353,775	43	79	34
1944	4,209,000	3,901,040	2,337,000	93	60	56
合計	20,059,993	14,223,962	12,046,226	71	85	60

出所：華北交通『昭和18年度配車統計年報速報』1944年；阿部嘱託『華北鉄道の概況』1944年12月；華北交通株式会社『輸送ノ現況ト輸送力確保対策』1945年2月。
注：1944年度は1944年12月時点の予想数値である。

(官需) から C_X として計上され、その全体の割当枠が比較的優遇された[22]。そのうえ、1942年1月に設置された日満支資材懇談会によって軍需省をはじめとする関係機関との協議を得て、日本、満州、華北現地からの華北交通の割当量が決定された。それに、上述の大陸鉄道輸送協議会を通して、大陸四鉄道間に微調整が行われたのである。しかしながら、華北交通における対現地入手はほとんど見込みがなく、対日も極端な削減を受け、年度初頭と格段の開きが生じたのである。その他、電柱供給をみても、所要数は年間5～6万本に達し、

第4章 日米開戦と戦時陸運非常体制 141

表4-2-4 華北交通の新造車両入手状況

(単位：両、%)

車種	年度	会社要求数			割当数			入手数			C/A	C/B
		前年より越	本年計画	計(A)	前年より越	本年計画	計(B)	前年より越	本年計画	計(C)		
機関車	1939	175	150	325	175	130	305	167	38	205	63	67
	1940	100	210	310	100	93	193	100	14	114	37	59
	1941	79	210	289	79	100	179	79	65	144	50	80
	1942	35	130	165	35	91	126	32	15	47	28	37
	1943	79	180	259	79	55	134	72	0	72	28	54
	累計	468	880	1,348	468	469	937	450	132	582	43	62
	1944			92			60			44	48	73
貨車	1939	3,112	1,132	4,244	3,112	1,132	4,244	3,112	0	3,112	73	73
	1940	1,132	2,650	3,782	1,132	1,617	2,749	753	0	753	20	27
	1941	1,796	2,650	4,446	1,996	1,000	2,996	1,105	0	1,105	25	37
	1942	1,891	2,400	4,291	1,891	760	2,651	791	0	791	18	30
	1943	1,860	2,600	4,460	1,860	640	2,500	1,038	0	1,038	23	42
	累計	9,791	11,432	21,223	9,991	5,149	15,140	6,799	0	6,799	32	45
	1944			3,353			1,248			933	28	75

出所：華北交通株式会社『昭和18年度配車統計年報速報』1944年；阿部嘱託『華北鉄道の概況』1944年12月；車両係『昭和十九年度内新制車両落成実績』1944年10月。
注：1944年度は予想数値である。1944年10月末時点で機関車は落成34両、落成見込15両、9月末時点で貨車は落成260両、落成見込673両であった。

風水害による倒壊、匪害復旧のみでも年間約2,500〜3,000本を要したが、電柱材の逼迫のため入手数が減りつつ、「根継柱」をもって応急補給を行わざるを得なかった[23]。

また、貨物輸送の長距離化のため、重要性を増していた機関車および貨車の入手数も表4-2-4のように、華北交通の当初の要求数には到底及ばなかった。車両新造のため、表4-2-5のように1940年6月に華北車両が華北交通の子会社として設立されて以来、生産拡充五ヵ年計画に従って事業拡充五ヵ年計画を樹立し、着々進行中であったけれども、資材入手難がその度を加えると、五ヵ年計画の実施も繰り延べを余儀なくされた。こうした傾向は陸運転嫁が本格化した1943年度以降皮肉にもに著しくなり、資材調達がどれほど厳しくなったかが想定できる。その点で、陸運転嫁輸送に関連して、華北交通は1944年第3四半期時点で満鉄より機関車115両、貨車2,200両の車両融通（うち、一部は華中

表4-2-5　華北車両株式会社の年度末能力表

(単位：両)

区　分	1942年度		1943年度		1944年度		1945年度	
	計画	見込	計画	見込	計画	見込	計画	見込
機関車（両）	50	15	70	20	100	30	130	50
客　車（両）	50	23	50	35	100	50	150	50
貨　車（両）	1,500	670	1,500	800	2,000	1,500	3,700	1,500
橋梁（トン）	4,500	3,000	5,000	4,500	5,500	5,000	5,500	5,000
分岐器（組）	700	300	900	400	1,000	500	1,000	500
信号機（万円）	100	100	150	150	200	200	200	200

出所：阿部嘱託『華北鉄道の概況』1944年12月。
注：計画＝生産拡充五ヵ年計画目標、見込＝該年度現有施設による生産見込量。

鉄道への融通）を受けることとなった[24]。

　さて、資材不足のため、産業開発路線の建設は運炭線の一部を除いて全面的に中断された。同塘線106.0キロ、石太線118.0キロ、新泰線8.8キロ、莱蕪線38.0キロ、合計270.2キロの新線建設が1944年9月～45年4月に工事中止と決定された。それだけでなく、非常措置として既設線の撤去・転用も強力に進められた。幹線増強工事に必要な資材供給が不足したことはもとより、1944年後半より空爆の被害が顕著となって、施設復旧用の鋼材をはじめとする多くの資材が必要とされた。そのため、比較的利用度の低い路線を中心として、1944年に9路線の104.8キロ、45年に9路線の225.7キロが施設撤去され、戦略幹線の増強工事や緊急復旧に転用された。それにもかかわらず、「事業計画は事実上実施不可能となり輸送力拡充計画に大なる支障を受くる」に至った[25]。

　このような物的資源の確保困難は「会社自体の諸計画は勿論、日常の運営も必ずしも万全を期し難いと言ふも過言ではない」。新造要請車両数の削減や認可車両の入手遅延が甚だしく、現有車両の酷使を余儀なくされただけでなく、主要資材および副資材の不足、修理品の欠如、修理施設の不備などによって修理能力も低下し、休車率が激増した。つまり、煙管、バネ鋼、アンチモン、鉛、銑鉄、外輪、自動連結器、鋳物品、なかでも鋼管類などの主要資材は新品の入手が極めて困難であったため、規格外品の使用、古チューブの再用などの対策が講じられていた。さらに、副資材も不足と品質低下を免れなかった。酸素、

カーバイド、コークス、石灰などの不可欠な副資材が不足し、材質も低下し、所期の作業能力を発揮できなかった。鉄路局によっては、電力会社の供給能力あるいは社内変圧器が不足し、修繕作業に蹉跌が生じた。

　さらに、線路保守でも、占領初期には戦災施設の応急復旧と増強工事が行われたが、すでに5ヵ年が経過したうえ、現地調弁の不可能な枕木の不足や鋼材の入手難のため、メンテナンスが充分に行われず、腐朽枕木、磨耗、レール破損などが多く発生した。例えば、枕木交換要求に対する交換実績の比率、すなわち実績率は1939年45％、40年34％、41年42％、42年50％、43年39％であって、ほとんどの時期にわたって50％未満であって、枕木腐朽が余儀なくされた。そのため、腐朽枕木数は1941年3,700千挺、42年4,200千挺、43年2,801千挺、44年には6,012千挺（予想）であった。その影響で列車運行の低速化がやむをえず、関連運転事故の件数も1941年の78件から、42年179件、43年387件、44年107件（4ヵ月間）へと急増した[26]。

　以上のような資材不足に対し、資材の節約、破損品の補修、代用品の利用、再用品の使用、死蔵品の運用が強調されたことは言うまでもない[27]。こうした資材運用は全社的に行われ、例えば、天津鉄路局管内では、①節約方法として砲車止に釘穴を設け繰返し利用（唐山站）、不用丸鋸を足踏式に改作して製材工の労費を節約（唐山工務段）、軸箱別夏冬標準量の制定、給油具の改善、軸箱縮小板の挿入などによって車両軸を節用（天津検車段）など、②代用品として使用済カーバイド粉末をガラス磨粉に代用、6ミリ鉄棒製貨車レリースパイル・ブハンドニに釘金を代用、古鉄柵を加工ケージ・タイロットに利用（唐山工務段）など、③廃品の活用としてスポイト式注油器で古車軸油を節用（天津用品庫）、古鉄線を利用し優良な電気溶接棒を製作（唐山鉄路工廠）、ハンコック油壺取付捻子部の折損されたものに真鍮成金して使用（天津機務段）など、④考案品として台車支持器、発動機運搬器、台車吊上器、軸箱内部検査器、車軸運搬機、バネ受台ボルト締付器、含油料運搬器の考案自製（天津検査段）、炭水車輪縁削正器を考案し車輪垂直磨耗による休車の減少（天津機務段）などがあった。

資材対応策は個別現場のみによって施されたものではない。1943年4月27日に諸種の土木建築、輪転材料、通信など全部門における資材節約、使用効率の向上、代用資材の利用を研究するため、既存の材料研究室を「総合的大研究機関たる鉄道技術研究所」を設置した[28]。同研究所は1係9研究室より構成されたが、そのうち、コンクリート研究室と土質研究室は旧材料研究室のセメントコンクリート、土質一般材料の4係を、材料化学研究室は旧工務局水質試験室と材料研究室セメント係の一部業務を、ヒマシ製油試験工場は旧総務局ヒマシ製油試験所を引き継ぐほか、車両、潤滑油、電気動力、機械、石炭自動車、石炭処理の6研究室は各現業部局より試験業務研究を引き継ぎ、研究室の整備拡充を行った。これらの研究成果によって、石材・レンガによるセメントの節用、カーバイトあるいは石炭自動車の運用、アルミ電話線の使用、コンクリート電柱などが可能となった[29]。

資材の確保が困難となるにつれて、資材確保に関わる物動などの業務はより重視された。華北交通が1年間に購入する資材は約24,000万円であって、そのうち対日期待物品はその8割に相当する2億円という多額に上った[30]。しかも、これらの資材は鉄鋼、鉛、錫、石油、綿・毛などと多種多様な物品にわたっていた。それらは「車両、橋桁の大より小にしては小さなボールトナットに至る」が、重点主義に基づいて各種の需給統制を行い、あらゆる資材が国家の統制のもとに置かれたため、資材ごとにそれぞれ異なる統制機関を経由して、資材の供給が行われることとなった。事実上、鉄道車両の場合、新造車両は当該計画より1年以上遅れてようやく入手できる車両数が多くなっていた[31]。そのため、日本内地では東京支社資材課と技術課を中心に割当切符に基づく資材の入手に努め、入手期間の短縮を図った。つまり、資材局より送付を受けた物動割当の枠内で、大東亜省の割当証明書を得てから統制会や販売会社との折衝、生産者や代理商との連絡をはじめ、商工省、北支那開発会社などへの側面的努力など「一瓩の資材に就ても同様なる活動」がなされた。

こうした資材の供給不足は人的資源の不足とあいまって、鉄道輸送力を大きく制限していた。次には人的資源の確保と運用において生じた諸般の問題点や

それへの対応策を検討してみよう。

②人的資源の運用再編

a．人的資源の量・質的低下と生活難

華北交通は「あらゆる設備・施設が資材の為思ふやうに充備され得ぬところに苦哀があり」、「施設の不備を補ふに人力を以てせねばならぬが、その人的資源さへも自由に得られぬのが現状」であった[32]。人的資源の確保も資材のように国家総動員法に基づく要員の統制令が実施されると、国家の統制下に置かれたため、東京支社総務課人事係が主体となって、監督官庁の厚生省や府県庁、国民職業指導所を訪ねて要員の割当供出を受けて夥しい人員拡充に「奔走」した[33]。

それにもかかわらず、日本人の新規採用は所要人員数を充たすほどの規模には至らなかった。日本人の新規採用は、1942年度8,077人、43年度5,801人に過ぎず、日本人社員は1942年12月に39,040人をピークとして以来、減少の一途をたどり、44年10月に34,222人へと減少した。44年度中には表4-2-6で見られるように、4,848人（女子986人を含む）が新規採用されると見込まれた。退職死亡4,636人（死亡1,070人、女子退職1,192人、男子病気退職1,052人、懲戒免576人、身上の都合486人、行方不明20人、以上は前年度実績による推計）[34]、入営1,942人（入営確定）、応召4,110人（推計）、合計10,668人の減少が予測された。加えて、業務量増加に伴う追加要員667人と河南新線（南部京漢線）の運営要員2,872名を考慮すると、日本人の不足は14,207人に達すると予測された。というものの、所要要員の日本人の採用は到底不可能であったのである。こうした「日本人従事員の採用難及入営応召等による青年社員の減少等会社中堅指導層を弱体化し輸送力に影響する処大なるものある」と判断された。

それを補うため、中国人の活用が積極的に考えられた。中国人の新規採用は1942年度に37,708人、43年度に28,783人であったが、44年度に入ると日本人採用不足人員11,137人を代替するための16,723人や、退職死亡者21,428人を含めて44,350人の中国人を採用すると見込まれた。しかし、日本人不足人員11,137

表 4-2-6　華北交通における1944年度の見込人員

(単位：人)

		日本人	中国人	計	記事
所要人員	1944年度当初定員	37,898	116,909	154,807	
	業務増所要人員	207	800	1,007	
	南部京漢線供出人員	2,872	3,312	6,184	
	計	40,977	121,021	161,998	
現在員	現在員	35,695	114,822	150,517	1944年5月末現在員
	退職死亡	4,636	21,428	26,064	
	入営	1,942		1,942	
	応召	4,110		4,110	
	計	25,007	93,394	118,401	
差引補充所要人員		15,970	27,627	43,597	
採用見込人員	日本人採用見込人員	4,848		4,848	
	中国人採用所要人員		27,627	27,627	
	日本人採用人員中中国人に代替		16,723	16,723	日本人採用不足人員の1.5倍
	計	4,848	44,350	49,198	
日本人採用不足人員		11,137		11,137	
年度末見込人員	現在運営線	26,983	134,432	161,415	
	南部京漢線	2,872	3,312	6,184	
	計	29,855	137,744	167,599	

出所：阿部嘱託『華北鉄道の概況』1944年12月。

人のうち4,418人は業務の性質上中国人に代えることが不可能であったため、できる限り河南新線の運営要員について、満鉄の支援を要請せざるを得なかった。また「中国従事員の補充に関しては強力なる労務統制を実施し重点的配分をなし所要数の絶対確保を図ると共に之が移動防止に関しては適切なる労務管理を実施し安定化を図る」ことにした[35]。このように、華北交通は1942年度45,785人、43年度34,584人、44年度49,198人（見込）という大量の採用を行ったのである。

そして、それまであまり注目されなかった女子従事員に対しても、労働力の供給源として認識し始めた[36]。女性社員の主な業務内容をみると、日本人女性社員は電話員、看護婦、タイピスト、弁事員、配給員、寮母などで、中国人女性社員は扶輪学校（社員子弟の教育を担当する会社附設学校）教員、警務手、

表4-2-7 華北交通における社員の民族別男女別推移

(単位:人、%)

		1943年4月		6月		8月		10月		12月		1944年2月		4月		6月	
日本人	男	35,321	25	35,456	25	35,097	25	35,276	25	34,883	24	32,925	23	32,075	22	31,896	21
	女	3,162	2	3,180	2	3,087	2	2,971	2	3,033	2	3,059	2	3,604	2	3,840	3
	計	38,483	27	38,636	28	38,184	27	38,247	27	37,916	26	35,984	25	35,679	24	35,736	23
中国人	男	100,692	72	100,780	72	102,964	72	104,317	73	105,533	73	105,804	74	111,105	75	115,239	75
	女	913	1	1,066	1	1,152	1	1,268	1	1,374	1	1,384	1	1,540	1	1,840	1
	計	101,605	73	101,846	72	104,116	73	105,585	73	106,907	74	107,188	75	112,645	76	117,079	77
合計	男	136,013	97	136,236	97	138,061	97	139,593	97	140,416	97	138,729	97	143,180	97	147,135	96
	女	4,075	3	4,246	3	4,239	3	4,239	3	4,407	3	4,443	3	5,144	3	5,680	4
	計	140,088	100	140,482	100	142,300	100	143,832	100	144,823	100	143,172	100	148,324	100	152,815	100

出所:華北交通株式会社運輸局「従事員日華人男女別月別趨勢表」1944年8月25日。

看護婦、自動車の車守、電話員、タイピストであった。そうした中、1943年11月より男子就業の制限禁止と女子勤労動員の促進案が決定されるに従って、華北交通でも各種カード事務、計算事務、審査事務、統計事務などで多くの女子の活用が期待された。とはいえ、平均勤続年数において、日本人女子は長くても2年には及ばず、結婚などの事由によって退職する場合が多かった。その反面、中国人女子は結婚後にも退職しなかったため、新しい労働力供給源として中国人女子が重視された。しかしながら、表4-2-7の男女別社員推移をみると、女性数とくに中国人女性数が若干増えたとはいえ、全体の従事員において女性が占める比率はほとんど変わらなかった。女性の活用がまだ本格化せず、女性従事員が多くなった日本国鉄とは異なる様相を示した[37]。

以上のように、労働力の流動化は日米開戦後深刻化し、その対策として中国人男性の大量採用が行われ、前掲表3-2-2で確認できるように日本人の社内比率は年々低下した。それを満鉄と比較してみると、営業1キロ当たり・人トンキロ当たり社員数は満鉄と華北交通がほぼ同じであったが、日本人の場合は華北交通のほうがより少なかった(表4-2-8)。満鉄に比べてそもそも日本人の比率が低かったうえ、入営・応召、勤務環境の劣悪さ、抗日ゲリラの攻撃によって労働力の流出が激しかったのである。因みに、華北交通は量と質の両面からの労働力の低下を避けられず、労働力の希釈化が満鉄より大きな問題で

表4-2-8　華北交通と満鉄の営業1キロ当たり・人トンキロ当たり社員数

		営業1キロ当たり社員数			1,000万人トンキロ当たり社員数		
		日本人	中国人	計	日本人	中国人	計
満鉄	1944年7月	5.20	13.30	18.50	13.02	33.42	46.44
華北交通	1月	3.26	14.63	17.89	8.40	37.70	46.10

出所：華北交通株式会社『輸送ノ現況ト輸送力確保対策』1945年2月。

あった。そうした中、1943年12月時点での国籍別従事員の勤続年数の構成をみれば、日本人は5年未満44％、5～10年未満35％、10～15年未満13％、15年以上8％、平均勤続年数5年5ヵ月で、中国人は新規採用者70％、旧従事員30％、平均勤続年数4年弱であった[38]。労働力の質的低下は現場労働力の主力となる中国人が甚だしかったことがわかる。

　人的資源の運用においても、戦時下の物資不足のため、労働力保全が充分に行われなかった。1942年4月の社員家計調査によれば、蛋白質を除く脂肪、炭水化物などが不足し、国民食の2,550カロリーと比較して130カロリー少なかった[39]。こうした食糧難もあり、荷物抜取の増加や無断欠勤が増えるなど、労働規律の弛緩現象が目立った。社員生計状態調査（後掲図4-2-2）によれば、1942年6月10日に華北緊急物価対策が実施されたにもかかわらず、1943年に入ってから実質生活費が急増し、名目賃金の引上げにもかかわらず、実質賃金が低下していた[40]。この現象は中国人でも同じであり、生活困難による現業員の欠勤率も多くなった（図4-2-1）。すでに1942～43年に現業部門の欠勤率が10％を超えたと考えられるが、1944年度以来、空爆の影響もあってますます高くなった。そのためにも食料事情を考慮し、現物支給制度を拡充し、従事員の待遇の抜本的改善を行わなければならなかった。

　華北交通はこうした人的運用の問題への対策として従事員の重点的配分、指導訓練の強化、食糧の確保など待遇改善を取り上げた。

b．配置転換と短期養成

　社員の大量採用や労務管理のため、人事担当部署は日本人担当の人事第一主

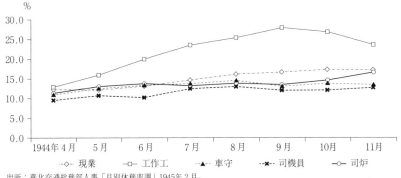

図4-2-1 華北交通における社員の月別休務率

出所：華北交通総務部人事「月別休務率調」1945年2月。

幹と中国人担当の人事第二主幹へと拡充され、採用、解雇、転勤、登格、昇給、表彰・懲戒などの任免に関わる諸般の業務を担当した[41]。そのもとで、限られた人的資源を効率よく重点的に配置する方策が取られた。

まず、社員の身分構成の変化（表4-2-9）をみれば、中間管理層の増加のため、准職員の比重が42年3月の8％から45年3月には12％へと増加した反面、職員の比重は同期間に11％から9％へと減少した。また、中国人の大量採用が続けられた結果、同期間雇員と傭員はそれぞれ32％→32％、49％→47％という依然として高い比重を示した。職場別従事員構成（表4-2-10）においては、輸送力発揮に直接的影響を及ぼす現業部門の比重が、1943年3月87.9％から44年7月89.1％へと若干大きくなった反面、本社・鉄路局の比重は12.1％から10.9％へと低下したことが分かる。1943年4月と11月の2回にわたる機構簡素化と業務統合を通して従事員を捻出し、輸送力の確保の観点から要員の配置転換を行ったうえ、現場を中心として新規採用を行った結果であった。

さらに、この変化を民族別にみると、まず、身分別配置率において日本人は雇員が減少する代わりに准職員が増えており、職場別配置率では本社・鉄路局が減少し、現業部門が若干増えた。その中でも、会社設立以来、その比重が持続的に上昇したのが、鉄道治安を確保するための警務要員であった。それに対し、中国人は身分別に傭員の比重が低くなって、雇員のそれが若干高くなって

表4-2-9 華北交通における社員の身分別配置率および占有率

要員数（人）

年月	1940年3月		1941年3月		1942年3月		1943年3月		1944年3月		1945年3月	
民族	日	中	日	中	日	中	日	中	日	中	日	中
職員	8,622	2,934	9,563	2,443	11,590	2,286	12,779	2,199	13,770	2,436	14,313	3,207
准職員	4,875	4,306	5,264	4,036	5,555	4,242	5,680	4,388	5,684	5,036	15,036	6,976
雇員	14,396	15,063	15,253	19,171	18,518	23,189	19,928	26,866	17,353	33,429	13,781	44,898
傭員	0	51,364	0	50,652	0	63,822	0	68,164	0	70,320	0	86,390

配置率（%）

職員	31	4	32	3	32	2	33	2	37	2	33	2
准職員	17	6	18	5	16	5	15	4	15	5	35	5
雇員	52	20	51	25	52	25	52	26	47	30	32	32
傭員	0	70	0	66	0	68	0	67	0	63	0	61

占有率（%）

職員	75	25	80	20	84	16	85	15	85	15	82	18
准職員	53	47	57	43	57	43	56	44	53	47	68	32
雇員	49	51	44	56	44	56	43	57	34	66	23	77
傭員	0	100	0	100	0	100	0	100	0	100	0	100

出所：華北交通『華北交通統計月報』各月版；華北交通『華北交通の運営と将来』1945年10月。
注：1．配置率は特定民族の身分（職場）別割合で、占有率は当該身分（職場）での特定民族の割合。
　　2．日本人雇員は嘱託（41年度83人、42年度96人、43年度82人）を含む。中国人傭員は嘱託と工役（41年度14,790人、42年度15,825人、43年度5,024人）を含む。

おり、職場別には本社・鉄路局の要員がむしろ若干強化された。現業要員の配置においても、一級線たる京山・津浦・京漢の3線1,808キロに最重点を置いて、二級線の膠済・東隴海・京包の3線および大同以東石太線996キロ、その他の三級線3,105キロの順で日本人を配置した。その際の不足人員は、既述のように本社本部、鉄路局本部などから輸送に直接関係のない部門の業務を簡素化し、または不急業務を圧縮・停止することによって捻出された。

次に、身分別占有率において日本人は雇員が低くなる代わりに准職員が高くなったのに対して、中国人は逆に准職員の比重が低くなり、雇員が高くなった。すなわち、戦時輸送の確実性を確保し、なおかつインセンティブ提供を強化するため、日本人に対してより多くの身分上昇の機会が与えられたのである。また、職場別には日本人の比重が低下する中で、中国人の占有率は現業、鉄路局、本社の順で大きくなった。というものの、それがただちに管理部門でも中国人の役割が大きくなることを意味しないことに注意しなければならない。なぜな

らば、1944年7月の職場別配置を見れば、本社本部では日本人の比重が依然として68％を占めたからである。すなわち、本社とはいえ、中国人の増加は主に病院、研究所など直轄機関で著しかったといわざるを得ない。さらに、現業部門においても、電気段やその他特定の技術水準を必要とする部門や生計所のような物資調達に関する部門では日本人の比重が高かった。職場内においても、日本人は站・段長および幹部ポストを掌握し、職場におけるイニシアティブを維持しようとした。機務段（表4-2-11）に限ってみると、副段長以上の幹部職が日本人によって独占されていたが、現場労働力は主に中国人によって賄われた。とはいうものの、1942年3月と1944年11月を比べると、中国人幹部が増えたことや、現場労働力としての日本人の比率が低下したことが確認できる。これは日本人の機務関係社員が減ったことによる結果である。

　以上の身分別・職場別従事員の配置率ないし占有率を検討することによって、より少なくなった日本人を身分別に中間管理層および現場上層部に、職場別には運営管理・計画および技術部門に集中的に配置し、華北交通の運営能力を維持しようとしたことは明確である。要するに、「日本人従事員の相当数の中堅幹部としての養成確保は戦地鉄道たるの件格に鑑み絶対必要なるを以て指導者たる得る人物の確保に関し格段の考慮を払う要ある」[42]という旨が要員配置において実現されたのである。

　配置転換とともに、「三人分二人扶持」が提唱され[43]、労働力の質的低下を防ぐための社内教育が強調された。養成担当の部署が日本人担当の養成第一主幹と中国人担当の養成第二主幹として拡充され、業務関係（運輸、機務、検車、自動車、機械、工務、電気など）の教育養成、社員留学派遣、学院・青年学校・扶輪学校の経営、さらに積極的練成として青年隊・新入社員の訓練にあたった[44]。そのうえ、養成に伴う登格試験、登用試験などの計画・実施、日本語・中国語の奨励なども管掌した。

　資料上は体系的統計がないため、日米開戦後の社内教育の全貌は把握できないが、断片的資料に基づいて全体像を推測してみよう。まず、鉄路学院についてみよう。日米開戦後、年齢制限のない専科、講習を除く本科、別科の場合、

表 4 - 2 -10　華北交通における社員の

系統別			1939年 4 月			1940年 9 月			
			日	中	計	日	中	計	日
本社本部			2,724	1,067	3,791	2,385	815	3,200	1,943
本社直轄箇所			668	572	1,240	1,124	636	1,760	1,494
鉄路局本部			2,594	3,130	5,724	4,438	3,201	7,639	4,720
計			5,986	4,769	10,755	7,947	4,652	12,599	8,157
現場機関	鉄道	站	2,787	9,438	12,225	3,697	12,559	16,256	3,599
		列車段	609	2,020	2,629	1,029	2,276	3,305	987
		機務段	2,705	9,930	12,635	3,491	11,906	15,397	3,375
		検車段	674	3,055	3,729	1,024	3,905	4,929	1,045
		工務段	1,401	10,981	12,382	2,179	10,683	12,862	2,245
		電気段	1,604	1,705	3,309	2,159	1,763	3,927	2,224
		鉄路工廠	1,193	12,411	13,604	1,469	12,496	13,965	1,413
		其の他	691	898	1,589	2,127	3,490	5,566	1,952
		計	11,664	50,438	62,102	17,175	59,078	76,207	16,840
	自動車		1,019	840	1,859	1,417	1,530	2,942	1,531
	水　運		—	—	—	384	552	936	412
	警　務		271	5,045	5,316	2,653	8,551	11,255	3,126
	生　計		—	—	—	—	—	—	14
合　計			18,940	61,092	80,032	29,576	74,363	103,939	30,080

配　置　率（％）

系統別			1939年 4 月			1940年 9 月			
			日	中	計	日	中	計	日
本社本部			14.4	1.7	4.7	8.1	1.1	3.1	6.5
本社直轄箇所			3.5	0.9	1.5	3.8	0.9	1.7	5.0
鉄路局本部			13.7	5.1	7.2	15.0	4.3	7.3	15.7
計			31.6	7.8	13.4	26.9	6.3	12.1	27.1
現場機関	鉄道	站	14.7	15.4	15.3	12.5	16.9	15.6	12.0
		列車段	3.2	3.3	3.3	3.5	3.1	3.2	3.3
		機務段	14.3	16.3	15.8	11.8	16.0	14.8	11.2
		検車段	3.6	5.0	4.7	3.5	5.3	4.7	3.5
		工務段	7.4	18.0	15.5	7.4	14.4	12.4	7.5
		電気段	8.5	2.8	4.1	7.3	2.4	3.8	7.4
		鉄路工廠	6.3	20.3	17.0	5.0	16.8	13.4	4.7
		其の他	3.6	1.5	2.0	7.2	4.7	5.4	6.5
		計	61.6	82.6	77.6	58.1	79.4	73.3	56.0

第 4 章　日米開戦と戦時陸運非常体制　153

職場別配置、配置率および占有率

(単位：人、％)

1941年3月		1942年3月			1944年7月		
中	計	日	中	計	日	中	計
760	2,703	2,234	671	2,905	2,018	942	2,960
685	2,179	2,566	906	3,472	1,937	2,279	4,216
3,105	7,825	4,987	2,437	7,424	5,509	4,105	9,614
4,550	12,707	9,787	4,014	13,801	9,464	7,326	16,790
13,519	17,118	4,116	14,627	18,743	4,011	20,115	24,126
2,551	3,538	1,020	2,791	3,811	815	3,268	4,083
12,673	16,048	3,509	12,220	15,729	3,413	17,132	20,545
4,478	5,523	1,137	4,197	5,334	1,079	6,715	7,794
11,135	13,380	2,323	10,606	12,929	1,990	14,794	16,784
1,945	4,169	2,473	1,963	4,436	2,377	3,328	5,705
10,641	12,054	1,526	10,759	12,285	1,546	16,862	18,408
2,186	4,138	2,789	2,552	5,339	3,819	5,692	9,511
59,128	75,968	18,893	59,715	78,606	19,050	87,906	106,956
1,944	3,475	1,525	1,891	3,416	1,426	3,027	4,453
974	1,386	526	1,098	1,626	182	1,199	1,381
9,685	12,811	4,004	11,479	15,483	4,363	18,313	22,676
21	35	843	554	1,397	1,097	1,276	2,373
76,302	106,382	35,578	78,751	114,329	35,582	119,047	154,629

1941年3月		1942年3月			1944年7月		
中	計	日	中	計	日	中	計
1.0	2.5	6.3	0.9	2.5	5.7	0.8	1.9
0.9	2.0	7.2	1.2	3.0	5.4	1.9	2.7
4.1	7.4	14.0	3.1	6.5	15.5	3.4	6.2
6.0	11.9	27.5	5.1	12.1	26.6	6.2	10.9
17.7	16.1	11.6	18.6	16.4	11.3	16.9	15.6
3.3	3.3	2.9	3.5	3.3	2.3	2.7	2.6
16.6	15.1	9.9	15.5	13.8	9.6	14.4	13.3
5.9	5.2	3.2	5.3	4.7	3.0	5.6	5.0
14.6	12.6	6.5	13.5	11.3	5.6	12.4	10.9
2.5	3.9	7.0	2.5	3.9	6.7	2.8	3.7
13.9	11.3	4.3	13.7	10.7	4.3	14.2	11.9
2.9	3.9	7.8	3.2	4.7	10.7	4.8	6.2
77.5	71.4	53.1	75.8	68.8	53.5	73.8	69.2

表 4-2-10（つづき）

自動車	5.4	1.4	2.3	4.8	2.1	2.8	5.1
水運	—	—	—	1.3	0.7	0.9	1.4
警務	1.4	8.3	6.6	9.0	11.5	10.8	10.4
生計	—	—	—	—	—	—	0.05
合　計	100	100	100	100	100	100	100

占　有　率（％）

系統別			1939年4月			1940年9月			
			日	中	計	日	中	計	日
本社本部			72	28	100	75	25	100	72
本社直轄箇所			54	46	100	64	36	100	69
鉄路局本部			45	55	100	58	42	100	60
計			56	44	100	63	37	100	64
現場機関	鉄道	站	23	77	100	23	77	100	21
		列車段	23	77	100	31	69	100	28
		機務段	21	79	100	23	77	100	21
		検車段	18	82	100	21	79	100	19
		工務段	11	89	100	17	83	100	17
		電気段	48	52	100	55	45	100	53
		鉄路工廠	9	91	100	11	89	100	12
		其の他	43	57	100	38	63	100	47
		計	19	81	100	23	78	100	22
	自動車		55	45	100	48	52	100	44
	水運		—	—	—	41	59	100	30
	警務		5	95	100	24	76	100	24
	生計		—	—	—	—	—	—	40
合　計			24	76	100	28	72	100	28

出所：華北交通株式会社『統計年報』各年度版；阿部嘱託『華北鉄道の概況』1944年12月。

注： 1．本社直轄は、東京支社、中央鉄路学院、鉄道警務学院、北京印刷所、用品事務所、鉄路農場、警路弁事処、鉄路監理所、鉄路学院、扶輪学校、鉄路医院、用品庫、鉄路苗圃、鉄路勧農場、林業所、繕所。自動車は、自動車営業所、自動車修理廠。水運は碼頭・碼頭事務所、航運営業所。警務は警
　 2．華北交通の現在人員（1944年7月）は、業務担当人員の他に、①港湾局（外局）人員の日本人1,029扱人員は、①非役の日本人4,048人、中国人23人、②応召の日本人2,725人、③傷病の日本人784人、人390人。

第4章 日米開戦と戦時陸運非常体制 155

2.5	3.3	4.3	2.4	3.0	4.0	2.5	2.9
1.3	1.3	1.5	1.4	1.4	0.5	1.0	0.9
12.7	12.0	11.3	14.6	13.5	12.3	15.4	14.7
0.03	0.03	2.4	0.7	1.2	3.1	1.1	1.5
100	100	100	100	100	100	100	100

1941年3月		1942年3月			1944年7月		
中	計	日	中	計	日	中	計
28	100	77	23	100	68	32	100
31	100	74	26	100	46	54	100
40	100	67	33	100	57	43	100
36	100	71	29	100	56	44	100
79	100	22	78	100	17	83	100
72	100	27	73	100	20	80	100
79	100	22	78	100	17	83	100
81	100	21	79	100	14	86	100
83	100	18	82	100	12	88	100
47	100	56	44	100	42	58	100
88	100	12	88	100	8	92	100
53	100	52	48	100	40	60	100
78	100	24	76	100	18	82	100
56	100	45	55	100	32	68	100
70	100	32	68	100	13	87	100
76	100	26	74	100	19	81	100
60	100	60	40	100	46	54	100
72	100	31	69	100	23	77	100

備犬育成所、鉄道外事警務班、保健科学研究所、建設事務所、包頭公所。その他は、鉄寧園事務所、旅館、乗車券印刷所、電信所、青島事務所、電気修理廠、営繕事務所・営務段、自動車警務段、水上警務段、生計は食堂営業所、構内食堂、生計所。
人、中国人1,767人、②定員外扱人員の日本人8,888人、中国人1,612人があった。定員外中国人133人、④養成中の日本人945人、中国人1,066人、⑤その他の日本人206人、中国

表 4-2-11 華北交通における職名別機務関係現業員配置

(単位：人)

職 名	1942年3月 日	1942年3月 中	1944年11月 日	1944年11月 中		1942年3月 日	1942年3月 中	1944年11月 日	1944年11月 中
段長	31		32	2	司機員	773	1,151	454	1602
庶務主任	5		8	1	学習司機員	175	238	127	446
運転主任	22	2	32	2	旗員	23	124	9	221
技術主任	8		7		司炉	266	1,887	250	2,429
庶務副段長	25	4	27	10	学習司炉	76	551	98	745
教育副段長			6	9	装修工長	102	84	126	87
経理副段長	13		26	2	装修（司）工	481	2418	325	3365
運転副段長	140	28	153	54	学習装修工				199
技術副段長	18	3	28	2	水塔（司）工	91	629	46	865
検査副段長	45		58	5	軌道車員	175		150	
装修副段長	32	1	46	3	警守	29	34	21	148
弁事員	124	146	152	206	機生（手）	219	3580	275	4,899
材料手（員）	148	366	147	435	煖気（司）工		56		72
技術員	84	27	97	43	炭水手長		48		70
準備員	153	111	151	145	炭水手		669		2,109
検査員	251	63	280	52	学習生				363
学習検査員			1		臨時工				44
給油員			100	17	合　計	3,509	12,220	3,232	18,652

出所：前掲『統計年報　第一編社務一般・経理・人事』1942年度版；華北交通総裁室総務部（人事）『華北交通会社従業員表』1944年11月。

教育対象となる日本人学生が軍務適齢に該当したため、教育規模が全体的に計画より少なくなった[45]。中央鉄路学院（1943年5月）では、本院に本科一部（日本人）130人[46]、二部（中国人）2年134人、1年60人、その他機務専科25人、計349人、東城分院に予科（中国人）104人、別科（日本人）240人、計344人、朝陽分院に自動車別科（中国人）71人、合計764人が「会社業務に必要なる教育及訓練」を受けていた[47]。前掲表3-2-13と比較して、本科における日本人の比重は必ずしも高くなかった。内容的にも、日本人学生は「自発的勉強といふ点に於ては、まだまだ発展の余地の大きいのを認めざるを得」ず、「学生個々の年齢や素養の程度が区々で」あった。また、中国人学生に対しても「日本語で担当の学科を説くのであって、その間に目に見えない種々の労苦や、工夫の必要が生れて」きたと指摘された。さらに、内部教育に対する済南鉄路学院長

の評価によれば、教育目標・方針・体制の不明確と不徹底、教育監督の不履行、人事・労務管理との教育の遊離、計画の貧困、人材および経理の不足などが取り上げられ、その改善が求められた。こうして、内部教育が戦時下で状況対応的に展開され、決して体系的に行われなかったことがわかる[48]。

　次に、鉄路学院以外にも現場と生活にわたるイデオロギー教化が行われた。日本人社員の場合は「生命的組織体の根幹中核」[49]であったため、その「素質練磨教養技術向上」に重点が置かれた。高等学校卒業以上の学歴をもつ日本人社員に対しては、入社とともに満蒙開拓青少年義勇軍訓練所すなわち内原訓練所で1ヵ月にわたる武道、体操、礼拝、農作業などの訓練を受けさせ、将来中堅層となる新入社員の日本精神の練磨・発揚を図ったのち、現地に配置された[50]。さらに、華北交通青年隊による練成がいっそう進められた[51]。初めは25歳以下の社員を本隊、大隊、小隊、分隊に編成し、次に隊員の範囲を拡充して26歳以上30歳未満の社員と、未成年の社員を加えて3段階に簡易化し、それを原則として職域単位に分隊、班を編成して、分隊をもって直接本隊を編成したが、1942年4月には従来の本部付制度を拡充して、いわゆる幕僚制度に改めた。すなわち、日本人青年13,000人（1943年2月）を対象として不動姿勢、行進、敬礼などの制式訓練や、夏季特別軍事訓練、海浜大幕訓練などの戦闘訓練を引き続き実施しただけでなく、日常的練成に力を入れることによって、生活と隊訓練の一体化を図ったのである。

　中国人の場合、新規採用が年間3～5万人に達し、既存の鉄路学院体制では新規採用者の事前教育や既存従業員の再教育を賄えなくなったため、主要站段には経験のない従業員を対象とする「短期養成」制度が実施された[52]。1942年6月には学習生制度が確立され、初等学校卒業の日中新採用者に対し、現場での業務実習と学科教育とを並行して行い、「2年間基本練成が施され優秀な子飼社員が育成されること」となり、1943年初には約1,800人が採用された[53]。そのうち、中国人厚生のために運営された扶輪学校の卒業者の約55％に当たる約460人が学習生として採用され、「父子相継いで交通業務に職を奉ずる」こととなった。このように、扶輪学校が、日米開戦後には新しい労働力供給源とし

表4-2-12 華北交通における人件費の構成（鉄道業のみ）
(単位：千円、％)

種別	1942年度		1943年度	
	金額（千円）	比率（％）	金額（千円）	比率（％）
基本給料	53,580	31.7	76,967	28.0
附帯給料	53,827	31.9	74,636	27.1
旅費	10,233	6.1	13,136	4.8
賞与金	20,028	11.9	22,490	8.2
退職慰労金	1,277	0.8	2,592	0.9
散宿料	9,620	5.7	10,820	3.9
現物給与	20,360	12.1	74,450	27.1
計	168,924	100	275,090	100

出所：華北交通株式会社『決算説明資料』（各年度版）
注：1,000円未満四捨五入法を用いるため、計に合致しないものもある。

て注目され始めた。扶輪学校は1943月3月に39校、生徒数13,000人で、会社設立以来の卒業生2,600人に達したが、そのうち60％が華北交通に採用された。

それのみならず、華北交通は専門家の委託養成や語学の奨励を引き続き実施した[54]。

1943年3月に幹部およびエキスパートを養成する留学派遣制度が設けられ、派遣生は45人に達した。さらに奨学・人的資源の確保の見地より委託学生制度も設けられ、108人の託学生が指定された。同4月より給費生10人（機械科7人、電気科3人）が華北高等工業学校に送られることとなった[55]。その一方、語学の奨励も依然として重視され、1943年3月に語学試験を基準とする語学学習者は中国語約880人、日本語約9,400人に達した。

以上のような社内教育にもかかわらず、広範囲で進行する労働力の質的低下を止めるのには限界があったといわざるを得ない。

c.「現物給与」の拡充

華北交通は既述のように「金銭給与」以外に生計所、社員炭、被服、無賃乗車証、割引証などの「現物給与」を通して戦時下の生活難に対処した。表4-2-12をみると、自動車と水運を含まない鉄道に限られたデータであるが、基本給料や附帯給料など以外にも、現物給与が人件費次元で策定されていた[56]。現物給与の華北交通賃金体系における役割を理解するため、現物給与を除いた金銭給与をもって、鉄道関係社員1人当たり実質賃金を推計してみると[57]、実質賃金は1942年1,295円、43年度859円となり、1942年度を100とする指数では

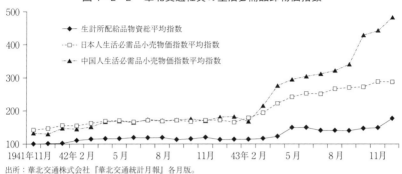

図 4-2-2　華北交通社員の生活必需品卸物価指数

出所：華北交通株式会社『華北交通統計月報』各月版。
注：1．1941年10月15日を100とする。
　　2．生活必需品小売物価指数は市中小売最低価格を採択し、日本人は179品目、中国人は131品目を選定。

1943年度は66へと低下した。図4-2-2で1943年度に入ってから生活必需品小売物価、なかでも中国人の小売物価が急激に上昇したことが見られるように、日本人社員より中国人社員の生活困難がよりいっそう深刻であった。もはや金銭給与のみによっては生活維持が到底不可能であった。これに対し、華北交通は現物給与を拡張し、その比重を1942年の12.1％から翌年の43年には27.1％にまで引き上げ、生活水準の悪化を防ごうとしたのである。

まず、食糧をはじめとする各種の生活必需品の調達が現物給与の形態で行われたことを念頭に置いて、その重要性が益々大きくなった生計所（社員および家族用生活必需品の販売機構）の配給について検討してみよう。華北交通は既述のように生計所の直営化によって生活必需品の配給を拡充した。日本製品の場合、輸入組合を経由せず、天津、青島で商品を受け取ってからその仕入原価に最小限度の諸経費を一定率上乗せして配給単価を決定し、廉価の配給品を供給した[58]。また、現地調弁品の場合でも、輸入品と同じく最小限の経費を一定率上乗せして配給価格を決定した。ところが、物資調達において資源的制約が厳しくなると、配給品は70品種に制限されることとなり、「生計所の配給量の多少、配給方法の便不便、生計所利用者カードの云々に対するご批判」が生じた。これは会社生計所の問題というより、華北全体の物資不足が甚だしくなる

中、居留民配給制度が全体的に厳しくなった結果であったことは言うまでもない。これに対し、天津仕入係員をはじめ東京、大阪の駐在員、各地の倉庫従事員が配置され、「奮闘努力の推進」があったものの、生活必需品の不足は深刻化するのみであった。その中でも、最も懸念されたのが食糧であった。

　華北は戦前にも食糧の自給ができず、オーストラリア・カナダから小麦粉を、蒙古・満州から雑穀を数十万トン輸入していた[59]。それが海外より供給されなくなったため、華北の食糧不足は深刻化せざるを得なかった。そのため、1943年に北支那開発会社のレベルで開発糧穀組合を設置し、傘下会社の従事員に食糧を配給することになると、華北交通は本社に糧穀収買班を設けて（1943年8月）食糧の割当配給を開始した。同年11月には糧穀収買班を糧穀収買部として拡充したうえ、本社に生活部を新設し、さらに鉄路局でも総務部に生計課を新設して現物給与を強化した。生計所は農場経営を通して生鮮食料品などの自家生産や委託生産に全力を傾注した。各現場では業務上支障を起さない範囲で、敷地内の空地を探し出し、野菜などの食物を栽培し始めた。さらに、1943年に北京の物価指数が1936年を100として1,382を示すと、従事員の給与は物価連動制が適用され、物価指数により給与改正が行われた[60]。

　なお、1944年度に入ると、食糧をはじめとする生活必需品の窮乏が激化したため、北支那開発のレベルで開発糧穀組合の代わりに開発生計組合が設立され、北支那開発傘下の国策会社の職員を対象として生活必需品の購入、貯蔵、生産加工および配給を統轄して行った。それによって、華北交通の生計所の運営や生活必需品の調達が開発生計組合に連動して行われた。また、華北交通は食糧輸送の重要性に鑑み、1943年8〜10月の華北新建設促進期間中には食糧の集荷配分に協力した[61]が、なおかつ、44年6月には本社運輸局に食糧運輸部を新設し、各鉄路局には食糧輸送班を設置して開発生計組合の糧食収買業務を支援した。

　次に、1944年度を中心として華北交通の現物給与対策について検討しよう（表4-2-13）。「生活安定方策」として、華北交通は現物給与機関たる配給所を設け、生活必需品の切符配給制度を実施し、社員生活の安定を図るとともに、

第4章 日米開戦と戦時陸運非常体制 161

表4-2-13 1944年度の現物給与対策の主要項目（1945年1月31日）

(単位：千円)

項目	年間経費	本年度経費	項目	年間経費	本年度経費
生活安定対策	1,192,247	450,680	輸送緊急対策	76,739	55,110
生活必需品配給切符	658,665	265,763	二割増送褒賞及特別現物給与	33,677	33,677
会社給食	186,930	43,328	車両整備強化奨励金	1,312	1,312
野菜の現物給与	7,271	7,271	空襲被害総裁見舞金	1,156	385
中食用糧穀の現地調弁	56,108	14,108	機関車乗務員保険金給付	1,390	348
春節特別手当	16,000	16,000	勤務手当改正	9,866	3,289
電気・水道料社費負担	12,080	7,046	工廠作業手当	8,004	2,688
臨手・臨補の改正	92,000	23,000	夜間勤務者夜食支給	2,265	661
食用油外現物給与	25,009	12,505	春節麺粉食用油現物給与	5,200	5,200

出所：華北交通株式会社『輸送ノ現況ト輸送力確保対策』1945年2月。
注：生活安定対策と主要項目の合計は資料上合わない。輸送緊急対策の場合も同様である。

職場給食の実施を通して職員の体力保持に努めた。①生活必需品配給切符制：衣料および副食物の急激な騰貴に対処するとともに、社員の生活を積極的に安定化させるため、配給券による生活必需品配給切符制を実施した。②職場給食制度：合理的保健食の職場給食を実施し、社員体力管理を強化するため、いち早くから日本人を中心に実施してきたが、それを全社員に対する給食制として1944年11月10日に拡充した。③野菜・魚・肉の現物給与：現物の獲得に応じて臨時的に実施した。④臨時手当及臨時補給律貼の改正：日本人に対して臨時手当、中国人に対して臨時補給津貼を増額し、生計費の増加に対処しようとした。

「輸送増強対策」としては、1944年度中に55,100万円（見込）の特別給与を実施した。①二割増送褒賞別現物給与：2割増送のために現場従事員に対して麺粉、軍手、軍足などのような現物を給与した[62]。②夜間勤務者に対する夜食支給：夜間作業能率を高めるため、夜間勤務者に対して、夜食または栄養口糧を支給した。③作業手当の改正：現場作業の能率増進のため、作業手当の増額を実施した。その他、現場従事員に対する軍手・軍足の現物給与、機務段の機関車甲検奨励金、輸送力増強特別褒賞金、車両整備強化奨励金、鉄路工廠有奨作業給与制、空襲・匪襲による死亡・障害社員に対する総裁見舞金、機関車乗務員に対する空襲・死亡・傷害保険給与、自動車営業所有奨給与制、中国人社員に対する春節用麺粉などのインセンティブが提供された。その結果、人件費

は1943年度の45,000万円から1944年度には264,000万円（見込み額）へと急増したのである。

　こうした現物給与も、金銭給与と同様、民族別（日中）、身分別（部所長および参与副局長、箇所長および参事、副参事、職員、準職員、雇員、傭員）、地区別（甲・乙・丙あるいは大都市・一般地）、家族有無などの基準によってきめ細かくデザインされ、もとより日本人を中心として運営された[63]。例えば、1944年5月より実施された生活必需品切符の場合、日本人が職員（有家族）1,800点、準職員（有家族）1,500点、雇員（有家族）1,200点であったのに対し、中国人は職員（有家族）800点、準職員（有家族）500点、雇員（有家族）400点であった。会社給食制においては、甲地区の日本人が朝食0.80円、昼食3.00円、夕食3.00円、夜食1.00円であったが、中国人はそれより低い朝食0.50円、昼食1.00円、夕食1.00円、夜食0.80円であった。家庭燃料となる薪でも、日本人は有家族者25kg、単独身者10kgであった反面、中国人は有家族者のみが10kgであった。このような現物給与体系は身分、住居環境の優劣などを考慮した合理的な側面もあったが、身辺安全が常に脅かされる占領地での外地生活を勘案し、華北交通は日本人に対して賃金差別ともいえるほどの強いインセンティブを与えた。その中で、中国人の生活水準の低下がいっそう進んだとも考えられる。

　その他にも、社員宿泊所（社員会館と改称、創業当時の1939年4月の5ヵ所→43年3月の13ヵ所）、社員休養所（1ヵ所→3ヵ所）、図書室（5ヵ所→9ヵ所）が増設され、社員の福利厚生が図られた[64]。業務量の増加や食料不足のため、従事員の体力低下が著しくなると、華北交通は1943年4月より社員の体育管理業務を社員会から会社に全面的に復帰させたうえ、同年9月17日には「社員体力管理に関する規程」を制定し、社員の体力を積極的・計画的に管理することとなった。まず、16～25歳の男子社員や、17～20歳の女子社員を対象として体力検定を実施、社員の体力基準表を作成し、体力検定の最低合格基準を置いた。所定の健康診断の結果によって虚弱者として判断される社員に対しては、積極的に治療を受けさせた。社員の体力増進のため、体操、武道、角道、

国防競技、射撃、馬術、水泳の7種社技を指定し、「体力練成」を促した[65]。その一方、従来のように、鉄路医院の増設や保健要員の拡充に力を入れるとともに、保健科学研究所においては「予防医学だけでなく、社員の健康増進、食の問題、住の問題」からも研究を進め[66]、1943年11月には8研究室および1係への機構拡充を見た。

　以上のように、華北交通は労働力の流動化とその不足に対して日本人中心の配置転換や、大量採用者を対象とする「短期養成」を進めるとともに、「現物給与」の拡充によって、インセンティブ提供を拡充しようとした。しかしながら、それが労働力の質的低下や労働規律の弛緩を止めるのには限界があった。

2）輸送効率化の限界と輸送統制の強化

　華北交通は資材難、要員難という「不足の経済」のため抜本的施設投資による輸送力強化が不可能な状況に鑑み、現有の経営資源をもって最大の輸送力を発揮しようとした。それは既存の輸送効率化や輸送統制を強化する形とならざるを得なかった。

①輸送効率化とその限界

　「輸送力とは、種々の補給部隊が恰も時計の歯車のやうに緊密に噛み合って、一つの鉄道輸送といふ行動となって現れる組織の力である」[67]。そのため、華北交通は車両運用を中心として、内部資源を投入し、輸送単位の増大と輸送回数の向上による総合的輸送力の増強を図った。

　ここでは、鉄路工廠や機務・検車段を中心に展開された車両修繕が日米開戦後、とりわけ陸運転嫁輸送が始まってからどのような状況に置かれたかを検討する。

　既述のように、戦災を被った修繕施設を復旧したあと、華北交通は鉄路工廠の定期検査システムの構築によって修繕在廠日数を短縮し、修繕能力を強化することができた。さらに、機務段の甲検実施や検車段の新設をともに断行し、休車両数の低下と使用両数の増加がもたらされ、車両の不足を大きく補うこと

ができた。こうした対応は日米開戦後にも続けられ、鉄路工廠の一般修繕をみると、1942年度に機関車407両、客車842両、貨車4,631両に達しており、修繕計画に対する実績率は機関車100.5％、客車91.0％、貨車67.6％であった（表3-2-15）。1941年度に比べて全般的に成績がよくはなかったものの、機務段と検車段の修繕能力を強化することによって、車両の運転効率が改善された。

とりわけ、機関車の場合、鉄路工廠が3年目ごとに行う一般検査のほかにも、機務段において機関車の始業1回ごとに外部を見回って行う日常検査、機関車が10日走ると1日休んで行う丙種検査、1ヵ月ごとに1回休んで行う乙種検査、6ヵ月ごとに3～7日休んで行う甲種検査が実施された。甲種検査は従来5～10日もかかり、この検査日数の遅速が機関車の休車率、ひいては輸送力の増減に影響するほど重大なものであった。機関車の休車を1日でも短縮できれば、1ヵ月に10両の甲検を行っている機務段では、1日の短縮で10本の列車を余分に運転できる。こうした甲種検査の所要日数が済南機務段の作業合理化によって3日間に短縮されることとなった。機関車1両当たりの1日走行キロの向上、休車率の減少が焦眉の急として叫ばれ、本社の機関車主管からは、甲検所要日数を短縮せよと要望された。1942年5月、天津北站において本社主催の「甲種検査出来高研究会」が開催され、質的向上と日数短縮が天津・済南機務段の機関車を俎上に研究討議された[68]。

大堀段長は鮮満の鉄道を視察して帰ると同時に、関係幹部と協議し、その準備にかかった。まず、三日甲検を目標とし、従来とは異なる新しい作業方法として、①各種修繕作業の機械化、②立体的な修繕作業の確立、③各種検査作業の簡易化の3点が取り入れられた。すなわち、車軸の摺合せ作業における機械運搬、ソーダ槽による部品清掃のように作業の合理化を図るとともに、既存の作業場に2階職場を3ヵ所設け、上回り部品、缶関係部品の修繕は全部階上で行った。他にも、精密作業用道具の考案、検査台の設置なども進め、作業の立体化、機械化を図った。それに合わせ、関係従事員の技術練磨も進め、1942年8月には検修会を開催し、解体・加修・組立の3つの作業グループに分け、リレー式に検査・修繕作業を実施した結果、三日甲検が可能であると判明した。

1942年11月25日から6日間、豊台機務段において第2回本社主催「甲種検査出来高研究会」が開かれ、済南機務段の3日甲検が報告された。同年12月15日から4日間、済南機務段の甲検を俎上に乗せて「機関車甲検日数短縮並に作業合理化に関する研究会」が開かれ、済南機務段の3日甲検が全社的に広がることとなった。

　この結果、図4-2-3と図4-2-4のように、機関車の休車率は1941年度の15.1%から1942年度の14.0%へと低下しており、機関車の1ヵ月平均故障件数も同期間中に79件から73件へと少なくなった。貨車の場合でも、鉄路工廠の一般修繕の実績率は前年度に比べて低下したものの、検車段においてほぼ同様の工夫が行われ、貨車の休車率も同期間8.6%から7.5%へと低下した。ただし、戦時輸送の重点が貨物輸送に置かれただけに、客車修繕能力の改善には力が注がれず、休車率は1941年に8.5%から1942年に8.6%へとあまり変わらなかった[69]。

　ところが、1943年度に陸運転嫁輸送が開始すると、華北交通は車両修繕能力の低下を余儀なくされた。新造要請車両数が削減され、さらに認可車両の入手もずいぶん遅れてしまった反面、貨物輸送の長距離化が進んだため、「増積、増牽引、検車期間の延長」（後述）などによる現有車両の酷使を避けられず、図4-2-4のように、車両の故障が大幅に増えた。機関車の故障件数が1943年9月より急増し始め、列車運行や工廠の修繕作業にとって大きな負担となったのは言うまでもない。ただちに車両の故障を意味するわけではないが、ゲリラ攻撃や施設保守の不徹底が運転事故となっていると判明した。1ヵ月平均運転故障件数は1942年度に982件から43年度に1,237件へと増えたが、そのうち「匪害」と枕木不良による事故件数は、同期間中それぞれ49件→71件、15件→44件へと急増した[70]。すなわち、1942年度を100とすると、1943年度には運転事故件数は126であるのに対し、「匪害」と「枕木不良」はそれぞれ141、293であった。

　こうして、事故や故障が増えつつあるにもかかわらず、「油脂類の不足、修理品の欠乏、修理施設の不備、大破損車の増加、工作要員の不足等により修理能力の低下を来たし車両の休車率は激増した」[71]。まず、機関車の休車率をみ

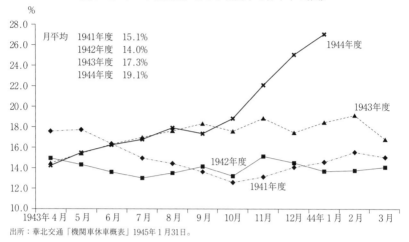

図4-2-3 華北交通における機関車の休車率の推移

出所:華北交通「機関車休車概表」1945年1月31日。

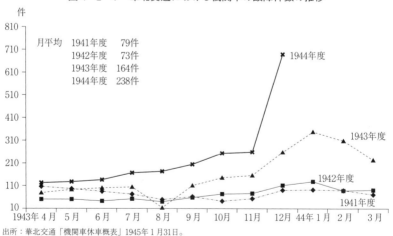

図4-2-4 華北交通における機関車の故障件数の推移

出所:華北交通「機関車休車概表」1945年1月31日。
注:1メートル狭軌機関車の故障発生件数を含む。

ると、1943年4月の14.4％から、5月15.5％、6月16.3％、7月17.0％、8月17.8％、9月18.4％、10月17.8％、11月18.8％へと増加した。次に、貨車の休車率は同期間中6.0％から、6.6％、6.8％、7.3％、7.9％、8.6％、8.5％、8.5％へと増加した[72]。こうしたことから、休車率は1943年4〜5月まで良好であったものの、その後機関車や貨車とも7〜8月より急速に上昇したことがわかる。そこで、「機関車13％、貨車4％の努力［休車率の低下：引用者］目標達成」は現実性を失ったものとならざるを得なかった[73]。

　さらに、このような修繕能力の低下は車両の運用効率の低下を伴った。配車能力においても、陸運転嫁輸送が開始する以前は良好な状態を示していた。とりわけ、華北交通は1942年4月から6月にかけて、日本内地に呼応して戦時輸送強化期間を強力に実施し、鉄道・自動車および水運全般の総合的輸送能率の向上を図って、戦時下国防産業の原動力としての石炭をはじめとする重要資源輸送の完遂に重点を置いた[74]。それに従って、対内的に各局担当責任者の打合会を開いて、荷役および構内作業の再検討、社用品の輸送の改善強調などの合理化を進めるとともに、対外的には対外関係諸機関に積極的援助を依頼するほか、荷主懇談会、税関懇談会などを開催し、計画輸送に対する協力を求めた[75]。

　その結果、1942年4月上旬の実績をみると、貨物発送トン数は対前年度7％増の好成績をあげた。これは前年に比べて現在車406両、運用車240両いずれも減じているにもかかわらず、使用車は280両を増し、運用車に対する使用車の割合は3％増加していた。また、中旬においては、対前年発送トン数が13％増を示したが、これも現在車が311両、運用車が198両減ったにもかかわらず、使用車は374両増加したため、その運用車に対する割合は同じく3％向上した。その結果、図4-2-5でみられるように、1942年には運転率84.3％、配車比率75.3％、運用効率32.8％を記録した。1941年度に比べて貨車配車の比率が大きく改善されたのはいうまでもなく、運用効率が向上したのである。

　しかしながら、1943年度に入ると、車両の運用状態は一挙に変わった。戦時陸運非常体制にあたって、既述のように、華北交通は「鉄道運輸業務方針」を決定し、具体策として車両諸効率の向上、作業能率の増進、事故の絶滅などを

図 4-2-5 華北交通における貨車の運転率、配車比率および運用効率

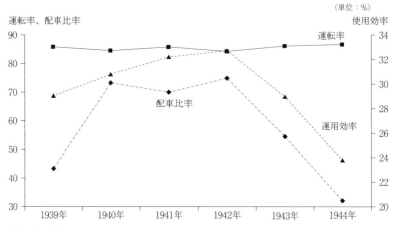

出所:前掲『華北交通の運営と将来』。
注: 1. 運転率＝(報告面運用現在車数／報告面現在車数)×100
　　　 配車比率＝(使用車数／所要車数)×100
　　　 運用効率＝(使用車数／報告面運用現在車数)×100
　　2. 標準軌を基準としたもの。

進め、「いやしくも業務能率の昂上に役立つ余地あらば躊躇なく之を実行に移す」こととした。とはいえ、トン当たり輸送距離が1942年の267キロから1943年の292キロへと伸びるに従って、所要運用車（標準軌間）が1942年の4,904両から1943年の6,586両へと増えたため、貨車運用効率の低下は避けられなかった。すなわち、1943年に運転率は86.1％を記録し、むしろ1942年の84.3％に比べて良くなったが、配車比率と運用効率はそれぞれ54.8％、29.0％へと大きく低下せざるを得なかった。陸運転嫁輸送の開始は、華北交通にとって車両の不足を増幅させたのである。

　こうして、車両回転の向上によって車両不足を緩和してきた従来の方式が難しくなったことから、華北交通は輸送単位の長大化を図って、運用効率の低下を補おうとした。要するに、貨車「増積」や機関車「増牽」を通して、貨物列車の輸送トン数を増やしたのである。まず、増積は1940年7月以来に実行されてきたが、日米開戦後にそれを拡大し、1車平均貨車積載トン数が1941年の28.6トンから1942年には29.0トンへと増大した結果、増送トン数が2,022千トンで

表4-2-14　貨車の増積実績

(単位：トン、％、千トン、両)

期別	1車平均貨物容量トン数	1車平均貨物積載トン数	容量トン数対積載トン数％	増送トン数（千トン）	捻出貨車数（両）
増積実施以前	27.8	27.0	97	—	—
1940年度（7月以降）	27.9	28.4	102	1,113	431
1941年度	28.0	28.6	102	1,817	674
1942年度	28.3	29.0	103	2,022	724
1943年度	28.6	29.0	101	2,000	715
1944年度	28.4	29.9	105		

出所：華北交通株式会社「運輸問題」1943年；交通通信省石田参事官・森田書記官・大東亜省好井技師「北支鉄道輸送視察報告（其の一）」1944年5月19日；華北交通『華北交通の運営と将来』1945年10月。
注：1943～44年度の1車平均貨物容量トン数及び積載トン数は準軌貨車の運用成績によるものである。

表4-2-15　機関車の増牽状況（1943年1月10日より実施）

線別	区間	1月以前牽引定数	1月10日以降牽引定数	年間輸送力増強
京山	豊台・塘沽	41両	47両	320両
津浦	臨城・天津	41両	45両	240両
膠済	青島・張店	38両	40両	160両

出所：華北交通株式会社「運輸問題」1943年。

あって、それによる捻出貨車数は724両に達すると計算された。その後も「物資別貨車別最高積込標準量」の設定による増積の励行が続けられ、1943年度は前年度に比べて増積実績が若干低下したが、1944年には1車平均貨物積載トン数は29.9トンに達し、容量トン数に対する積載トン数の比率は105％を示した（表4-2-14）。次に、機関車の牽引貨車数をみると、対日物資や大陸間交流物資の南北輸送経路となる京山・津浦・膠済の三線において、1943年1月10日より5～15％の「増引」を断行し、年間72万トン、機関車10両分の輸送力を捻出した（表4-2-15）。

また、見逃してはいけないのは、貨車の運用効率を高めるため、貨車の停留時間の長かった特定会社の専用鉄道に対して華北交通による一元的運営が断行されたことである。1943年度下半期以来、貨車停留時間は前年同期に比して、2時間半以上も上回っていた。なかでも、表4-2-16のように専用鉄道による貨車積卸作業の効率は非常に悪く、貨車の停留時間が20～30時間も掛かってお

表 4-2-16　専用鉄道所在站における貨車停留時間（1943年度末）

(単位：時間)

站	古冶	唐山	秦皇島	磏山	井陘炭鉱	口泉	宣化	新城	棗荘	平均
専用鉄道名	開灤炭鉱	開灤炭鉱	開灤炭鉱	北支製鉄	井陘炭鉱	大同炭鉱	龍烟鉄鉱	太原鉄廠	中興炭鉱	
時間	31.8	28.5	19.0	61.3	19.6	18.3	30.1	27.1	12.1	25.5

出所：交通通信省石田参事官・森田書記官・大東亜省好井技師「北支鉄道輸送視察報告（其の一）」1944年5月19日。

り、もっとも短かった中興炭鉱の棗荘站でも、12.1時間がかかり、華北交通の直接管理していた炭鉱站20ヵ所の平均11.0時間よりは長かったのである。そのため、専用鉄道の構内作業の遅滞は石炭が全輸送貨物の約5割を占めていただけに、華北交通の鉄道運営の効率化を妨げることとなった。その他、専用鉄道は鉄道技術者の不足、線路用品・輪転材料の確保困難のため、鉄道施設が貧弱で、なおかつその線路保守も不良であって、「五年計画ノ出炭数量に対して満足ナル送炭ヲ為シ得ナイ実情」にあった[76]。

その反面、華北交通運営下の北京市の前門站においては、到着貨物の取卸作業班、発送貨物の積込班、列車取扱の運転班の各部門の連携を密にし、早朝に前日の成績を見て予定の作業ができなかった部分については、徹底的に原因を突き止めて改善して行くことにした。その6ヵ月後の1943年12月には貨車の停留時間が着任当時の26時間から13.5時間へと短縮でき、貨車の運用効率からみると、1日20両以上の貨車が生み出され、600余トンが余分に輸送されることとなった[77]。さらに、1944年5月より小口混載扱制度を改善強化し、小運送業者たる華北運輸は混載扱貨物の駅務代行をなし、小口扱の合理化と取扱の改善に努めた[78]。

こうした経験に基づいて、専用鉄道の一元運営が決定され、列車計画と貨車積卸計画との一致を図った。それによって、貨車の停留時間が現在の25.5時間から12.2時間へと短縮されると見込まれ、13.3時間の短縮によって年間227万トン、貨車700両の捻出が期待された。これらの措置を踏まえて、華北交通は1943年11月の職制改革においては能力班を新設し、「社業能率の飛躍的向上を目ざし作業・事務の両部門に亙る根本的合理化・改善化を工夫立案」することにした[79]。

表4-2-17 華北交通の1日平均列車運行キロ数

(単位:キロ、%)

年度	旅客		混合		貨物		その他		合計	
1938	11,907	27.6	3,757	8.7	15,780	36.6	11,639	27.0	43,082	100
1939	13,178	22.7	6,498	11.2	16,698	28.7	21,758	37.4	58,131	100
1940	16,240	21.3	8,856	11.6	39,934	52.3	11,268	14.8	76,297	100
1941	28,933	27.1	9,476	8.9	56,828	53.3	11,432	10.7	106,669	100
1942	34,835	29.0	9,106	7.6	64,047	53.4	11,996	10.0	119,984	100
1943	38,838	31.2	9,940	8.0	62,540	50.2	13,198	10.6	124,516	100
1944	28,332	29.7	8,014	8.4	52,115	54.6	7,045	7.4	95,507	100

出所:前掲『華北交通の運営と将来』。

ところが、以上の措置によっても輸送力の確保が充分とはいえず、華北交通は輸送動態に対して厳しい統制を加えざるを得なかった。

②貨物超重点主義と会社経営の悪化

既述のように、統制物資の輸送をみれば、「北支那輸送統制本部」を頂点として輸送サービスの供給者たる華北交通運輸局と、需要者たる配給統制機関の間に輸送力の事前的配分が行われ、計画輸送が実施されていた。そこで、陸運転嫁輸送が実行されると、貨物超重点主義に基づく旅客列車の運休が断行されただけでなく、地場貨物の抑制も余儀なくされた[80]。

表4-2-17の列車運行キロの動向からわかるように、華北交通は輸送力の配分において戦時下貨物列車の運行を重視してきたが、さらに陸運転嫁が決定されて以来、連絡団体乗車船券の発売中止などを通して、団体旅行についての制限を強化した[81]。1944年1月30日に至っては、物資輸送の増強を図るために釜山・北京間の国際旅客列車「大陸」をはじめ、18本の旅客列車を縮減するとともに、寝台車・食堂車を廃止・縮小した[82]。こうした旅客列車の運休や客車新造の抑制によって、座席使用効率は1943年度平均75〜80%に達し、華北交通は日本国鉄42%、満鉄51%に比べて超満員輸送を敢行した。そして、1列車平均乗車人数は1942年292人から43年339人、44年340人へと増えた[83]。結果的には、旅行目的の明確化を要求して中国現地民の旅行を大幅制限したうえ、さらに中

国人の生活と密接な関連をもつ一般貨物を「不要不急」を理由として抑制したのである。その結果、「民需物資の欠乏は食糧に不安感を与えると共に物価高騰に拍車を加え治安確保上憂慮すべき状況」となった[84]。

　輸送力の事前的配分においても、単に計画の作成が華北現地に限られずに、対日物資の輸送計画はもとより、鮮満・華中南との交流物資の輸送計画が決定され、優先的に実行された。この点で、華北交通は戦時輸送強化のために水・陸・空にわたる全面的一体化を図り、1943年11月に鉄道担当の運輸局、自動車局、水運局の３局を打って一丸として新しい運輸局を設置した[85]。また、対外的にも中央の諸機関に連絡し、その指示を得て陸送転嫁の鉄道運営にあたらなければならなかった。中央機関との関係を見ると、企画院は日満華を一体とする交通の総合調整に当たる官庁であり、鉄道省はその政策を現実に運営する官庁であった。参謀本部や陸軍省は現地の方面軍や野戦鉄道司令部とともに「戦ふ鉄道」の直接監督機関である。その他、経済関係では大東亜省をはじめ大蔵省、商工省、農林省、逓信省などと不断の連絡を取らなければならなかった。その窓口となったのが、大陸では既述の大陸鉄道輸送協議会であり、日本内地では鉄道、自動車、水運、港湾営業に関する関係機関との連絡や調査を担当する華北交通の東京支社交通課であった[86]。

　こうして、華北交通の鉄道運営は物資動員によって規定される生産計画と「理念的」に密着したことから、貨物取扱方法も複雑多岐化した。ところが、輸送実態は生産計画と乖離しながら進行するものであった。まず、日本内地の中央政府との関係においては、「中央側の現地への要請と現地輸送計画樹立の間には時間的齟齬」があり、海陸一貫輸送の面でも「配船計画通知」「電報連絡は前月下旬にて輸送計画までに間に合わ」なかったため、鉄道輸送と船舶輸送との乖離が生じたのである[87]。次に、華北内でも、実際の生産動態は輸送計画の遂行に蹉跌を呼び起こし、鉄道運営の効率性を損なった。因みに、①石炭生産の波動性、②「囲積」（滞積）、③重複輸送、④作戦輸送という４点が、1943年度の計画輸送を困難とした原因として取り上げられたのである。すなわち、①炭鉱労務者の不足、資材難、電力難、山元の貯炭、積込設備の未整備、

第4章　日米開戦と戦時陸運非常体制　173

表4-2-18　1943年度における輸送量減退の原因

(単位：千トン、％)

原　因	減少トン数	割合
石炭生産減によるもの	2,150	54
（うち、コレラ発生によるもの）	(400)	(10)
運転事故の増加及び列車運行の不円滑によるもの	1,100	28
新造車両の入手遅延によるもの	600	15
朝鮮への貨車供出によるもの	150	4
合　計	4,000	100

出所：華北交通株式会社「運輸問題」1944年。

　従来の乱掘によって生産量の減退や乱調が余儀なくされたうえ、港湾および消費地における貯炭および積卸施設の不備、積卸労工の確保難などという問題が加えられ、石炭出貨の波動が極めて大きくなった。こうした石炭生産の波動性が「平調輸送実施上の最大の癌をなし」たのである。②「政治経済状勢及び物価高等に基因し、四五六七月等の各月に於ては農作物の増産にも拘らず荷動き低調にして計画出貨をなし得ず輸送量の低下」を示した。③「華北に於ける集荷配給機構の未整備と出貨統制力の欠如に基き交錯輸送中継再輸送等輸送力の無駄」が生じた。④「作戦地域なるため大規模作戦輸送の遂行せらるる場合は一般輸送を累次広汎に制限しつつあ」った[88]。

　つまり、輸送力低下という輸送供給側の内的要因よりは、生産計画の蹉跌という輸送需要側の外的要因が計画輸送の実行を妨げたのである。それによる悪影響が如何なるものであったか。これは表4-2-18をみれば明らかである。それは1943年度の貨物輸送実績が輸送計画43,900千トンの91％、39,824千トンに過ぎず、1942年度の40,643千トンより少なくなったため、その原因を分析したものである[89]。車両不足や運転事故の発生などの原因もあったものの、やはり石炭生産の減少という外的原因が最も大きな輸送量の減退をもたらしたのであった。そのため、計画輸送の強化策とは輸送需要側の調整力を強化するものにならざるを得なかった。

　そして、「鉄道部門と生産部門との連繋の強化」を推進し、「輸送に対し相互の責任関係」を明確にするとともに、生産部門においては輸送課などの新設・

表 4-2-19 1943〜44年度における陸送転嫁の営業収支に対する影響

(単位：千円)

項　目			1943年度			1944年度		
			収入増	収入減	差引	収入増	収入減	差引
鉄道	旅　客		582.2	2,765.30	-2,183.10	582.2	2,765.30	-2,183.10
	貨物	民需 対日	2,122.20	1,829.10	293.1	8,567.10	8,411.60	155.5
		対満	6,222.10	11,744.50	-5,522.40	6,509.80	12,283.00	-5,773.20
		対華中	6,485.90	11,906.00	-5,420.10	10,570.40	20,902.30	-10,331.90
		軍貨 対日	640	1,384.70	-744.7	640	1,384.70	-744.7
		対満	114.1	246.6	-132.5	114.1	246.6	-132.5
		対華中	913	1,975.40	-1,062.40	913	1,975.40	-1,062.40
	減収合計				-12,589.00			-17,889.20
	合　計				-14,772.10			-20,072.30
碼頭（港）			1,558.60	1,753.30	-194.7	1,558.60	1,753.30	-194.7
鉄道及び碼頭の減収合計					-14,966.80			-20,267.00

出所：華北交通株式会社『陸送転嫁ノ営業収支ニ及ボス影響調』1943年11月。
注：1．旅客の収入増は旅客列車運休による経費減、収入減は天津ー山海関旅客列車の往復運休による減収。
　　2．貨物の収入増は陸送転嫁貨物の輸送キロ増長による増収、収入減は貨物抑制及び車両供出による減収。
　　3．碼頭の収入増は取扱数量減少による経費減、収入減は取扱数量減少による減収。

拡充を図って華北交通への協力体制を確立し、なお既述のように華北交通による専用鉄道構内作業の一元的運営を進めた。そのうえ、「輸送力の遊休」が生じる6〜9月および春節前後を利用して、備蓄可能な貨物の出貨を積極的に促し、「平調輸送」を確保することにした[90]。物資統制機構の整備や物資の自給圏の設定にも努め、交錯輸送や重複輸送の発生を排除しようとした。軍需品の輸送でも、トップ・プライオリティを与えるより、通常の補給輸送の場合は「対日満向戦力増強関係物資輸送」との「緩急順序」を考慮して、適切な調整を行うことにした。ひいては、「南鮮中継」のため、地場輸送が大きく抑制されるだけに、南鮮中継と地場輸送の調整についての再検討が指摘された。というものの、これらの措置が1944年度に入って実効性を失ったことはもはや論を待たない。以上のように、海上貨物の全面的陸上転嫁の実施は華北交通の輸送力強化や計画輸送の必要性を高めたが、しかし戦況の進展はその実現を阻害しつつ、そのジレンマが「輸送量の低下」として現れたのである。

　一方、陸運転嫁輸送の影響は輸送量の動向に止まらず、華北交通の収支構造

表 4-2-20 華北交通における営業収支の推移

(単位:千円)

種 別		第1回 1939.4-39.9	第2回 1939.10-40.9	第3回 1940.10-42.3	第4回 1942.4-43.3	第5回 1943.4-44.3	第6回 1944.4-45.3
鉄 道	収入	65,443	206,182	466,353	426,443	763,281	2,050,760
	支出	75,985	193,746	413,570	367,585	672,980	1,860,621
	損益	-10,542	12,436	52,783	58,858	90,302	190,140
	償却・除却	1	498	1,287	11,461	50,393	1,972
	純損益	-10,543	11,939	51,496	47,397	39,909	188,168
	営業係数	116	94	89	89	95	91
自動車	収入	3,076	11,189	32,891	35,946	57,500	118,601
	支出	3,604	14,612	38,291	35,228	55,511	170,923
	損益	-528	-3,423	-5,400	718	1,989	-52,322
	償却・除却	559	1,183	4,500	3,888	4,917	508
	純損益	-1,087	-4,607	-9,900	-3,170	-2,929	-52,830
	営業係数	135	141	130	109	105	145
水 運	収入	—	2,334	11,163	7,676	8,307	20,185
	支出	—	5,262	15,800	12,676	20,250	50,517
	損益	—	-2,928	-4,637	-5,000	-11,943	-30,332
	償却・除却	—	—	—	105	618	79
	純損益	—	-2,928	-4,637	-5,105	-12,562	-30,411
	営業係数	—	225	142	167	251	251
利 息	収入	135	609	1,120	1,932	2,778	2,906
	支出	812	6,603	24,886	25,091	32,083	63,026
	損益	-677	-5,994	-23,765	-23,158	-29,304	-60,120
合 計	収入	68,653	220,314	511,528	471,998	831,867	2,192,453
	支出	80,401	220,223	492,547	440,580	780,824	2,145,087
	損益	-11,747	91	18,981	31,417	51,042	47,365
	償却・除却	560	1,681	5,787	15,454	55,928	2,559
	純損益	-12,307	-1,590	13,194	15,963	-4,886	44,806
	営業係数	118	101	97	97	101	98

出所:華北交通株式会社『営業報告書』各年度版;同『決算説明資料』各年度版。

表 4-2-21 華北交通における北支那開発会社からの借入金の内訳

年 月	回 数	金 額	年 月	回 数	金 額
39. 4-39. 9	1-3回	45,000千円	42. 4-43. 3	43-64回	104,150千円
39.10-40. 9	4-15回	143,900	43. 4-44. 3	65-93回	127,000
40.10-41. 3	16-22回	61,000	44. 4-45. 3	94-111回	1,845,000
41. 4-42. 3	23-42回	130,850	合 計	111回	2,457,700

出所:華北交通株式会社『営業報告書』各年度版;同『決算説明資料』各年度版。
注:1.1943年度の127,000千円は151,000千円マイナス24,000千円(返済金)。
  2.合計は計算上2,456,900円であるが、原資料のままにする。

にも大きな変化をもたらした。全体貨物の約半分となった石炭には、低い運賃負担力と戦力増強上の重要物資の点で、低率運賃が適用されたため、その長距離輸送は採算を度外視したものであった。したがって、貨物運賃収入は輸送原価に到底及ばず、純利益は極めて少なかった[91]。陸送転嫁輸送が営業収支にとってどのような影響を及ぼすかについて、華北交通が分析した結果は、表4－2－19の通りである。陸送転嫁貨物の増加によって運賃収入が増えるが、それをはるかに上回る他の貨物や旅客の運賃収入の減少があって、碼頭（港）を考慮すると、1943年度には14,966.8千円、44年度には20,267.0千円の収入減少が予測された。

そして、実際の営業収支の推移（表4－2－20）は、損益ベースで1939年4月～39年9月に11,747千円の赤字、39年10月～40年9月にわずか91千円の黒字を記録し、「その辺の呉服屋さんの収益にも及ばぬ実状」にあった[92]が、40年10月～42年3月に18,981千円、42年4月～43年3月に31,417千円という改善を示したあと、1943年度には51,042千円、44年度に47,365千円を記録した。これは当時のインフレーションを考慮すると、収益構造の悪化を意味する。さらに償却・除却を念頭において、純利益のみをみると、1940年10月から赤字から抜け出し、経営の安定化が達成できたが、その後の陸送転嫁とともに経営収支は赤字状態（43年4月～44年3月4,886円赤字）に再び陥り、1944年度には減価償却をそのほとんどを計上しないことによって、ようやく純損益の黒字を維持できた。こうした推移は事業部門のうちに唯一黒字セクターであった鉄道営業の収支が絶対的であったことはいうまでもないが、自動車や内河水運でもガソリン価格を始めとする物価高騰に伴う経費の膨張のため、収支赤字を記録し、会社経営をさらに悪化させた[93]。

そのため、華北交通は年間営業支出の30～50％に達する投資額を、華北交通の営業収入のみをもって到底賄えず、表4－2－21のように1945年3月まで親会社の北支那開発から111回にわたって借入金2,457,700千円を受けざるを得なかった[94]。この借入金は華北交通の全資金調達の約7割に達したと考えられる[95]。それにしても、経営健全性の維持や戦時インフレの防止という点から、経営自

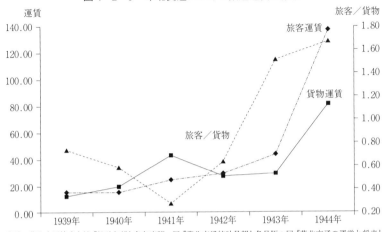

図4-2-6 華北交通における鉄道運賃の推移

出所：華北交通株式会社『統計年報』各年度版；同『華北交通統計月報』各月版；同『華北交通の運営と将来』1945年12月。
注：1．貨物運賃＝貨物収入（円）／千トンキロ。旅客運賃＝旅客収入（円）／千人キロ
　　2．旅客／貨物＝旅客収入／貨物収入。

立度をある程度維持することも重要であった。そこで、本社資業局が中心となって、1943年度下半期に「輸送実費調査」が実施され、運賃政策や経営合理化の基礎資料が作成された[96]。そして、陸上転嫁輸送によって生じる経営悪化に対し、華北交通は貨物運賃の引上げをできる限り抑制しながら、旅客運賃の引上げを断行した。

　要するに、図4-2-6でみられるように、「旅客運賃は華北の通貨膨張に伴う浮動購買力の吸収及之が戦力面への導入を図り併せて会社財政確立に資すると共に運賃面よりする旅客の質量的規正を企図」した。その反面、貨物運賃は「会社財政確保のためには相当大幅値上を必要とせるも、低物価堅持の見地よりて之が値上は極力抑制せるも戦争物価輸送の確保を期すべく戦争物資及生必品に対しては極めて低運賃を、而して高級品に対しては高運賃を課し以て運賃面よりする不急貨物の抑制を」図った[97]。その結果、1941年度には旅客収入は1941年には貨物収入の27％に過ぎなかったが、1943年に入って152％へと増加し、陸送転嫁の開始以降における鉄道経営を支えることとなった。運賃体系の設定

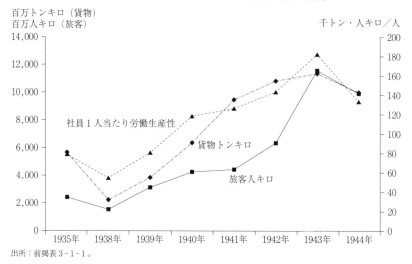

図4-2-7　華北交通の1人当たり労働生産性の推移

出所：前掲表3-1-1。

においても、貨物長重点主義が取られ、旅客輸送から貨物輸送への内部補助が行われたのである。

　以上のように、華北交通は経営資源の不足の中で、現有の資源をもって車両運用を中心として輸送の効率化を実現したが、1943年に入ってから石炭をはじめとする大陸物資の転嫁輸送が本格化すると、所要運用車が急激に増え、貨車運用効率が低下した。この配車能力の低下が修繕能力の低下とともに、効率的鉄道運営を妨げる要因となったのである。これに対し、「増積」と「増結」を通じて輸送単位の長大化を進めることによって、輸送回数の低下を補おうとした。

　その結果、トン数では1943年度の「輸送量の低下」が明確であったものの、トンキロを基準とする輸送実績ではむしろ輸送量の増加が確認できる。旅客輸送では人数と人キロの両方とも輸送量は増えたのである。ここで、鉄道社員1人当たりの物的生産性をみれば、1943年度は1942年度の144.4から182.0へと向上したと判明した。（図4-2-7）こうしたことから、華北交通は、1943年度までは甚だしい経営資源の不足や各種事故の多発にもかかわらず、組織的対応

力が向上したとも判断できよう。

しかしながら、1944年度に入ってから顕在化した輸送危機を前にして、華北交通はその対応力を失わざるを得なかった。

注

1） 「JACAR（アジア歴史資料センター）Ref. B08060390900、大東亜戦争中ノ帝国ノ対中国経済政策関係雑件　第四巻（E-0-0-0-5_004）（外務省外交史料館）；中村隆英『戦時日本の華北経済支配』山川出版社、1983年、273頁。
2） 『公文別録・内閣（企画院上申書類）・昭和十五年〜昭和十八年・昭和十七年』国立公文書館所蔵。
3） 九州炭は関門トンネルを経て阪神、名古屋、京浜方面に送られ、また北海道・樺太炭は青函航路と裏日本の諸港を中継して京浜、名古屋地方に輸送された。前掲『戦時経済と鉄道運営』105頁。
4） 大蔵省財政史室蔵「萩元順朝所蔵文書」所収。前掲『戦時日本の華北経済支配』288頁。
5） 前掲『戦時経済と鉄道運営』108頁。
6） 「創業四周年、躍進社業の現状」『興亜』1943年4月、1〜2頁。
7） 「支那石炭物動計画策定要綱」1944年2月15日、大東亜省総務局経済課『昭和十九年度満州支那石炭物動計画』1944年。
8） 旅客1人当たり輸送キロは115〜117キロ、ただ対満苦力出回期の旧正月後2ヵ月は130キロへと伸び、年間を通して輸送の最高潮であったが、閑散期は旧正月と夏季の農繁期であった。「創業四周年、躍進社業の現状」『興亜』1943年4月、1〜2頁。
9） 華北交通の港湾管理をみると、1940年11月1日、本社に水運局が設置され、港湾業務の拡大に対応し計画、碼頭、築港の3主幹を置いた。1944年5月1日に華北交通は所管港湾の建設促進および運営の統合を図るため、塘沽新港港湾局と連雲港湾局を統轄する港湾総局を本社に設置した。華交援助会『華北交通株式会社社史』1984年、467〜468頁。
10） 「国策協力驚異の連雲港」・「港湾荷役五割増強は確実」華北交通東京支社『華北展望』1943年2月、34〜39頁。
11） 華北交通東京支社『華北展望』1943年2月、39〜40頁；運輸局長平田駪一郎「身を棄てて泛ぶ」華北交通社員会『興亜』第44号、1943年2月、10頁。
12） 「四月一日より京山線旅客列車時刻改正」『華北展望』1943年4月、25〜28頁。

13）「四月一日から旅客関係運賃（鉄道、自動車、水運）改訂」『華北展望』1943年4月、29〜30頁。
14）「華北交通の新体制」『華北展望』1943年5月、41〜45頁；華北交通社員会『興亜』第48号、1943年6月、1〜3頁。
15）日満支交通懇談会専門協議会には日満支連絡運輸会議、日満支自動車業務協議会、日満支鉄道運転関係規定協議会、日満支鉄道資材懇談会、大陸鉄道技術会議、日満支鉄道要員懇談会などがあった。日本国有鉄道『日本国有鉄道百年史10』1973年、886〜891頁。
16）田中申一『日本戦争経済秘史：十五年戦争下における物資動員計画の概要』コンピューター・エージ社、1975年、508〜509頁。
17）北京・天津間を2時間で弾丸列車が走った。機関車はパシロ、客車8両を牽引して時速74キロで走った。「所管線の面白知識」『興亜』第48号、1943年6月、26頁
18）秋山和夫「華北に於ける鉄道の過去と将来」『興亜』第47号、1943年5月、3頁。
19）華北交通株式会社「設備上特ニ重点ヲオクベキ事項」1943年。
20）華北交通運輸部「済南站構内入換機関車給炭水設備計画」1944年1月19日；運輸部運転課「津浦線済南徳県間列車給水ニ関スル件」1944年4月15日；華北交通工務局改良課『昭和十九年度済鉄管内鉄道工務（改良）関係施設整備要領』1938年9月1日；華北交通株式会社工務局「華北鉄道電気施設概況」1944年。
21）華北交通株式会社『第五回営業報告書』1943年度。
22）前掲、田中申一『日本戦争経済秘史』273頁；鮮交会『朝鮮交通史』1986年、754〜755頁。
23）電柱の入手実績は1941年の22,100本から42年13,000本、43年10,300本へと減少し、44年にはその実績見込み数（1944年12月時点）が10,000本に過ぎなかった。
24）大陸鉄道輸送協議会『第五回大陸鉄道輸送協議会議事録』1944年9月、48〜49頁。
25）阿部嘱託『華北鉄道の概況』1944年12月。
26）同前。
27）理事・物資節用分科会委員長山口十助「物を生かす道」『興亜』第37号、1942年7月、10〜11頁。
28）「鉄道技術研究所史」華北交通株式会社『華北交通の運営と将来』1946年。
29）「創業四周年、躍進社業の現状」『興亜』第46号、1943年4月、2〜3頁。
30）「東京支社」『興亜』第45号、1943年3月、20〜22頁。
31）華北交通株式会社『鉄道車両現在両数表』各月版。
32）「機構改革と人事異動の展望」『興亜』第48号、1943年6月、2頁。

33) 「東京支社」『興亜』第45号、1943年3月、20〜22頁。
34) 退職死亡の合計と表4-2-6の数値は資料上合わない。華北交通株式会社『輸送ノ現況ト輸送力確保対策』1945年2月。
35) 華北交通『華北交通の運営と将来』1945年10月。
36) 江口胤秀「女子の活用に就て」『興亜』第53号、1943年11月、5〜7頁。
37) 日本国有鉄道『日本国有鉄道百年史 10』1973年、292年。
38) 華北交通「輸送問題」1944年。
39) 塚本局参与室「社員の栄養状態とその対策」『興亜』第45号、1943年3月、5〜7頁。
40) 華北の物価は1944年度に急角度に上昇し、1945年1月の日本人生活必需品小売物価指数は1941年7月（資金凍結令発表）を100として1792となり、一般市場小売物価指数（闇相場）は1937年6月を100として28675、1944年6月を100として690を示すにいたった。
41) 「総務局Ⅱ」『興亜』第40号、1942年10月、20〜21頁。
42) 交通通信省石田参事官・森田書記官・大東亜省好井技師「北支鉄道輸送視察報告（其の一）」1944年5月19日。
43) 「転轍人語」『興亜』第45号、1943年3月、7頁。
44) 「総務局Ⅱ」『興亜』第40号、1942年10月、20〜21頁。
45) 『華北交通の運営と将来』（1945年12月）によれば、鉄路学院の数および教育人員は1939年度6ヵ所7,478人、40年度8ヵ所10,235人、41年度8ヵ所6,280人、42年度8ヵ所6,055人、43年度9ヵ所5,508人、44年度11ヵ所6,363人であった。その数字は前掲表3-2-13の1941年度9,082人（警務学院・学院外除く）に比べると、過小評価されたことが明らかである。専科、促成科、講習をめぐる集計基準が異なったため、こうした開きが生じたと考えられるが、1943年度に入ってから教育規模がやや縮小したと判断しても大きな無理はない。
46) 中央鉄路学院の第二回日本人本科卒業生（1943年8月）は業務科25人、機務科17人、検車科15人、自動車科10人、機械科21人、工務科18人、電気科19人、合計125人であった。「中央鉄路学院日本人本科卒業式」『興亜』第52号、1943年10月、13頁。
47) 奥田幸男「中央鉄路学院といふところ」『興亜』第51号、1943年9月、25頁。
48) 済南鉄路学院長佐藤繁与「従業員養成に関する提言」『興亜』第52号、1943年10月、15頁。
49) 神谷信行「社外人の見た華北交通」『興亜』第38号、1942年8月、17頁。
50) 下津春五郎「緑陰雑記」『興亜』第39号、1942年9月、4頁；小暮光三「闘魂の

育み：新しき同僚と共に内原訓練所の三十日」『興亜』第44号、1943年3月、3〜5頁。
51) 小暮光三「青年隊再訓練への提言」『興亜』第39号、1942年9月、8〜10頁。
52) 徐州鉄路局局長佐藤周一郎『徐州鉄路局概況報告書』1945年2月8日。
53) 「創業四周年、躍進社業の現状」『興亜』第46号、1943年4月、7頁。
54) 同前、6〜8頁。
55) 『華北展望』1943年4月、40頁。
56) 臨時補給津貼支給規程（1942年12月15日達甲第331号（内達））、臨時手当支給規程（1943年10月1日、達甲第557号（内達））、生活必需品配給切符規程（1944年4月19日、達甲第68号（内達））、電気・水道料社費負担制（1944年9月新設）、教育費社費負担制（1944年9月新設）。
57) 金銭給与総額を鉄道社員（＝［前年度末鉄道社員＋当年度末鉄道社員］／2）で割り算して1人当たり名目賃金を得て、それを北京卸物価指数で実質価格化した。鉄道社員の推計については表3-1-1を参照されたい。
58) 中央生計所安増一雄「生計所の配給品に就て：或る御批評にお答へして」『興亜』第38号、1942年8月、22〜23頁。
59) 平田驥一郎「決戦下の食糧について」『興亜』第56号、1944年2月、2頁。
60) 北支那開発会社の傘下会社において物価連動賃金制度が実施された。
61) 副総裁後藤悌次「華北新建設促進と華北交通」『興亜』第52号、1943年10月、1頁。
62) 麺粉、軍手、軍足、燐寸、食用油、洗缶石鹸、支那茶、塩、煙草、百干酒、醤油、タオル、（貸与）外套、作業衣、苦力服。
63) 華北交通株式会社「生活安定方策」1945年2月。
64) 「創業四周年、躍進社業の現状」『興亜』第46号、1943年4月、9頁。
65) 有田孝之「社員体力管理について」『興亜』第53号、1943年11月、2〜4頁。
66) 瀧田順吾「心身の健康は生活の工夫から生まれる」『興亜』第52号、1943年10月、17頁。
67) 栗又常松「輸送力の増強」『興亜』第52号、1943年10月、5頁。
68) 「『甲検三日』を実現」『興亜』第52号、1943年10月、8〜9頁。
69) 貨車および客車の休車率は以下のようである。客車は1940年11.4％、41年8.5％、42年8.6％、43年11.0％、44年12.1％、貨車は1940年8.1％、41年8.5％、42年7.5％、43年7.8％、44年6.9％。前掲『華北交通の運営と将来』。
70) 交通通信省石田参事官・森田書記官・大東亜省好井技師「北支鉄道輸送視察報告（其の一）」1944年5月19日。
71) 同前。

72) 華北交通株式会社「運輸問題」1943年。
73) 前掲「北支鉄道輸送視察報告（其の一）」1944年5月19日。
74) 本期間中の実施事項は、①社外機関との強調連携、②計画輸送の確保、③車両および船舶の運用効率の向上（これに関して特に重視されたのが、夜間荷役の督励、構内作業合理化の徹底、車両積載効率の向上、停留時間の短縮および小運送の強化など）、④定時運転、⑤事故の防止、特に石炭事故の絶滅、⑥車両および船舶の整備、⑦休車率の減少、⑧荷役の改善、工夫および利用向上などが強調された。
75) 総務局長・運輸局長平田驤一郎「戦時輸送強化期間の実施に際して」『興亜』第36号、1942年6月、2〜3頁。
76) 華北交通株式会社『膠済津浦沿線ノ私設専用線調査報告』1943年1月。
77) 富田界一郎「華北蒙古のおりおり5」『華交』第41号、1973年3月15日、8〜9頁。
78) そのため、華北運輸は「主要都市間の小口扱貨物輸送は総て混載扱で」をモットーとして割引運賃を改定し、極めて有利な条件を提示した。華北交通株式会社『北京を中心とする小運送業調査報告概要』1944年7月、21頁。
79) 「職制改革に際し社員に対する総裁対話」『興亜』第54号、1943年12月、1〜3頁。
80) 「創業四周年、躍進社業の現状」『興亜』第46号、1943年4月、2頁。
81) 華北交通株式会社『華北展望』1943年3月、52頁。
82) ㈳華交援助会『華北交通株式会社社史』1984年、705頁。
83) 阿部嘱託『華北鉄道の概況』1944年12月。
84) 前掲「北支鉄道輸送視察報告（其の一）」1944年5月19日。
85) 「華北交通職制改革、決戦態勢茲に確立す」『興亜』第54号、1943年12月、2〜3頁。
86) 「東京支社」『興亜』第45号、1943年3月、20〜22頁。
87) 華北交通株式会社「運輸問題」1944年。
88) 前掲「北支鉄道輸送視察報告（其の一）」1944年5月19日。
89) 資料上1943年度実績前掲表3-1-1とは数値が若干異なっている。
90) 「平調輸送」とは閑散期たる夏季の遊休施設を利用して大量輸送貨物を繰り上げて輸送して冬季の輸送逼迫を緩和することによって年内輸送量を平均的に調整しようとした輸送方式である。戦時中には華北だけでなく、日本、朝鮮、満州でもその励行が強調された。
91) 「創業四周年、躍進社業の現状」『興亜』第46号、1943年4月、2頁。
92) 「転轍人語」『興亜』第52号、1943年10月、7頁。
93) 華北交通株式会社『会社自動車運営ノ将来ト会社財政ニ及ボス影響（要約）』1943年11月など。

94) 東京支社経理部資金係が、借入金に関する事務と、為替管理法によって日本で決済しなければならない日本購入物品代年額約2億円内外の予決算業務を担当した。
95) 営業開始以来1942年3月末まで事業費ならびに投資予定額は北支那開発株式会社の現物出資を除いて518,083千円の巨額に達したが、その内訳は他人資本75％（うち、借入金67％、社内諸預り金8％）、自己資金25％（株式払込金21％、その他4％）であった。それ以降、華北交通の経営収支が悪化したことを念頭におけば、借入金の比率はより大きくなったと考えられる。華北交通主計局資金「昭和十八年度事業資金調達対策ニ就テ（案）」1942年。
96) 田上卓一「新に調査が実施される輸送実費調査とは」『興亜』第52号、1943年10月、6頁。
97) 華北交通『華北交通の運営と将来』1946年。

第 5 章　輸送危機と自活自戦態勢

1．輸送危機と「輸送力確保対策」

1）輸送力減退プロセス

①鉄道輸送の動態

　華北交通は日米開戦以来「海上輸送物資の陸運転嫁及之が飛躍的増大資金及資材の逼迫、従業員の量及質の低下、物資生産能力の停滞及波動、物価の異常なる騰貴及食糧難並に之に基く生活の不安、思想の悪化、加わるに治安の不良等あり」、これらの要因が「相互に錯綜統合して」「会社運営上の脅威」となった[1]。こうした中でも、1943年度は輸送量が「前年度比 3 ％の減少となりトンキロに於ては尚10％の増加」を示したことは既述の通りであるが、1944年度半ばに入ると、情勢の変化は緊迫の度を加えるようになった。

　海上輸送力が低下して、1943年度第 4 四半期に前年同期の9,150千トンに比べて約33％減少した6,186千トンになると、日本戦時経済の運営上、華北からの戦略物資の供給に対する期待が高まった。1944年度の貨物輸送計画をみれば、軍用品7,288千トン、社用品6,300千トン、営業品29,847千トン（石炭17,083千トン、物動物資7,836千トン、生活必需品2,160千トン、その他2,768千トン）、合計43,435千トンであって、42年度実績の39,023千トンより4,412千トンも増えた[2]。ところが、図 5 - 1 - 1 の月間実績率をみると、1944年 6 月に91％を記録して当初は良好な輸送推移を示したが、 7 月より実績率が下落し始め、11月までに70～80％となった。さらに、12月よりは急激に悪化し、45年 3 月まで50％

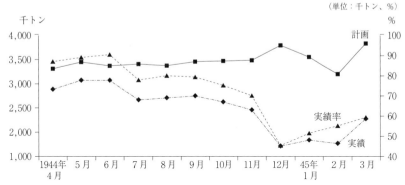

図 5-1-1　華北交通の1944年度貨物輸送計画および実績

出所：華北交通株式会社東京事務所交通課第一係「昭和十九年度鉄道運輸成績調」1945年。
注：本統計は資料上前掲表3-1-1の数値とはやや異なるが、輸送推移を把握するのに大きな問題がないため、原資料のまま提示する。

表 5-1-1　華北交通における1944年7～8月貨物輸送成績不振の検討

(単位：千トン)

種　別		7月分	8月分			
			上旬	中旬	下旬	計
輸送計画量		3,412	1,087	1,087	1,196	3,370
輸送実績		3,045	851	918		
差引減送量		367	236	169		
減送原因	空襲の影響	80	80	20		
	荷役障害の影響	108	55	23		
	華中向積車の停滞	47	15	13		
	他線関係貨車の出入不均衡	25	60	85		
	運転事故水害外	107	26	28		

出所：華北交通運輸局「昭和十九年七、八両月分貨物運輸成績不振ノ検討」1944年8月24日。
注：荷役障碍は工人不足、降雨、物価の騰貴などを主因とした。

台に止まった。いわば輸送危機（transportation crisis）が発生したのである。

　貨物輸送の低下原因を究明する手掛かりとなるのが、表5-1-1である。1944年7～8月における「減送理由別内訳」をみれば、空襲の影響23％、荷役障碍の影響23％、華中向積車の停滞10％、他線関係貨車の出入不均衡22％、運転事故・水害など21％であった。同年9月新京で開かれた第五回大陸鉄道輸送協議会においても、1944年7～8月分大陸物資転嫁輸送の実績低下についての

図 5-1-2　華北交通の1944年度旅客輸送計画および実績

(単位：千人、%)

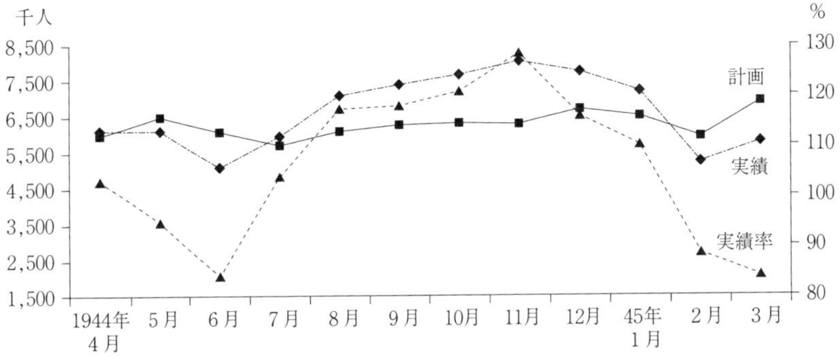

出所：華北交通株式会社東京事務所交通課第一係「昭和十九年度鉄道運輸成績調」1945年。

　検討が行われた。「華北発ニ於キマシテハ物動計画二〇万二千屯余ニ対シテ実績一四万六千屯余ノ七二％デアリマシテ減送ノ主ナル原因ハ特殊事情ニ依ル貨車繰不如意並労工獲得難ニ依ル出鉱出炭不良、天候不良並小運送力不足ニ依ル塩ノ出回リ減、京義線水害及釜山港頭荷支ヘニ依ル発送停止等ニ依ルモノデアリマス」と報告されたのである。要するに、「特殊事情」たる空襲と「匪害」、車両運営の能力低下、小運送力の不足、水害の発生、港湾荷役の不振などが、対日輸送の低下原因として指摘された。なかでも、小運送力不足についてその厳重さを鑑み、華北交通は1944年10月1日には本社に小運送局を設置し華北運輸株式会社を継承させ、小運送を自ら担当した[3]。こうして、華北交通は1944年半ば以来の輸送力減退に直面したのである。

　こうした貨物輸送に対し、旅客輸送はやや異なる様相をあらわした。実績率が44年6月に84％を記録してから、7月から翌年1月まで100％以上を示し、その後、低下したものの、貨物輸送に比べて実績率80％以上の良好な推移であった。当時、旅客輸送は貨物超重点主義によって列車圧縮や旅行証明書制度が断行され、量質の両面からの統制が加えられていた。その中での旅客増加は想像を絶するほどの車内混雑度を伴うものであったと考えられる。それにもかかわらず、多くの中国人が乗車しなければならなかった理由について何より疑問

表5-1-2　華北交通の旅行目的別調査（1944年11月15〜17日）

身分別＼用務別	軍務	公務	社用	商用	就職	家事	帰省	買出売込	移住	療養	見舞	その他	合計人員	割合
軍人、軍属	4,780	1,073	3	5	31	164	135	6	28	57	25	84	6,391	6.0
官公吏	33	1,892	122	21	136	461	340	77	59	73	110	103	3,427	3.2
会社員	7	269	2,844	285	225	701	500	367	118	87	168	389	5,960	5.6
社員・同家族	3	176	1,738	28	94	1,242	490	486	68	101	194	566	5,186	4.9
教員、学生		77	13	10	138	446	524	165	42	47	142	837	2,441	2.3
労工		51	106	169	1,309	1,044	2,240	914	897	77	87	722	7,616	7.2
難民				42	82	201	992	1,071	2,149	19	12	429	4,997	4.7
商業	2	10	145	10,567	208	2,166	1,901	15,386	334	144	454	497	31,814	30.1
農業		4	18	563	278	2,155	1,585	19,008	483	66	285	648	25,093	23.7
土木兼業	6	49	216	255	185	238	316	297	81	31	39	237	1,950	1.8
その他	2	11	8	70	31	343	223	953	36	60	142	1,521	3,400	3.2
無職		3	1	143	152	1,151	711	4,185	302	73	241	595	7,557	7.1
合計　人員	4,833	3,615	5,214	12,158	2,869	10,312	9,957	42,915	4,597	835	1,899	6,628	105,832	100.0
合計　割合	4.6	3.4	4.9	11.5	2.7	9.7	9.4	40.6	4.3	0.8	1.8	6.3	100.0	

出所：華北交通株式会社「旅行目的別調査表」1944年11月。

をもたざるを得ない。

　そこで、当時の旅客輸送の動態を示した資料が、表5-1-2の旅行目的別調査表である。これは旅客輸送の動態を把握するため、1944年11月15〜17日の3日間、各列車などの乗客を対象として行われた旅行目的に関する調査結果である。調査が行われた鉄路局あるいは地域が明らかではないため、特定地域によるバイアスの発生が避けられないが、当時の旅客輸送の動態がある程度把握できると思われる。まず、旅行目的をみると、軍務、公務、社用など公的目的のための旅行は比較的少なく、最も多かったのが買出・売込、家事、帰省であった。次に、旅行者の身分をみても、軍人・軍属、官公吏、会社員、華北交通社員などの公職にある者が少ない反面、商人・農民の比率が圧倒的に高かった。こうしたことを念頭におけば、食糧をはじめとする生活必需品の不足のため、「不要不急」旅行への交通統制に反して、新しい輸送需要が戦時下で生じたことが分かるだろう。

　以下では、このような鉄道輸送の動態を貨物輸送を中心として検討してみよう。

②経営資源の運用力の低下とその流出

ここでは、華北交通における経営資源の運用力の低下について分析することにする。まず、物的資源の供給から検討してみよう。1944年度に入ってからは、資材供給はよりいっそう厳しくなった。鋼材入手量と枕木入手の状況（前掲表4-2-2と表4-2-3）は、同年12月時点でそれぞれ16,021トン、2,337千挺と予測され、要求量に対する比率はわずか15％、56％に過ぎず、十分な輸送力を発揮できなかった。新造車両の入手（前掲表4-2-4）は機関車44両、貨車933両と予測され、前年度より減少しただけでなく、会社要求量の28％、48％に過ぎなかった。さらに、鉄路工廠の資材入手は煙管、鋼板およびバネ鋼、鮮鉄、自動連結器、鉛塊、アンチモン塊、酸素およびカーバイト、ゴム製品など全般にわたって厳しくなった。そのうち、入手状況が明らかであって、前年度との比較や規格品と格落品の比率がわかる煙管を取り上げてみよう。表5-1-3のように、1944年度の入手率が24％に過ぎず、前年度の70％から大幅落ちており、その格落品の比率も44％から84％へと極めて高くなった。この数値は1944年末のもので第4四半期分を含めなかったとはいえ、入手量が極めて少なく、入手した資材もその多くが不良品であったことは明らかである。そのため、車両の一般修繕能力も低下し、それによって機関車の休車率が高くならざるを得なかった（前掲表3-2-15、図4-2-3）。

次に、人的運用でも華北交通は深刻な状況に陥った。労働力の不足や質的低下が進んだことはもとより、1944年に入ってから「戦局の推移に敏感なる中国社会情勢の急変、物価の脅威的高騰に基く華人従事員の生活難及思想的動揺並に其の処に乗ずる敵側謀略行為の暗躍」が目立つこととなった。とりわけ、戦時下のインフレーションの進行によって物価が急騰し、実質賃金が急速に低下

表5-1-3　機関車用の煙管入手状況

	1943年		1944年	
	規格品	格落品	規格品	格落品
年度要求量	867トン		648トン	
実際入手量	340トン	269トン	24.7トン	128トン
入手率	70％		24％	
格落品の割合	44％		84％	

出所：華北交通株式会社『輸送の現況と輸送力確保対策』1945年。
注：1943年は年度末であるが、1944年は年末である。

表 5-1-4　各局別現業員の欠勤率

(単位：%)

年月	天津	北京	張家口	済南	太原	開封	石門	徐州	合計
1943年度	8.4	12.0	8.4	8.9	16.0	9.4	12.0	9.4	10.5
1944年12月平均	9.1	22.8	14.8	19.2	31.3	37.0	22.9	35.7	24.1

出所：華北交通株式会社『昭和二十年度機関車車両補修能力増強対策』1945年。

表 5-1-5　開封機務段における現業員の欠勤率

(単位：%)

	1944年12月6日	12月7日	12月8日	12月15日	12月20日	12月25日
司機員	28	34	44	44	29	29
司炉	47	51	66	43	37	31
装修工	38	63	59	43	49	32

出所：華北交通株式会社『昭和二十年度機関車車両補修能力増強対策』1945年。

しており、生活必需品の配給も思わしくなかったため、中国人の職場離脱も著しくなった。表5-1-4をみると、現業員の欠勤率が1943年度の10.5％より上昇し始め44年12月には24.1％となった。空襲の影響（後述）が多かった開封鉄路局の場合、欠勤率が同期間中に9.4％から37.0％となっており、なかでも機務段の装修工は日によっては63％にも達した。それが輸送力の減退につながったのは論を待たない。物資不足による生活難と、それを根源的に規定する戦況の悪化は、もとより従事員だけでなく沿線の治安にも影響を及ぼした。

華北交通の経営資源の運用力が低下する中、1944年4月「河南作戦に伴う要員並に資材の供出転用」はさらなる負担となった。1943年末頃から大本営は近く太平洋における米軍の攻勢に呼応する重慶の総反攻を予期して、①B29の基地奪取、②桂柳地区より重慶の総反攻封鎖、③南方との陸上交通路の打開、④その結果としての重慶戦力の衰滅を目的に、鉄道課を中心として「北中支及中南支打通」を内容とする大東亜縦貫鉄道建設の研究に着手した。その結果、1944年4月より野戦鉄道司令部1、鉄道連隊7、独立鉄道大隊7、鉄道材料廠1をもって大陸打通作戦が開始され、同年8月には完了した[4]。そのため、第二野戦鉄道司令部は華北交通の社員約1,500人をもって総務、経理、運輸、工務、

電信、警務の各班からなる河南特設運輸隊を編成し、打通作戦に投入した[5]。

　作戦終了後も軍経営の黄河から信陽に至る路線を、急遽華北交通が引き継ぐこととなり[6]、1944年7月に鄭州に事務所が設置された。そのため、南部京漢線の開通に伴って日本人2,872人、中国人3,312人、合計6,184人や輪転材料をはじめとする経営資源の投入が必要とされたため、要員難と資材難を悪化させたのはいうまでもない。例えば、中国人線路工の場合、1944年12月に定員15,000人に対して欠員が3,500人に達したにもかかわらず、1,300人が派遣されたので、定員の補充は70％以下へと低下し、保守作業員の不足が著しかった。また、運用車の供出は車両不足を増幅させただけでなく、供出機関車の解体・組立、黄河橋梁浚渫資材の製作ならびに南部京漢線における破損車の修理、給水作業班の出動を必要とし、鉄路工廠にとって大きな作業負担となった[7]。それに伴う喪失工廠人工（人工〔にんく〕は1人の作業員が1日で出来る仕事量）は104,264人工に達し、機関車一般修繕に換算すると100両分に相当したという[8]。

　これが他の大陸鉄道との連絡を不円滑にする原因ともなった[9]。サイパン陥落後は海上輸送力が急激に低下し、南鮮諸港に対する配船が急減し、埠頭には滞貨が激増したため、車両の停留現象が著しく現れ、華北から満州を経て朝鮮に至る輸送経路上、貨車の運用効率が悪くなった[10]。加えて、華北より華中への貨車の入込は、1日平均1,338車で協定数に対して738車の超過であった。それに、河南作戦の実施による車両運行距離の増加は「他線関係貨車の出入不均衡」を悪化させたのである。その結果、華北交通貨車の配車比率と運用効率はそれぞれ1943年の54.8％、29.0％から1944年度の32.2％、23.8％へと低下した。

　また、この作戦には鉄道警備力の抽出・転用があったため、「敵疲我打」攻勢による抗日ゲリラの鉄道匪害が顕著となった。

③抗日ゲリラの「敵疲我打」攻勢

　愛路事業が抗日ゲリラの活動を抑制する鍵となるという趣旨から、華北交通は1941年より鉄路愛護会の代わりに愛路委員会を設置する一方、愛路村の組織

表5-1-6　華北交通の鉄道匪害事故（1941年1月～44年12月）

（単位：件）

種別	1941年	1942年	1943年	1944年
鉄道爆破	243	238	264	138
運行妨害	240	182	217	345
通信妨害	266	264	372	616
站舎襲撃	240	106	129	143
列車襲撃	59	32	51	81
従事員被害	176	108	191	229
合計	1,224	930	1,224	1,552
対前年度の増減		-294	294	328

出所：華北交通株式会社『輸送の現況と輸送力確保対策』1945年。

にも力を入れ、1939年の4512村から1942年12月の10,277村へと増設をみた[11]。そして、資業局系統農業技術部門の一部を愛路業務に統合し、さらに愛路恵民研究所を増設して、沿線住民の産業助長を図った。例えば、愛路村を通して水稲、小麦、大豆、ヒマなどの優良種子約850千kg、硫安1,960千kg、農薬剤などの配付を行ったのである。そのうえ、開封管内興隆模範愛路村をはじめとして、日本人家族の入村工作を展開した。1943年2月には警務段と警務分所の中間に指導警務分所を設置し、現地指導機関を強化するとともに、同地点に現地における「愛路の推進翼賛的機能」を有する愛路区を、その他の各警務分所所在地には愛路分区を設置した。これらの措置もあって、1942年度の抗日ゲリラによる「匪害」数は、表5-1-6のように、1942年には41年に比べて294件が減少し、治安の安定化を示した。

ところが、鉄道遊撃隊による「匪害」は1943年度に再び41年の水準にもどり、44年に入ってはさらに328件が増加した。その内容をみても、站舎および列車襲撃や社員被害が増えていることからわかるように、ゲリラの攻撃が大胆かつ積極的なものになった。表5-1-7のように会社単独の戦闘回数も1943年より増加しており、射殺、捕虜などの戦果も増えたものの、それは治安力の確保結果というより、むしろゲリラ攻撃が従来より積極化したことを意味する。「匪害」による線路関係の毀損材料は、1943年度にレール1,466本、継目板4,759枚、ボルト14,528本、犬釘75,167本、枕木30,859丁、1944年度（10月までの7ヵ月分）にレール946本、継目板3,973枚、ボルト10,568本、犬釘34,241本、枕木7,910丁であって、1ヵ月分を基準とすると、44年度になってからレール、継目板、ボルトの匪害は大きくなったのである。

これらの匪害の増加は、中国戦線から南方への兵力抽出によって、戦力が著しく低下した北支那方面軍に対して、抗日ゲリラの「敵疲我打」攻撃が展開された結果である。鉄道においては、沿線愛護村民および鉄道従事員に対する抗日ゲリラの諸工作の進展、ならびに河南作戦に伴って、兵力の抽出・転用による華北交通の警備兵力の弱化が主要因であった。

表5-1-7 華北交通の鉄道路警の戦果（1941年1月～44年12月）

(単位：件)

種　別		1941	1942	1943	1944
戦闘回数	単独	228	341	438	441
	協力	345	245	204	202
	射殺	36	289	592	399
	捕虜	41	443	609	404
戦　果	小銃	82	330	388	424
	軽(重)機	4	10		4
	弾薬	50,739	4,686	11,872	7,494
	手弾	67		566	719
	拳銃	11	57	170	52
	驢			31	
	馬			38	17

出所：華北交通株式会社『輸送の現況と輸送力確保対策』1945年。

　当時の警務従事員は25,000人（うち、日本人6,300人）であったが、業務の特質上その消耗率は極めて高く年間13.2％の3,300人（うち、日本人880人）に達しており、日本人の補充が益々困難となったため、1944年12月末は日本人1,750人（38％）の欠員が生じた[12]。警備の中核をなす日本人の大量欠員は業務の遂行に多大の支障を来した。さらに、アメリカ軍の空襲が激しくなるにつれて、警務機関の業務が激増し、それに伴う罹病者も漸次増加した。そのうえ、小銃、拳銃、軽機、重機、擲弾筒などの兵器不足や整備不良が多く、日本軍からの支援が必要とされた[13]。抗日ゲリラの攻撃は1944年末まではまだ全面的武力攻勢を避け、もっぱら遊撃戦を駆使したが、「諸般の情勢更に有利なる時期到来する場合に於ては敵側の呼号するが如き武力を中心とする総反攻の想像極め濃厚」であったと判断された。

　そのため、華北交通は警備重点主義をとり、警務従事員の配置の重点を大陸物資の南北輸送経路となる京山・京漢・津浦の3線に置いて、従来の専守的防御を積極警備に移した。すなわち、各警務段および分段毎に訓練隊を設置し、合計163隊をもって常時訓練による戦力の向上を図るとともに、警備隊的任務

を付与し、「随時随所に果敢なる遊撃を敢行」した。すでに、1943年9月、外郭警備を目的として警務別働隊を新設して京山・京漢・津浦の3線に配置し、それを拡大・強化していた。なかでも、日本内地とのルートの京山線の重要性と冀東地区の匪情悪化に鑑み、44年7月末に北塘以北の山海関までを重点地区と定め、警務員450人の増強や防御施設の強化を断行し、なおも天津局の幹部をその中心たる唐山に移駐させ、警務態勢の指導力を強化した。

会社一体の警備力を強化するため、中央および各鉄道局警務訓練所の学生隊を急遽増員するとともに、本社および各鉄道局ごとに青年隊挺身中隊（日本人約1,000人）を編成した。第三次職制改正（1943年11月）においては、愛路工作の重要性に鑑み、警務局の愛路工作業務を分離し、民生主幹・殖産主幹・育成主幹・調査役・中央鉄路農場・映倫事務所からなる愛路局を新設し、愛路村民に対する統制を強化した[14]。抗日スパイによる鉄道従事員に対する工作活動に対処して、社内通敵者および鉄道用地周辺の敵組織を剔抉するため、会社内に97箇隊の偵諜班を新たに編成し、1945年1月より「偵諜剔抉」に専従させた。しかしながら、以上の措置にもかかわらず、抗日ゲリラの活動および「匪害」は弱まるどころか、いっそう強くなっていたのである。

④アメリカ軍の空襲の展開

1944年度に入ってから、新たに鉄道輸送力の減退に決定的な影響を及ぼしたのが、アメリカ空軍の空襲であった。爆撃機B29を使って中国基地から日本鉱工業地帯を爆撃しようとするマッターホルン計画が、アメリカ側によって具体化され、44年4月に成都飛行場が建設されると、同年5月より第20爆撃機軍団による空襲が本格化した[15]。物資戦略から輸送の遮断、輸送力の低下を狙って、アメリカ軍は重要停車場、操車場およびこれに関連する線路などといった交通上の要点、橋梁やトンネルのような復旧困難な鉄道構造物、電話交換所、給水施設、機関庫、工廠などの主要施設、進行中の列車の付近線路の銃撃を企てた[16]。

1944年5月から12月にかけて延べ738機のアメリカ空軍機が来襲し、銃撃268

回、爆撃27回、銃爆撃9回などの攻撃を敢行し、機関車300両、客車100両、貨車162両という被害を与えた。それによる人命被害は5～9月に即死の日本人27人・中国人90人、負傷の日本人66人・中国人187人（従事員およびその他）、10～12月に即死の日本人8人・中国人54人、負傷の日本人10人・中国人66人（従事員のみ）であった[17]。時期的にみると、図5-1-3と表5-1-8でみられるように、10月より本格化し、1945年に入ると従来の規模をはるかに上回るほど、空襲が大規模化した。ヨーロッパでB17空軍師団の司令官として名声を博したルメイ中将が、第20爆撃軍団の新任司令官に赴任されてから、4機のダイアモンド型編隊を、防御陣中に12機を一纏めにした編隊に置き換えたうえ、B29の作戦頻度を上げ、戦闘乗員の訓練を強化することによって、一定の効果をあらわしたからである。そのため、鉄路局別空襲をみても、B29の前進基地たる成都から最も近かった太原、石門、開封の空襲が多かったのである。

　多くの空襲のうち、1944年7月17日に開封の空襲状況をみると、B25の7機の1分間の空襲によって站舎およびホーム、機務段の運転室、車庫技術室などは半壊または倒壊されており、検車段の列車検査所、調査室などは爆風によって大破を被った[18]。そのほか、工務段のレール44本、枕木450挺、犬釘および継目板ボルトの多数、電気段の通信電線路の切断、電柱切断23本、電線損害約64Km、腕木折損101本、ケーブル切断672ｍなど、営繕所の事務室全壊、用品庫の大破などという戦災を被った。従事員の被害も多く、死亡の日本人11人、中国人56人、重傷の日本人7人、中国人33人、軽傷の日本人29人、中国人52人、合計188人の死傷者が出た。もちろん、通信および線路の復旧工事が19日までに完了したものの、空襲による輸送力の減退はもはや無視できなくなった。

　それに伴って、華北交通にとって防空施策が至急の課題となった[19]。1943年4月以来、防空総本部を設置し、対空施策を講じてきたが、1944年4月より日本人2人、中国人12人からなる対空監視所を45ヵ所に設置しており、7月には軍より高射用爆撃砲17門の貸与を受け、灤河、天津などの各路線の要所に配置し、11月には軍より貸与を受けた迫撃砲40門を京山線の主要地区に配置した。さらに管内16ヵ所に小銃および軽機をもって対空射撃専任部隊を設置した。敵

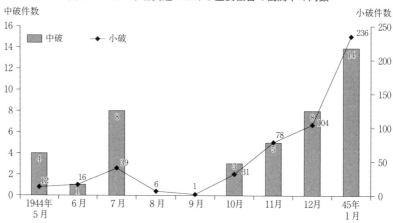

図 5-1-3　華北交通における空襲被害の機関車の両数

出所：華北交通株式会社『機関車休車概表』1945年1月31日。

表 5-1-8　華北交通の局別月別空襲件数

(単位：件数)

月　別	天津	北京	張家口	済南	太原	開封	石門	徐州	合計
1944年4月						1			1
5月		6	1		9	5	1		22
6月					17	1	7	1	26
7月	1			1	12	5			19
8月					13	1			14
9月				2	1	1			4
10月					23	1	7	1	32
11月				9	23	10	15	12	69
12月	6	5		9	44	8	22	10	104
1945年1月上旬					2		1		3
計	7	11	1	21	142	35	52	25	294

出所：華北交通株式会社『機関車休車概表』1945年1月31日。

機の走行機関車に対する銃撃が頻発すると、6月より主要線の貨物列車に対し軍の援助を得て、軽機1挺、小銃若干を有する対空警乗を実施し、それを年末まで昼間運行の全列車へと拡大した。

　華北交通は車両および施設の防護に力点を置いた。主要施設に対する抜本的

防護措置は、主要施設の疎開・分散が最も望ましかったが、戦時下の資材確保が非常に困難であって、なおそれには相当の時間を要したため、さしあたり防護壁、偽装、隠蔽などによる防護措置が取られることとなった。

　まず、車両についてみると、機関車防護のため、主要站と機務段には遮蔽分散線を新設しており、機関車掩体施設要領に従ってレンガまたは盛土をもって1,056ヵ所に機関車防護壁を構築した[20]。機関士の防護のため、機関士室の主要部分に10〜15cmの厚さでコンクリート・砂を填充した鉄板・木板を張って置くほか、圧縮器、注水器、インゼリターなどの重要部分に対しても鉄板をもって防護措置をとった。機関車全車両に対しては国防色塗装を実施し、塗装迷彩を図った。そして、灯火管制のためにも、走行中の減圧装置を設置し、警戒管制と空襲管制に合わせて電源32ボルトを減圧し、なお前灯および標識灯に標準型遮光具を取り付け、室内にも遮蔽幕を取り付けることで遮光効果を期待した。客貨車に対しては社内に射手台を設けて天井に丸穴を穿ち、簡易対空防護施設を設置するとともに、客車の屋根や貨車の外面全部に対する国防色塗装、夜間走行中の灯火管制措置を実施した。とりわけ油槽車、水槽車に対しては、外部に木枠を取り付けてその偽装を図った。

　次に、主要施設に対する防護措置である。主要機務段では、重要機器類に対してはコンクリート、レンガ、土壌などによる防護庫を設置するとともに、転車台などに対して迷彩塗装、貨車用シートなどをもって偽装を実施した。鉄路工廠では動力中枢および重要機器類に対し防護壁を設置し、なかでも唐山、済南、長辛点の3工廠には迷彩塗装による防護を実施した。各工廠とも拡声器を取付け貯水池、消火栓の新設および灯火管制の整備を完成し、構内の配線に全面的に植樹を実施しその遮蔽を図った。管内101ヵ所の主要給水塔に対して、迷彩塗装はもちろん偽装網、樹枝、植樹などによって偽装を行い、給水塔の破壊に備え、給水塔から30メートル以上離隔した別のところに送配水管を連結しておいた。受配電設備、運転配車司令室、電信所、無線通信所、信号取扱所に対してもコンクリート、レンガ、土壌による防護措置を施すとともに、華北電業会社からの送電設備が破壊されるときに備えるため、予備電源としてディー

ゼル発電機を通信・信号関係要所に設置した。そして、従事員、旅客の空襲待避のため、各職場ごとに従事員7人収容を限度とする待避壕を作っておき、旅客用待避壕は站前広場、旅客ホームなどに全面的に設置した。そして、防空指令下の列車運転取扱および入換作業要領（1944年4月）を制定し、訓練を繰り返した。

それにしても、「近時敵機ノ跳梁頻繁ニシテ被害又増大ノ一途ニアルハ洵ニ遺憾トスル所ナリ。我社ニ於テハ夙ニ之ガ対策ニ万全ヲ計リ来ル所ナリト雖モ現下ノ状勢ニアリテハ従来ノ施設ヲシテ到底満足シ得ザルモノトシ曩ニ全面的施策ヲ検案セルガ之ニ要スル資金資材ハ膨大ナル数値ヲ示シ時局下実施不可能ナルモノト認メタル」に至った[21]。

このように、華北交通は44年度第2四半期から鉄道システムの全般にわたる運営能力の低下を余儀なくされた。

2）輸送危機の発生と華北交通の「輸送力確保対策」

①輸送危機の発生

ここでは、輸送危機の発生を分析したあと、それに対する華北交通の対策を検討することにする。

1944年11月26～27日にわたって、華北全域に及ぶ降雪、強風または吹雪による列車運行の混乱、通信障碍が続いた。その後も、異常な寒気の襲来が続いて、12月上・中旬までの気温は各地とも例年に比べて低く、概ね零下10度以下の低温を記録した。そのうえ、11月末より12月上旬には京山、津浦、隴海地区において匪襲が激化し、それに相前後して津浦、京漢、石徳、石太各線の広域にわたり空襲が激しくなり、全線区にわたって線路・通信障碍の続出、列車運行の梗塞、機関車破損故障の頻発などが見られ、20日余の長期に及ぶ非常事態が発生した[22]。

表5-1-9によって、1日に発生した平均事故件数を検討すると、第一種運転事故と機関車関係事故はそれぞれ1944年度上半期の30.50件、5.49件から12月には48.70件、29.00件へと急増した。しかも、運転要員の過失事故、抗日ゲ

第5章　輸送危機と自活自戦態勢　199

表5-1-9　華北交通における1日平均列車および貨車キロと事故件数

(単位：件、両、％、キロ)

年　月	第一種運転事故	機関車関係事故	過失事故	匪害事故	燃料・水・砂の欠乏	機関車休車数	機関車運用成績％				列車キロ	貨車キロ
							使用	休車	洗缶	予備		
44年上半	30.50	5.49	0.29	1.86	0.29	190.8	53.0	15.1	17.8	14.1	113,312	57,226
1944年10月	34.20	9.21	1.01	2.28	1.01	205.3	62.2	18.3	7.4	11.9	112,441	58,759
1944年11月	34.00	9.94	1.74	4.88	1.74	246.3	60.7	21.0	6.8	11.5	110,208	58,909
1944年12月	48.70	29.00	6.80	5.00	6.80	295.6	58.2	25.4	8.2	8.2	82,475	38,639
45年1月上	45.92	23.58			4.67	270.5	59.9	23.6	6.6	9.9	80,566	39,511
45年1月中						306.9	58.3	26.8	7.8	8.5		

出所：華北交通株式会社『機関車休車概表』1945年1月31日；「十九年度運転事故並機関車運用成績」(1945年1月22日) 華北交通株式会社『輸送の現況と輸送力確保対策』1945年。

注：1．1944年12月の列車および貨車キロは資料上12月1～10日と18～31日の分である。
　　2．1945年1月上旬のすべての項目（機関車休車数および運用成績除く）は1月1～12日の分である。

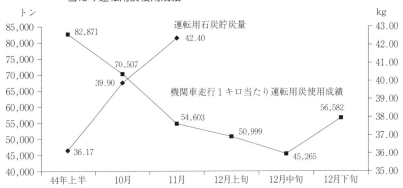

図5-1-4　華北交通における1日平均運転用石炭貯炭量および機関車走行1キロ当たり運転用炭使用成績

出所：華北交通株式会社『機関車休車概表』1945年1月31日。

リラの襲撃事故、燃料・水・砂の欠乏事故も同期間にそれぞれ0.29件→6.80件、1.86件→5.00件、0.29件→6.80件へと急増した。それが、図5-1-4のように、運転用石炭の欠乏をきたし、1944年度上半期には82,871トンであった華北交通の1日平均運転用石炭の貯炭量が、12月中旬にはその半分近くの45,265トンになった。そのため、機関車走行1キロ当り運転用石炭の使用成績でみられるよ

うに、低質貯炭の使用が余儀なくされ、列車運行の遅延や運転事故の多発がよりいっそう多くなった。それに加えて、「中国従事員の欠勤増加、日本人従事員中堅級の教育召集」もあって、労働力不足も同時期に甚だしくなった。

その結果、機関車の休車率が1944年9月の17.4％から12月に25.0％、45年1月には27.0％となり、それに伴って機関車運用における使用比率と予備比率がともに低下した。さらに、貨車の運用効率も悪化し、1日平均列車走行キロや貨車走行キロは1944年度上半期の113,312キロ、57,226キロから12月の82,475キロ、38,639キロへと低下した。それが輸送実績に影響を及ぼした結果、貨物輸送は44年度上半期計画の84％の1ヵ月平均2,863千トンから12月には計画の45％の1,722千トンへと急減した。以上のように、華北交通は1944年末に至って諸条件が相互影響を及ぼし、「未曾有の輸送混乱状態を呈」したといえよう。

②華北交通の「輸送力確保対策」

「当初計画ハ〔四半期別：引用者〕北支鉄道輸送力約一〇,〇〇〇千瓲ヲ基礎〔ト〕シテ、対日供給並ニ大陸各地域相互ノ物資交流計画ガ組マレタ」ガ、「十一月以降鉄道ニ対スル空襲ノ強化ト、猛烈ナル寒気ノ来襲、匪賊等ニ依リ輸送力ハ急激ニ低下シ、殆ド半減セル状況」となったので、「昭和十九年度物動計画第四四半期実施計画」では、華北交通の「増強方策ニ際シ別途速急ニ措置スルコトト致シマスルト共ニ今期ニ於テハ其ノ輸送力ヲ七,二〇〇千瓲程度ニ回復スルコトトシテ、北支物資ノ輸送計画ヲ改定シ、対日供給ノ北支物資ハ元山向キ、開灤炭一日一列車（四／一九で九〇千瓲）ノミヲ残シ、開灤炭以外ノ北支炭、銑鉄、長芦塩等ハ之ヲ海送ニ改メタ」[23]。

華北交通は1944年12月18日より22日までの5日間、貨物輸送量を計画の約50％に抑制し、当分の間は旅客列車6,155キロ（約15％）を運休するという緊急措置をとった[24]。それによって、「①乗務員ニ余裕ヲ生ゼシメ勤務ヲ正常化ス、②運用機関車ヲ縮減シ其ノ間補修整備ヲ完全ニス、③線路容量ニ余裕ヲ有ゼシメ列車運行ノ正確ヲ期ス、④発送整備車ノ瘤団ヲ解消ス、⑤到着貨車ノ減少ニヨリ主要站ノ盈停泊車ヲ一掃シ構内作業ヲ正常化ス」。それとともに、鉄路工

廠や機務段の車両修繕力を増強して機関車休車数の減少措置を講じた。さらに、通信の補修にも特別の措置を講じ、特に運転・配車司令および列車運転閉塞回線の確保を図って「一時ノ如キ不良状態」から抜け出すことにした。

　労務管理においても、鉄路局以下の各現業機関では、幹部の交替泊込による現場指導、非現業員挺身隊の操業協力、学習生の講習中止および所属機関への復帰などの措置をとり、現業能力を昂進した。機関車乗務員に対しては添乗指導を実施するとともに、主要站に構内作業指導班を派遣して合理的作業を指導督励することにした。インセンティブ・システムの強化を図って、「生活必需品切符規程」改正などによる生活必需品（地下足袋、運動靴、支那靴など）の増配、防寒具の貸与、会社給食制の拡充、臨時手当・臨時補給津貼（中国人従業員に対する手当）・構内作業手当・乗務手当・空襲危険手当などの給与の増額是正、住宅料支給の拡充、褒賞制度の活用、電気・水道料および教育費の社費負担制の実施などを通して従事員の志気を高揚させようとした[25]。

　軍との意見調整を通して、軍の承認下で灯火管制を緩和し、円滑な作業条件を整えるとともに、兵団の装甲列車を一時解装し機関車および乗務員を一般輸送に転用することに対して軍の許可を得るほか、一般輸送に対する装甲列車隊による協力援助を受けることにした。さらに、運転用炭不足に対しては軍用炭を一時流用し、援助を受けることとなった。ゲリラの攻撃に曝されやすい保線作業の場合、京漢線・東潞線・同蒲線の一部においては軍の支援を得て、集団作業を行っており、これを他の路線には拡大しようとした。

　そして、対日戦略物資輸送や大陸相互間の交流物資輸送において、最大のネックとなっていた石炭輸送に対して特段の措置を講じた。まず、開灤炭の場合、輸送用貨車は専ら朝鮮と満州より返送される空車を充当してきたが、これらの地域からの空車廻入が不調であって、その車両数の波動が甚だしかったため、開灤炭の輸送・生産に及ぼす影響も少なくなかった。それに鑑み、炭鉱（古冶）・秦皇島間に貨車の循環指定輸送を断行し、いったん秦皇島に貯炭したあと、日本・朝鮮・満州へ輸送することを原則として秦皇島より石炭を積み出すことにした。なお、1945年1月25日には山元の貯炭をできる限り秦皇島に移し、事

態の変化に即応して海陸両面で輸送できるようにし、石炭輸送の機動性を確保した。次に、大同炭については空貨車の供給基地たる大同站および口泉站と大同炭鉱専用鉄道の運転操作を一貫的に処理し、石炭輸送・生産を促すため、華北交通が大同炭輸送用鉄道の運転管理を1月15日より受託した[26]。

　こうした緊急措置の実施にあたって、本社には臨時輸送推進機関を設けて、「輸送力確保対策」の迅速な具体化を図った。業務および組織を簡素化して、戦場鉄道として事態の変動に即応し得る非常体制を実施するとともに、要員の配置および給与の重点的合理化をよりいっそう進めた。それに合わせて、線路補修の強化および主要幹線（京山、津浦、京漢）の増強を推進した。すなわち、京山線は塘沽・唐山間の複線化、津浦線は信号場2ヵ所および待避線12ヵ所の新設と徳縣・済南・兗州站の一部増強、京漢線は信号場4ヵ所の新設である。ところが、これらの増強工事は3つの路線が南北間の陸運転嫁輸送ルートであるだけに、海上輸送力の激減のために至急の実行課題となったにもかかわらず、物動資材の入手可能性がほとんどなかった。そのため、既設線の撤去転用、補修用資材の一時流用または軍特品の立替などによって、1945年度に早期完成することとし、工事の進捗を図った。そのほか、通信関係でも超重点主義がとられ、既設線の撤去転用による重要路線の通信強化が講じられた。車両の修繕部品の確保や新造車両の落成入手にも力が入れられた。そして、既述のように、防空施策や「対匪、謀略対策」が強化された。

　以上の諸対策によって、「一時立直りの曙光を認むるに至り1日の輸送量12月18日の最低51,826トンは12月25日82,965トンまで回復し1月20日以降1日10万トン確保を目標に努力し」た。しかしながら、1月中旬以降は「敵機の蠢動」が連日激化の傾向をたどり、機関車の休車状態は再び悪化した。そのため、「空襲苛烈化必至の状勢に対処し一段と防空施策を強化し尚業務組織又は日本人従事員の配置編成替非常事態即応の措置を講じ飽迄輸送力の挽回確保に努力邁進」しなければならないものの、2月分の輸送計画としては2,310千トン（当初の計画は3,220千トン）とすることに輸送統制機関の決定をみたが、その実績は1,771千トンに過ぎなかった。さらに、3月には「季節的条件の好転を考

慮し」、月間2,790千トン(当初の計画は3,840千トン)を計画したが、実績はそれに及ばない2,271千トンであった。その結果、1944年度第4四半期の実績率は第6回大陸鉄道輸送協議会決定の10,220千トンに比して58％に過ぎなかった。これらの緊急措置によって、図5-1-1のように、貨物輸送は1945年1月以降若干の回復を示したが、実績率は依然として60％を下回っていた。それに伴って、旅客輸送に対しては強力な統制を加え、その実績率は45年1月の110％から2月88％、3月84％へと低下した。そのため、厳しい経営資源の不足の中でも、1943年まで増えつつあった1人当たり労働生産性(千トン・人キロ／人)も、1943年の182.0から133.6へと急激に低下したのである(前掲表3-1-1)。

2. 自活自戦態勢の確立と決戦輸送

1) 華北交通の軍管理と「北支那交通団」

本節では、大陸鉄道レベルで決定された鉄道輸送体制の再編と決戦輸送について検討する。

1944年8月以来、鉄道運営の困難は華北交通に限らず、日満支の全般にわたる輸送危機へと悪化した。そのため、大本営は日本では「内地鉄道決戦態勢の確立」を進めながら、大陸においては「日鮮満支一貫輸送力の増強確保」を推進した[27]。参謀本部と大陸鉄道との間に開かれた大陸鉄道一元化についての会議(1942年)では「『大陸の鉄道一貫運営』という理念」を持つ宇佐美寛爾総裁[28]が、賛成の意見を示したこともあるが、華北交通は、1944年に入ると「戦局の推移に鑑み今後増強用の車両又は資材の配給は極端なる圧縮を見るべきは予想に難からず従って輸送増強対策として自然満鮮支を通しての現有車両、要員並に保有又は新規割当資材の極限的有効活用を計る以外に方法とし之れが為大陸各鉄道を戦時即応の一元的運営に改めるを刻下の喫緊事と認め」た[29]。

その一環として、朝鮮国鉄の満鉄への委託経営と、それに基づいた大陸鉄道

の完全一元化が主張されたが、これに対して朝鮮総督府が行政と交通の分離不可論を理由として反対し、戦争指導部の意見が必ずしも纏まらなかったため、委託経営による大陸鉄道の完全一元化は最後まで実現できなかった[30]。そのため、陸軍が鉄道管理権を発動し、各地域ごとに展開される軍事輸送を一元的に運用するという大陸鉄道政策が進められた。すなわち、南鮮諸港経由の中継輸送が一時停止するなど、対日転嫁輸送が円滑さを失うと、参謀本部では1944年9月16日に「野鉄〔野戦鉄道〕ノ一元化運用ノ必要」があると判断し、「関東軍野鉄ヲ強化シ、北支野鉄ヲ区処セシムルヲ可トスルコトニ意見一致」となった[31]。同時に、「軍ノ斯カル措置ハ総動員物動ノ一貫輸送ヲモ引キ受ケ得ルノ態度」となったのである。

　それによって、大本営陸軍部は44年12月に鉄道司令部臨時編成に関する軍令などを出し、関東軍野戦鉄道司令部と野戦鉄道隊を基幹として、関東軍大陸鉄道司令部と大陸鉄道隊を編成し、大陸鉄道司令官に対して「鮮満支ニ於ケル鉄道ノ一貫輸送ノ計画処理ニ任」するとともに、鮮満支一貫軍事輸送に関して、在支鉄道機関を区処する権限を与えることとなった。また、大陸鉄道輸送協議会事務局職員は関係機関の了解の下に大陸鉄道司令部嘱託として司令部より委嘱された「一貫運用」に関する重要業務の一部を処理することにした[32]。さらに、最高戦争指導会議では1945年1月11日に「大陸鉄道輸送確保対策ノ件」が検討され、同会議決定第13号として「大陸重要輸送確保施策」が決定された。「大陸輸送ノ効率的運用ヲ期スル為取敢ヘズノ処置トシテ対日総動員物資ノ輸送ヲ大陸港湾出発迄準軍需品トシテ取扱ヒ一元的ニ軍事輸送ニ依ニ処理ス」ことや、「現大陸鉄道協議会事務局ヲ強化セシメ軍鉄道機関ト密接ナル連絡ヲ保持シツツ活発ニ大陸輸送ノ調整及其ノ効率ノ向上ニ努メシムル如ク措置ス」ことなどである[33]。

　そのほか、会議終了後、小磯総理大臣から「華北及華中両鉄道ヲ統治シテハ如何」という緊急提案があった。華北交通の場合、すでに社内では「派軍、北支軍、第二野道、大使館、北支開発等現地に於ても多数の監督機構あり」、「空襲その他に供え敏捷果敢に事務処理を図る為には権限の委譲、許可認可事項の

整理等をなし多元的監督は極力之を整理すると共に出来得る限り現地処理をなし得る」ことが指摘されていた[34]。そのため、大本営は1945年1月教導鉄道団長加藤定少将を長として、大本営をはじめとする関係各省の関係者をもって編成した大陸鉄道視察班を派遣し、その報告に基づいて中国占領鉄道に対する軍管理を決定した[35]。その一方で、上述の「大陸重要輸送確保施策」や、自戦自活および対日満寄与を目的として、「支那経済ノ破綻ヲ防止シ戦争寄与ヲ確保スル」ため、「現地経済力ノ維持培養ヲ図リ現制維持ヲ確護ス」るための「支那戦時経済確立対策」（1945年1月11日、最高戦争指導会議決定）に基づいて、1月29日の閣議において「北支蒙古ニ於ケル鉄道輸送力確保ニ関スル緊急対策ノ件」を決定した。鋼材、枕木など資材の特配や既存路線の「転活用」によって京山、津浦両幹線を増強し、華北用車両の製作を促すとともに、現地における製鉄圧延施設の完成、車両修理および同部品製作能力を強化し、交戦下の鉄道輸送力を確保しようとした[36]。

　これらの措置によって、3月1日より大陸鉄道司令官を輸送統制の頂点とする大陸物資中継輸送が、軍事輸送として発送地から中継地まで一元的な統制の下に行われた。そのための法律上の手続として、3月8日より朝鮮国鉄と満鉄に対して「鉄道軍事使用ニ関スル勅令」が発動された。それに合わせて、華北交通と華中鉄道に対しては、3月16日に「支那鉄道ノ軍運営管理要領」が閣議決定された[37]。「軍運営管理実施方法」を見ると、「①華北交通株式会社及華中鉄道株式会社ハ依然存置スルモノトシ、両会社ノ日本人従業員ハ軍属、現地人従業員ハ軍属扱トシ給養諸品ハ軍ヨリ供給ス、②鉄道器資材ハ南方軍政鉄道用器資材ト同要領ニ依リ供給ス、③経理ニ関シテハ会社経理ヲ活用ス中国政府ニ対スル上納金会社配当金ハ依然存置スルト共ニ損失金ハ之ヲ繰越シ整理スルモ所要資金ノ調達ニ遺憾ナカラシム、④管理実施ニ伴ヒ輸送ト生産トノ総合的且一元的計画及運営ニ遺憾ナカラシム為軍ノ行フ輸送ト現地政経指導機関ノ指導スル生産トノ間ニ密接ナル連繋調和ヲ保持セシムル如ク措置ス」とある。要するに、経営資源の調達および運営を軍の主導下で行うとともに、輸送サービスの配分における鉄道と生産の需給調整を徹底化する施策をとったのである。こ

表 5-2-1　華北交通における現地自給態勢

機械類	現　地	中　央
輪転材料	鉄道工場自給態勢を確立するとともに修理能力を増強す。	内地より機械類及技術要員を供出す。
輪転材料の主要部品	特殊なものについて自給能力を増強す。	兼二浦に於ける缶板を現地取得を確保す。
その他の資材	中国現地で自給不可能または能力不足するものは主として満州・朝鮮に期待。	やむを得ざるものは内地に期待。

出所：「大陸鉄道現地自給態勢確立に関する件」『公文類集第69編昭和20年第63巻交通門通信』国立公文書館所蔵。

れが、南京国民政府行政院長陣公博と支那派遣軍総司令官岡村寧次との間に「華北及華中鉄道運営之軍管理協定」として3月30日に結ばれ、4月1日から発動された[38]。そして、中国占領鉄道の管理にあたっていた北支那鉄道隊や中支那鉄道隊からなる支那派遣軍第一鉄道隊[39]に対して、大陸鉄道司令官が区処権をもち、大陸鉄道の運営は大陸鉄道司令官の命令体制の下に置かれたのである。

　大陸鉄道システムの再編に伴って、華北交通は交戦下の自活自戦態勢を想定して、1945年4月1日に名実ともに軍機関たる北支那交通団へと改編され、各鉄路局は地方交通団となった。そして、敵攻撃による鉄路の寸断に備えて、鉄路局別自活自戦態勢を整えることとなり、その一環として鄭州事務所を鄭州事務局に強化した[40]。とりわけ、本社運輸局は第一・第二運輸局に改組されており、東京支社は東京事務局と改称された。総裁は長官、副総裁は次官、理事は参議になったうえ、日本人社員は軍属、中国人社員は軍属扱とし、軍令によって指揮運営することにした。従来の輸送委員会に代わって戦時輸送総司令部が設置され、軍の作戦に基づく輸送計画および実施を処理した[41]。

　同時に、資材調達においても、自活自戦原則が確認された。表5-2-1のとおり、閣議で「大陸鉄道現地自給態勢ノ確立ニ関スル件」（1945年3月16日）が出され、輪転材料をはじめ石炭、油脂、枕木などを現地自給することを原則とし、日本内地からの支援が不可避となる人員、機材の転出や資材の供給を6月末までに完了する指令が出された[42]。華北の場合、燃料炭をはじめとする地

下資源が豊富であったが、輪転材料を供給できるのは華北交通の施設および資本をもって創立した華北車両会社しかなかった。そのため、「莫大ナル施設、技術ノ導入ニヨル全製作工程ノ現地自活ハ許サレザル処ニシテ特殊部品ノ対日満期待ハ已ムヲ得ザル処」であった。それにもかかわらず、「特殊部品ヲ除ク全所要能力ハ在北支機器、施設ノ転活用ヲ主体トシテ付与」しなければならなかった。また、軌道材料においては、軌条および継目板は日本内地に依存しているが、「供給源ヲ大陸ニ移スヲ可トスベク鮮満ニ於ケル施設ノ拡張ヲ期待」するとともに、分岐器、橋梁および信号保安用資材は「華北車両会社ノ事業拡張計画ヲ支援シ自活力ヲ付与」することにした。ところが、華北において自活上もっとも困難なのが枕木であった。「当分ソノ自活ハ望ミ得ズ対日、鮮満期待ハ已ムヲ得ザル処」となったが、「一部実施セラレツツアル植林事業ヲ更ニ拡張実施シ将来ノ自給ヲ期ス」ることにした。

そのため、華北交通は1945年4月1日に鉄道技術研究所に能率班を編成し、その研究力を強化しようとした[43]。さらに、7月には列車電灯・通信・電源用および自動車用の蓄電池が日本戦時経済の物動計画に依存できなくなると、蓄電池係を設置し、廃棄蓄電池を再生して利用することにした。それと同時に、設計工作係を設置し、一般工場に委託してきた試験研究用試験片、実験共試体、実験用器具などを自ら製作した。こうして、現地自給が励行されたものの、対日満期待の資材と会社の保有資材が減少していくなか、既存施設の撤去転用による鉄道施設のメンテナンスを余儀なくされた。

人的資源の運用でも、それまでとは全く異なる運用計画が立てられた。すなわち、「非常配置人員計画」である。この計画は交戦下鉄道網が寸断されることや一部の中国人が職場を離脱することを想定して日本人中心の鉄道運営を維持・強化しようとしたものであった。主な内容は、表5−2−2でみられるように、現業部門は日本人200％増員（1944年11月基準）、中国人41％減員、本社および鉄路局本部は日本人76％減員、中国人85％減員、全体的には日本人133％増員、中国人57％減員という職場別要員調整を行うこととした。日本人の増員による現業部門の強化を図ったのである。同時に、路線別運営においてその重

表 5-2-2　華北交通の「非常配置人員計画」

		非常配置所要員								現在員 (1944年11月末)			差引			
		一級線		二級線		三級線		計								
		日	中	日	中	日	中	日	中	計	日	中	計	日	中	計
本部	本社本部	1,303	802					1,303	802	2,105	2,063	1,094	3,157	-760	-292	-1,052
	路局本部	3,186	2,382	408	392	76	665	3,670	3,439	7,109	5,408	4,813	10,221	-1,738	-1,374	-3,112
	その他	5,438	7,232	401	1,537		1,811	5,839	10,580	16,419	6,768	11,588	18,356	-929	-1,008	-1,937
	計	9,927	10,416	809	1,929	76	2,476	10,812	14,821	25,633	14,239	17,495	31,734	-3,427	-2,674	-6,101
鉄道直接現場	站	6,157	826	1,490	1,436		1,907	7,647	4,169	11,816	3,646	22,396	26,042	4,001	-18,227	-14,226
	列車段	1,085		236	237		261	1,321	498	1,819	637	3,382	4,019	684	-2,884	-2,200
	機務段	4,601	4,439	1,196	3,329		3,362	5,797	11,130	16,927	3,232	18,652	21,884	2,565	-7,522	-4,957
	検車段	1,388	991	393	1,142		983	1,781	3,116	4,897	1,001	7,179	8,180	780	-4,063	-3,283
	工務段	4,742	1,196	997	1,495		5,214	5,739	7,905	13,644	1,765	16,037	17,802	3,974	-8,132	-4,158
	電気段	2,655	414	422	631		1,491	3,077	2,536	5,613	2,229	3,951	6,180	848	-1,415	-567
	電信所	562	20	58	58		96	620	174	794	402	379	781	218	-205	13
	鉄路工廠	2,373	3,304	362	2,163		1,841	2,735	7,308	10,043	1,427	17,485	18,912	1,308	-10,177	-8,869
	車務段	585	30	137	150		164	722	344	1,066	337	209	546	385	135	520
	計	24,148	11,220	5,291	10,641		15,319	29,439	37,180	66,619	14,676	89,670	104,346	14,763	-52,490	-37,727
自動車関係		1,139	2,968					1,139	2,968	4,107	1,139	2,968	4,107	0	0	0
内水関係		295	2,957					295	2,957	3,252	295	2,957	3,252	0	0	0
警務関係		3,700	16,393					3,700	16,393	20,093	3,700	16,393	20,093	0	0	0
合計		39,209	43,954	6,100	12,570	76	17,795	45,385	74,319	119,704	34,049	129,483	163,532	11,336	-55,164	-43,828

出所：華北交通総務部人事「非常配置人員計画表」1945年2月27日。

注：本社本部を路局本部を除く全部。その他は本社直轄（中央警務訓練所、警備大育成所、小運送関係を除く）、路局直轄（管理所、警務訓練所、小運送関係を除く）。自動車関係は自動車営業所、内水関係は航運営業所、警務関係は中央警務訓練所、警備大育成所、警務段。

要度に鑑み、日本人を重点的に配置することとし、一級線（京山、津浦、京漢、隴海）は日本人、二級線（京包［大同以東］、膠済、石太）は日中折半、三級線（その他）は中国人による運営を計画した。そのために要請される日本人現業員の増員14,763人を、本社本部・鉄路局本部から3,427人を捻出するほか、満鉄よりの割愛1,724人、応召者の復帰2,145人[44]、運輸省派遣[45]および日本内地からの採用7,467人で賄うと計画された。ところが、こうした非常配置人員計画は日本人増員が難しかったため、いずれにせよその実施には困難が伴ったと思われるが、戦況の展開はそれが本格的に実施されることを許さず、華北交通は敗戦を迎えた。

2）決戦輸送と敗戦

ここでは、華北交通が北支那交通団に再編されてから、軍管理のもとで行った決戦輸送を考察する。1944年末、レイテの敗戦に伴う中国大陸方面の作戦指導に関し、大本営は中国華南（東部広東省および南部福建省）および長江下流地区に対する米軍の接岸作戦を重視し、支那派遣軍をして対米作戦準備を重点とする作戦指導に転換することを命じた。それに伴い、湘桂戦のために動員されていた鉄道部隊の大部分を徐州江南の津浦線および海南線に転用して対米決戦の態勢を整えた[46]。そのため、華北方面からの7ヵ師団と戦車1ヵ師団をはじめとする兵力の転用が行われ、軍事輸送が急増せざるを得なかった。

その中で決定された1945年度第1四半期物動実施計画では、米軍の日本本土上陸に備えるため、一部の軍備生産に力を入れるほか、日本内地における食糧不足を補填するため、満州糧穀類や大陸塩の取得を最優先し、その隘路区間に対して輸送力の配分を重点的に行うこととした[47]。こうした物動計画の大網も決定されたとはいえ、現状における鉄道輸送の見透しは全く至難なものであった[48]。表5-2-3の1945年度鉄道整備計画資材調書によれば、鋼材128,613トン、枕木4,871,250挺、木材495,530石、セメント72,612トンが必要であった。そのうち、鉄道用鋼材を取り上げて最小限の所要量を推計してみると、①機関車の空襲被害を1ヵ月平均で銃撃200両、爆撃50両、年間で大破廃車60両とし、そ

表5-2-3　華北交通における1945年度鉄道整備計画資材調書
　　　　（1945年1月31日）

区　分		鋼材（トン）	枕木（挺）	木材（石）	セメント（トン）
一般整備	改　良	21,549	392,066	106,226	23,380
	鉄道車両	33,674		40,006	11
	自動車	449		9,929	1,330
	水　運	130		1,561	270
	保　安	25,340	3,874,784	111,081	8,342
	計	81,142	4,266,850	268,803	33,333
防空対策	施　設	16,800	316,400	89,742	34,804
	復　旧	30,671	288,000	136,985	4,475
	計	47,471	604,400	226,727	39,279
合　計		128,613	4,871,250	495,530	72,612

出所：華北交通株式会社『輸送の現況と輸送力確保対策』1945年2月。

れに対応する復旧および防空装置のための鋼材47,471トン、②現状施設および車両修繕用鋼材36,740トン、③1943年度繰越の京山線増強用鋼材5,741トン、合計89,952トンであった。こうした最小限の鋼材もその確保が事実上困難と見られ、大規模な撤去転用による現地調弁を敢行するほかなかった。

　さらに、アメリカ軍による空襲被害が激しくなったため、銃撃による破損両数も1ヵ月50両をはるかに上回る可能性もあり、その被害も機関車のみならず主要操車場、橋梁などにもおよび、中国人社員、労務者の「人心の恐怖不安感に基く作業能率の低下は相当増大する」と想定された。そのため、1945年度鉄道輸送は1944年末以来の輸送危機を念頭に置いて計画されざるを得なかった。それが表5-2-4である。A案は1944年並みの実績（1日96千トン）、B案は44年度第3四半期の実績（1日81千トン）、C案は44年度第4四半期の実績見込730千トンの1割減（1日73千トン）、D案は44年度第4四半期の実績見込の4割減（1日50千トン）であった。そのうち、現状の悪化が必然的であったため、1945年鉄道貨物輸送は1日平均73千トンを基礎として44年度実績見込の3,448万トンに比べて783万トン減少した年間2,665万トンと予測された。C案を中心として輸送計画をみると、地区外3,620千トン（日本内地1,200千トン、朝鮮740千トン、満州1,660千トン、華中20千トン）、地区内の民需4,730千トン、

表5-2-4　華北交通における1945年度鉄道輸送計画案

(単位：千トン、%)

		A案1日96千トン		B案1日81千トン		C案1日73千トン		D案1日50千トン	
		年間輸送量	%	年間輸送量	%	年間輸送量	%	年間輸送量	%
地区外		6,620	100	4,960	75	3,620	55	2,000	30
地区内	民需	8,530	100	6,390	75	4,730	55	3,600	42
	製鉄	2,400	100	800	33	800	33	800	33
	軍需	12,000	100	12,000	100	12,000	100	8,250	69
	社用	5,500	100	5,500	100	5,500	100	3,600	65
合計		35,050	100	29,650	85	26,650	76	18,250	52

地区外向け振当て案

		1944年度第3四半期実績 (Ω)	B案総枠を (Ω) の比率で案分		C案	
			年間	第1四半期	年間	第1四半期
日本	石炭	369	1,100	370	800	270
	その他	177	540	170	400	130
	計	546	1,640	540	1,200	400
朝鮮	石炭	206	620		450	
	その他	121	400		290	
	計	327	1,020	340	740	250
満州	石炭	437	1,310		960	
	その他	312	960		700	
	計	749	2,270	750	1,660	550
華中	その他	34	30	10	20	
合計		1,656	4,960	1,640	3,620	1,200

出所：華北交通株式会社「昭和20年度華北鉄道輸送見透の一案」1945年2月13日。
注：1．1日96千トンを算定の基礎として、軍需品は1944年度の38%増、社用品は1944年度と同様、その他は1944年度第3四半期の4倍と仮定。
　　2．1日50千トンの場合、地区外は開灤炭を1,500千トン、その他を500千トンに圧縮する。
　　3．地区内民需は華中民需炭を含まないが、軍需は華中向貨物2,000千トンを含む。

製鉄800千トン、軍需12,000千トン、社用5,500千トンであった。その中で、アメリカ軍の華中南上陸が確実であったため、軍需輸送が45%に達すると予想された。また、単一品目としては石炭が、表5-2-5のように、年間13,000千トン（C案）を記録し、全輸送量の約50%を占めた。その輸送量は1945年度要請量の49%に過ぎなかったが、44年度実績見込に対しては87%を記録すると想定

表5-2-5　華北交通における1945年度石炭輸送計画案

(単位：千トン)

		43年度	44年度	45年度計画試案						
		実績	実績見込	要請量	A	B	C	1四半	D	1四半
生　産		21,807	21,081	20,014						
地区外	日本	3,305	1,830	1,360	1,360	1,360	800	220	1,300	360
	朝鮮	397	710	1,400	1,200	1,200	450	130	500	140
	満州	2,802	1,900	3,000	2,000	2,000	960	270	1,350	370
	華中	1,587	1,100	2,200	2,000	2,000	1,500	550	2,000	550
	計	8,091	5,540	7,960	6,560	6,560	3,710	1,170	5,150	1,420
地区内	軍用	906	1,908	1,500	1,500	1,500	1,500	275	1,000	270
	鉄道	2,360	2,667	3,614	2,500	2,500	2,500	710	2,500	680
	電業	846	948	1,600	1,100	1,000	1,000	275	700	190
	製鉄	937	1,053	3,800	1,500	1,000	400	100	700	190
	人石	—	—	250	3	3	3	—	3	—
	船焚	286	120	350	200	150	150	30	80	20
	軽金属	—	10	115	60	60	60	10	60	10
	工場	1,776	1,320	2,450	1,500	1,200	1,200	330	900	250
	見返	—	85	100	50	50	50	10	50	10
	芝罘	72	50	120	100	50	50	10	50	10
	民需	3,740	2,517	4,700	2,927	1,727	2,377	650	1,807	520
	計	10,923	10,678	18,599	11,440	9,440	9,290	2,400	7,850	2,150
合　計		19,014	16,218	26,559	18,000	16,000	13,000	3,570	13,000	3,570
総輸送枠		39,824	34,482		35,050	29,650	26,650	7,400	26,650	7,400

出所：華北交通株式会社運輸局「二十年度石炭仕向先別輸送計画資料」1945年2月28日。
注：表5-2-1の地区内軍需の華中向貨物2,000千トンの一部が、本表では地区外華中石炭1,500千トンとして計上された。

された。

　ところが、既述の華北からの兵力抽出は華北の治安維持力をさらに悪化させたため、抗日ゲリラの鉄道破壊はよりいっそう酷くなった[49]。そのうえ、中国の成都からマリアナ列島へとB29の前進基地が移動してから、華北交通に対する米軍の空襲は激しくなってきた。こうして戦況が悪化するにつれて、中国人従事員はますます動揺し、特に機関車乗務員は空襲、匪襲に脅えて、乗務を拒否するものが続出した。乗務員確保のため青年隊員の中から志願者を募り、「鉄火隊」を組織し、簡単な機関車の運転教育を実施したうえ、機関車運転に

投入することとなった。鉄路局別に本局員の現場応援隊を編成し、列車運転を支援するとともに、職場別に特設応援隊を編成し、「非常の場合機動的通用」を図った[50]。そのうえ、頻繁なB29の来襲に備えて、勤務時間を45年2月1日より1時間延長するとともに、救護班の再編成・拡充や防空勤務方の制定を行った。要するに、華北交通は加速度的に増大の一途をたどる輸送要請に対応しなければならなかったが、人的物的資源の獲得難、特に従事員の素質水準の低下、線路容量の不足、信号保安設備の不完全、空襲・匪襲の急増による運転事故の頻発や列車遅延[51]を避けられず、鉄道運営の正常性を失ってしまった。

輸送危機が打開できない状況のもとで、軍属としての「従事員の心構への立直し」が空しく強調されざるを得なかった。ところが、現業員は常に命が脅かされただけでなく、社員の体力低下も著しくなって、結核の発生が増加の傾向を示し、その予防対策がもっとも緊急を要するものとなった。それに備えて、1945年7月1日に鉄路医院の機構を廃して保健院に改めると同時に、健康管理規程を制定して予防業務の確立を図った[52]。そして、日本人社員に対する従来の共済制度を廃止して、全社員に対する医療サービスは会社給付に切り替えられた。因みに、健康診断などの「保健指導」を強化する他、直営医療機関における診療負担は歯科技工などの特殊なものを除いて社員は無料、家族は月額最大6円程度の負担であったが、それを社員、家族とも無料とした。なお直営以外の指定医療機関における治療も会社給付に改められた。

そうした中、決戦輸送が断行された。その内容は今のところ詳らかではないが、年間ベースで貨物輸送は約26,000千トン、旅客輸送は約45,000千人と想定された[53]。旅客輸送の場合、資料上確認できる第1四半期の実績（表5-2-6）は4,800～5,600千人に達し、1943～44年度の水準には達しなかったが、1942年の輸送実績を示した。貨物輸送は同期間の実績は資料上確認できないが、1ヵ月平均約2,167千トンを輸送したと想定すると、日中戦争が全面化した間もなくの1938年度の水準に近かったと思われる。対日総動員物資輸送はその数量が膨大に上り、その「成否如何は実に重大ニシテ即本土決戦準備必成の鍵になるに鑑み」、大陸鉄道の所命完遂が要請された[54]ものの、第2四半期物動計

表5-2-6 華北交通における1ヵ月当たりの局別平均旅客輸送

(単位：千人)

年月	天津	北京	張家口	済南	太原	開封	石門	徐州	合計
1939	834	730	219	623	63				2,218
1940	1,037	831	253	790	190	252			3,353
1941	899	843	267	677	255	301			3,242
1942	1,288	1,267	480	902	260	510			4,708
1943	1,532	1,900	616	1,605	526	1,218			7,396
1944	1,430	1,546	600	1,481	338	381	583	477	6,748
1945.4	1,175	1,519	436	1,533	134	185	246	433	5,661
1945.5	962	1,193	445	1,203	170	124	357	407	4,861
1945.6	1,028	1,076	505	1,185	156	144	320	435	4,849

出所：華北交通株式会社『華北交通の運営と将来』1945年。
注：石門と徐州の1944年度の数値は1944年5月からのものである。

画は「大陸との連絡輸送力は戦局の進展に伴い愈々低下し、今期に於て□に軍需物資は特殊物資の僅少量を取得し得るに止り下期以降は大陸との交通遮断せらるることあるを覚悟し大陸資源搬存を完全に消却する体制を確立する」ことにした[55]。

いよいよ8月8日になると、ソ連は対日宣戦を布告し、張家口・山海関地区に進攻した[56]。また、八路軍延安総部は、毛沢東の「日本侵略者に対する最後の一戦」の命令にしたがって、大規模な反攻を準備した[57]。1945年8月11日に第18集団軍総司令朱徳は第5命令を出し、京奉、京綏、同蒲、石徳、正太、道清、津浦、粤漢、滬寧、京蕪、滬杭甬、広九、潮汕などの鉄道沿線の解放区の抗日軍隊に対し、「積極的に反抗を行い、敵とかいらいを無条件降伏させよ」と指示し、抗日ゲリラの攻撃が全面化した。華北交通は大陸鉄道だけでなく、地場鉄道としてももはや寸断され始めたのである。

注
1) 華北交通株式会社『輸送の現況と輸送力確保対策』1945年。
2) 大東亜省総経好井技師「二十年度北支鉄道輸送計画参考案」1944年11月2日。
3) 華交援助会『華北交通株式会社社史』1984年、705頁。
4) 第一復員省史実調査部『大東亜戦間に於ける軍事鉄道記録 其の一』1947年3月、

14〜16頁、防衛研究所図書館所蔵。
5）　梅田義雄「河南作戦と鄭州事務所」華北交通外史刊行会『華北交通外史』1988年、416〜422頁；元第二野戦鉄道司令官陸軍中将村治敏男「河南作戦の回想」『華交』第13号、1966年3月30日2頁；中村善助「幻の特設輸送隊顛末記」『華交』第106号、1984年3月1日、4〜5頁。
6）　信陽・漢口間は華中鉄道社員が担当した。
7）　華北交通株式会社「運用車確保に対する対策」1945年。
8）　華北交通株式会社『輸送の現況と輸送力確保対策』1945年。
9）　大陸鉄道輸送協議会事務局『第五回大陸鉄道輸送協議会議事録（別冊）』1944年9月、17〜18頁。
10）　林采成『戦時経済と鉄道運営：「植民地」朝鮮から「分断」韓国への歴史的経路を探る』東京大学出版会、2005年、149頁。
11）　「創業四周年躍進社業の現状」『興亜』第46号、1943年4月、4〜5頁。
12）　華北交通株式会社『輸送の現況と輸送力確保対策』1945年。
13）　1944年末に主要兵器の不足数をみると、刀62丁、銃剣4,333丁、小銃4,220丁、拳銃283丁、軽機784丁、重機68丁、擲弾筒27丁であった。
14）　「華北交通職制改革、決戦態勢茲に確立す」『興亜』第54号、1943年12月、3〜4頁。
15）　中国内地の成都からB29を出撃させ、日本内地の工業地帯を爆撃するというマッターホルン作戦は、①前進基地を支援するに必要な燃料、爆撃および修理部品をヒマラヤ山脈を越えてインドより補給せざるを得なかっただけでなく、②日本本土に達するまで日本占領遅帯を通過する長距離の飛行が余儀なくされたことから、戦略爆撃の効果に比べて多くのコストを支払わなければならなかった。そのため、マリアナの陥落後、サイパンがB29の前進基地となった。米国戦略爆撃調査団『太平洋戦争Ⅴ：太平洋戦争報告書1946〜1947』みすず書房、569〜604頁；Arthur N. Young, *China and the Helping Hand, 1937-1945*, Harvard University Press, 1963, pp. 276-278, 407-408；臼井勝美『日中戦争』中央公論新社、2000年、170〜173頁。
16）　航空機の種類によっては、重爆機は分岐站、主要站、操車場、建築物を、軽爆機は閉塞区間と列車転覆を目標とするが、閉塞区間の切取り部での列車転覆は復旧に長時間を要した。第1430部隊若松部隊長「鉄道防空の理念」『興亜』第52号、1943年10月、2〜4頁。
17）　華北交通株式会社「北支空襲状況（自五月至十二月）」1945年。
18）　華北交通防空総本部『新郷開封塘沽空襲被害状況説明』1944年7・8月。
19）　華北交通株式会社『輸送の現況と輸送力確保対策』1945年。

20) 機関車待避掩体の規格をみると、高さは4.8m、壁の厚さはレンガの場合上部2.5枚、下部3枚以上であって、土壁は上部1m、下部3m以上であった。華北交通株式会社「北支空襲状況（自五月至十二月）」1945年。
21) 華北交通防空総本部「昭和二十年度防空対策整備ニ伴フ要望」年度未詳。
22) 華北交通株式会社『輸送の現況と輸送力確保対策』1945年。
23) 軍需省「昭和十九年度物動計画第四四半期実施計画ニ関スル閣議説明要旨」1945年2月5日、石川淳吉『国家総動員史 資料編Ⅱ』国家総動員史刊行会、1975年、1127頁。
24) 華北交通株式会社『輸送の現況と輸送力確保対策』1945年。
25) 華北交通株式会社「生活安定方策」1945年。
26) 華北交通株式会社『輸送の現況と輸送力確保対策』1945年。
27) 第一復員省史実調査部『大東亜戦争間に於ける軍事鉄道記録 其の一』1947年3月、27頁、防衛研究所図書館所蔵。
28) 「故宇佐美総裁を偲ぶ会（4月18日）」『華交』第14号、1966年6月10日、3〜13頁。
29) 大陸鉄道一元化の効果として、①輸送力（機関車および乗務員）を重点的に配分し「各鉄道の繁閑の配給」を調整できる、②重点輸送に即応して貨車の配分を行い、その偏りを是正する、③資材の配分を重点的に行うことによって、施設増強、補修などについての隘路を打開する、という3点が取り上げられた。阿部嘱託『華北鉄道の概況』1944年12月。
30) 前掲『戦時経済と鉄道運営』159〜167頁。
31) 軍事史学会編『大本営陸軍部戦争指導班機密戦争日誌』錦正社、1998年、585頁。
32) 「於大陸鉄道輸送協議会席上大陸鉄道司令官挨拶要旨」『第七回大陸鉄道輸送協議会議事録』1945年3月。
33) 参謀本部所蔵『敗戦の記録』原書房、1979年、218頁。
34) 輸送通信省石田参事官・森田書記官・大東亜省好井技師「北支鉄道輸送視察報告 其の一」1944年5月19日。
35) 第一復員省史実調査部『大東亜戦争間に於ける軍事鉄道記録 其の一』1947年3月、27頁、防衛研究所図書館所蔵；前掲『大本営陸軍部戦争指導班機密戦争日誌』675〜676頁。
36) 『公文類聚第六十九編昭和二十年第三十九巻族爵位階勲等、儀典服制国葬、外事雑載』国立公文書館所蔵；服部卓四郎『大東亜戦争全史Ⅳ』鱒書房、1953年、34頁。
37) 『公文類聚第六十九編昭和二十年第六十五巻交通通信（郵便・電信電話）、運輸（鉄道・航空・船舶）』国立公文書館所蔵。
38) 前掲『敗戦の記録』235〜236頁；防衛庁防衛研修所戦史室『大本営陸軍部10』

朝雲新聞社、1975年、92頁；「南京国民政府行政院長陣公博与日本派遣軍総司令官岡村寧次関于華北及華中鉄道運営之軍管理協定」1945年3月30日、中央档案館・中国第二歴史档案館・吉林省社会科学院『華北経済略奪：日本帝国主義侵華北档案資料選集』中華書局、2004年、531頁。

39) 支那派遣隊第一鉄道隊の隷下には北支鉄道隊と中支鉄道隊があり、なお北支鉄道隊は第二野戦鉄道司令部、鉄道第6連隊、鉄道第18連隊、独立鉄道第13大隊、独立鉄道第14大隊、独立鉄道第16大隊、第145、151停車場司令部（甲）、第115、126、182、183、184、188、189停車場司令部（乙）、第11装甲列車隊を隷下部隊とした。「外地鉄道部隊編成表」大江志乃夫編『支那事変大東亜戦争間動員概史』不二出版、1988年、240（25の4）頁。

40) 「華北交通発生の経緯とその性格」『華交互助会』第2号、1963年1月1日、5頁。

41) こうして、軍管理が断行されたものの、戦時輸送司令部が日常の鉄道輸送に干与することはほとんどなかったと証言されている。萩秋次郎「終戦時の軍用貨物売払い：徐州での話」『華交』第41号、1973年3月15日、12〜13頁。

42) 「大陸鉄道現地自給態勢確立ニ関スル件」『公文類集第69編昭和20年第63巻交通門通信』。

43) 華北交通『華北交通の運営と将来』1946年。

44) 現地部隊応召者の元所属をみると、鉄道直接現場542人、本社・鉄路局本部1,320人、自動車関係58人、内水関係32人、警務関係193人、合計2,145人であった。華北交通株式会社「現地部隊王応召者系統別人員調」1945年2月。

45) 省派遣要請人員は駅関係200人、工務関係300人、機務関係700人、工廠関係300人、総計1,500人であった。華北交通株式会社東京支社「要請要員数」1945年3月9日。

46) 復員局『鉄道作戦記録』1941年3月、77頁；服部卓四郎『大東亜戦争全史Ⅳ』鱒書房、1953年、80頁。

47) 軍需省「昭和二十年度第一四半期物動実施計画要旨」1945年4月19日、石川淳吉『国家総動員史 資料編Ⅱ』国家総動員史刊行会、1975年、1132頁。

48) 華北交通株式会社『輸送の現況と輸送力確保対策』1945年。

49) 門奈喜三郎「続華北銃後日記抄（六）」『華交』第10号、1965年6月25日、14頁；「同（七）」『華交』第12号、1966年1月25日、5〜6頁；「同（八）」『華交』第13号、1966年3月30日、4〜5頁；畑中進「空襲のころ」『華交』第18号、1967年6月10日、5〜6頁。

50) 徐州鉄路局局長佐藤周一郎『徐州鉄路局概況報告書』1945年2月8日。

51) 徐州鉄路局における1月中の1日平均列車遅延実状をみると、上り列車は旅客列車4時間50分、貨物列車7時間31分、下り列車は旅客列車7時間13分、貨物列

車 8 時間 9 分であった。
52) 華北交通株式会社『華北交通の運営と将来』1946年。
53) 福田英雄・山口亮「インフレーション下の華北交通の経営」『インフレーションと鉄道』運輸調査局、1946年、119頁。
54) 「於大陸鉄道輸送協議会席上大陸鉄道司令官挨拶要旨」『第七回大陸鉄道輸送協議会議事録』1945年3月。
55) 軍需省「昭和二十年度第二四半期物動計画運営要領」1945年7月、石川淳吉『国家総動員史 資料編Ⅱ』国家総動員史刊行会、1975年、1174頁。
56) 田添辰男「北支派遣から内地引上迄の思い出（9）」『華交』第18号、1967年6且10日、18頁；「秘史採録：引き揚げ港、天津局の村上さん」『華交』第29号、1970年2月25日、1～2頁。
57) 宓汝成『帝国主義と中国の鉄道』1987年、310頁。

第6章　戦後における鉄道運営と国共内戦

1．中国の鉄道接収および運営

1）華北交通の接収とその複雑性

　この節では、敗戦に伴って中国側の第二次国共合作が崩れていく中で行われた国民政府による華北交通の接収や鉄道運営の特質を明らかにする。また、国共内戦で勝利した共産党が主導した社会主義的鉄道改組を検討しようとする。まず、戦時下の国民党で構想された戦後鉄道政策から華北交通の接収プロセスを探ってみよう。

　日米間戦力の格差が著しくなり、連合軍側の戦勝が展望された1943年11月、国民政府資源委員会は「中米戦時及戦後経済合作方案草案」を作成し、戦後「強い中国」の建設を望んでいたアメリカの強力な支援を得て、中国のいわゆる「全体的経済建設」を構想し始め、45年1月に至って第1期5ヵ年鉄路建設計画を樹立した[1]。アメリカの支援のもとに、叙昆鉄道、湘桂鉄道などの路線13,886キロを建設する一方、既存路線の戦災・老朽施設を復旧・改良し、戦後経済復興を物流面で支えようとしたものである。表6-1-1のように、戦後初期段階においてアメリカを始めとする外部から資材と車両などを支援されなければならず、その後には中国の国内資材を使用して自給自足を達成することを目標とした。それを通して、アメリカは社会主義のソ連に対抗する防波堤を構築しようとしたのは言うまでもない。

　1945年7月に日本の敗北が明らかになると、国民政府は鉄道の面では「収復

表6-1-1　戦後第1期5年鉄路建設計画所要資金

項目		内訳	単位	数量	国内資金 （千元法幣）	外貨資金 （千ドル）
鉄路建設	建築工費	国内材料費	km	13,886	1,388,600	
	建築材料	レール及び部品	トン	1,524,000		99,300
		枕木	丁	24,254,000		25,245
		橋涵鋼材	トン	316,000		31,600
		建築機材	トン	317,000		64,700
		通信設備				19,450
	車両及び修理廠	機関車	両	2,300		104,000
		客車	両	3,000		60,000
		貨車	両	27,000		54,000
		機関車修理廠	所	9		13,200
		客貨車修理廠	所	18		14,100
		車庫	所	95		9,500
		通信機器修理廠	所	6		900
製造廠設備		機関車製造廠	所	2	32,200	18,400
		車両製造廠	所	3	28,875	16,500
		鋼鉄用品製造廠	所	2	28,875	16,500
		ブレーキ製造廠	所	1	2,625	1,500
		橋梁製造廠	所	4	40,250	23,000
		通信設備製造廠	所	2	14,000	8,000
合計					1,535,425	579,895

出所：凌鴻勛『中国鉄路志』暢流半月刊社、1954年、24～25頁。

地区政治措施処要綱草案」を提出し、「敵偽」（日本と傀儡政府）から交通車両および設備一切を回収して国有とし、交通機関によって、個々に管理・整理するという方針を立てた[2]。日本政府の降伏発表後には「中央集中接収」方案を提出し、6つの区域に分け、収復地区の鉄道を接収することを決定した。国民党政府の定めた区分および接収を準備した鉄道は次の通りであった。①東北区：東北のすべての鉄道を含み、山海関と古北口を平津区との分界とする、②平津区：北は山海関と古北口に至り、南は徐州および鄭州に至り、京綏および同蒲全線を含む、③京滬区：津浦線の徐州以南、京滬、滬杭甬、蘇嘉、江南、淮南および浙贛線の杭州から金華に至る区間を含む、④武漢区：平漢線鄭州以南および粵漢線長沙以北の鉄道を含む、⑤広州区：粵漢線の長沙以南および広

九、広三などの鉄道を含む、⑥台湾区：台湾全島の鉄道を含む。こうした方針は、既述の朱徳総司令官の第5命令によって華北交通に対する抗日ゲリラの総攻撃が断行され、相当の路線を中共軍が実際に掌握していた事実を否定したことはもとより、国共内戦において優位に立とうとしたことを意味する[3]。

　国民政府は日本側にこの旨を伝えるため、華北交通をはじめ重要産業の日本人代表者に対して南京に出向くよう命令した。華北交通では総裁代理として平田驥一郎と佐原憲次理事が選ばれ、その他に境米市など数人が同行した。1945年8月19日に両理事は軍用機で北京を出発し、南京に到着してから日本人の迅速な引揚を願ったが、中国副参謀長の華北交通に対する指示は、日本人の安全を保障したうえ、「華北交通は中国鉄道要員が派遣されるまで、そのまま運営し指示を待つ」ことや、「華北交通の要員は2-5年間中国において留用する」ことであった。こうして、国民政府が交通部による華北交通の接収方針を伝えるに従って、華北交通本社は各鉄路局に対し、職場にとどまり従前どおり職務を遂行すべき旨を指示するとともに、鉄道接収に応じるための準備作業に入った。その一方、華北交通はソ連軍の侵攻が始まった張家口および山海関付近では早くも敗戦直後より引揚輸送を断行した[4]。とりわけ、組織構造の面では、1945年4月に断行された「北支那交通団」体制を解除して元の職制を復元するとともに、鉄路局の組織機構を簡素化して、従来の総務、経理の2部を主体として総務部とし、運輸、工務、電気、資材などを一括して行う運営部を設けた[5]。

　とりわけ、宇佐美総裁は鉄道接収にあたって、かつて満鉄理事として満州の北鉄接収の実行者であったことから、1935年3月23日に運転司令の電話によって「一本の列車も中止もせず、運転遅延も生じず」に行われた北鉄接収のような接収方式を想定した[6]。そのため、命令者は変更しても、鉄道はそのままに運営し続けるよう、「総裁は瓦解せんとする機能を厳に保持して、只管国民政府の接収を待った」。そして「他の日系事業のあるもののように、解体を前提として財産を処分して職員の救済に当てるが如き機宜の処置は敢て採らなかった」。しかしながら、この方針とは対照的に、各現場では中国人が鉄道運営の主力になっていた。なかでは、鉄路局によっては現職制の中で副長であった中

国人をできる限り多数站段の長として指揮権を移譲したこともあるが、中共軍の影響力が強くなっていた地域では、中国人の「暴行」と日本人の「引揚」によって運営権が「奪取」される場合もあった。

そうした中、国民政府は具体的な鉄道接収に乗り出した[7]。まず、9月中に鉄道接収の先発委員を送ったあと、10月11日に交通部平津区特派員弁公処主席接収員石志仁を派遣し、宇佐美総裁との間で本社の接収に当たらせた。それと前後し、各鉄路局も交通部各地特派員弁公処によって接受された。北京鉄路局は本社の接収に先立って行われたのち、引き続いて管内各現場機関に出向いて現地での接収を行った。10月上旬、国民政府交通部平津区接収委員石志仁の代理として沈文泗以下20数人が来局し、佐藤総三郎副局長との間に接収引き渡しが行われた。開封鉄路局は10月9日に交通部平津区特派員弁公処接収委員兼隴海鉄路管理局副局長呉士恩によって接収された。天津鉄路局は10月下旬に石志仁の代理として、平津区接収委員徐亜韓が劉総務処長とともに来局し、接収に携わった。済南では10月20日に元津浦区鉄路管理局長陣舜畔と済南鉄道路局長片瀬普との間に鉄路局全般の接収・引継が行われた。石門鉄路局は10月25日に主席接収委員石志仁によって接収され、石門鉄路局は石家荘鉄路弁事処となった。

接収の事務折衝に際しては、接収委員は華北交通の予想と違って、「全体の機能の活動的接収を考えず、区々に分れて金櫃財産の接収を重大視した」ため、日本側の接収対応方法と相合わなかった。すなわち、中国側は「収復区敵偽交通機関財産接収方法」に基づいて枕木1本、犬釘1本に至るまで間違いなく員数を揃えておくようにと要求した。したがって、「局内各箇所、各パートのリストは絶対正確を期し、いやしくも間違いを許さぬ状態であった」[8]。そのほか、鉄路局別に鉄道沿線から引き揚げた従事員の住居や生活問題、鉄路局従事員の社宅の明け渡し、従事員の帰国準備、戦犯として収監されている従事員の救出などについても事務上の折衝が重ねられたが、国民党側は鉄道運営を中国人に引き継ぐため、日本人留用を要求し、1,856人に上る日本人が指名あるいは希望によって留用されることとなった。

北京鉄路局の事例をみると、留用者をもって日籍連絡団（団長池原義見局長、副団長福田英雄総務部長）が組織された。当初は鉄路局の日本人幹部がほとんど留用され、一級留用員、二級留用員などの辞令をもらって交通部職員として勤務した。それによって、担当業務はもとより、戦時下蓄積された鉄道運営の管理能力および技術が曲がりなりにも中国人側に引き継がれるきっかけとなった[9]。その後、特に必要とする者を残して、その他は順次解職されることとなった。日籍連絡団は1946年4月21日まで続いて解散し、その後中国側が特に必要とする少数の留用者を除いて日本人従事員は解職された。

　以上の接収および日本人留用は他の鉄路局でもほぼ同様であったが、しかし、張家口および太原鉄路局は特異な状況にあった[10]。蒙古地区は第12戦区長官傅作儀上将が接収すべき地域として決定されたが、ソ連軍の侵入によって、8月23日には鉄路局長以下日本人全従事員は張家口を離れ京津方面に避難した結果、中国側による張家口鉄路局の接収は行われないままに終わった。一方、太原鉄路局においては国民政府交通部とは関係ない第二戦区の閻錫山将軍が直接接収にあたっただけでなく、自ら佐藤鉄路局長に鉄道輸送の協力を要請し、日本人社員および家族の生命安全や生活保障などに関する好意的な処遇を提供した。それもあって、留用者の規模が352人に達するほか、鉄路局警務関係者をもって護路総隊が編成され、山西軍司令趙承綏将軍の指揮下で軍事作戦に動員された。接収とともに太原鉄路局の職制は改められ、郭新局長のもとに処長および科長には中国人が就任したものの、従来の日本人の部課長はそれぞれ副処長、副科長として業務に参画しており、佐藤前局長も鉄路局顧問として委託され、ほとんどの日本人が1946年5月まで留用された。山西省鉄道管轄をめぐって蔣介石と閻錫山の間に対立があったものの、妥協が成立し、国民政府交通部が1946年1月に太原・娘子関段、5月には石家荘・娘子関段を次々と「接管」し、普冀区鉄路管理局を設置し、正太鉄道を運営することとなった。

　このように、国民政府は「中央集中接収」方案を標榜したが、実際の接収は鉄路局レベルだけでなく各現場レベルで多様な方式で行われたことから、統一性を欠いた面があった。さらに、この方案は抗日ゲリラによって包囲ないし支

配されていた鉄道を中共側が接収することを許さなかっただけに、戦後になっても鉄道施設に対するゲリラ闘争はなお激しく展開され、鉄道および通信網は多くのところで寸断された[11]。これに対し、中国共産党側は人民の獲得した権利を手放すことは断じて許されず、「力争」を通してその権利を「人民手裏」へと奪回しなければならないと指示した[12]。日本軍より鉄道を接収して国民党の鉄道奪取に反対した中国人民は共産党の指導下で闘争を展開したのである。膠済線においては従事員に対して独自に賃金などを提供したのみならず、階級教育と共産党に関する基礎知識教育を実施し、工会（労働組合）を組織し、この学習過程を通して検証された優秀な労働者を党員として入党させた[13]。日本軍の手から鉄道を接収し、国民党の鉄道奪取に反対するため、中国人民は共産党の指導のもとに闘争を展開したのである。その結果、華北の鉄道は主要都市を中心にところどころ寸断され、実体上解体してしまったのである[14]。その中での国民政府の鉄道運営は、米中両国の期待には到底及ばなかった。

2）アメリカの鉄道支援と国民政府の鉄道運営

アメリカ側は東アジアの安全保障上最も重要な国家として中国を位置づけ、統一された「強い中国」政策を進めた。その政策目標のもとに対中経済援助が行われ、そのためのインフラとして鉄道復興が重視された。

国民政府は1945年10月に日本から占領鉄道を接収して以来、日本人のうち中国人に直ちに代えない技術部門の職員や、財産関係証人として経理および資材関係責任者を留用し、1946年初までに中国人職員に引き継がせた。そののち、中国政府の交通部は1946年3月1日に「全国鉄路実行幹線区管理制」を宣布した[15]。それによって、平津区、津浦区、京滬区、浙贛区、粤漢区、湘桂黔区、平漢区、隴海区、昆明区、平冀区などに鉄路管理局が設置され、それぞれの管轄区域の幹支線の管理に当たった。その他、東北地域には特派員弁公処が設置され、錦州、瀋陽、吉林、斉斉哈尔、牡丹江の5つの鉄道管理局を管轄した。こうした全国鉄道に対する中央集中管理を保障するため、国民政府は鉄道収入を担保として鉄路公債53,824千ポンドを発行し、旧借款を一挙に整理し、戦前

のような列強国家の利権介入を遮断することにした[16]。そのうえ、戦災施設や老朽施設などに対して施設復旧を進め、一時中止された列車運行を再開し、治安力を至急確保しながら、経済復興計画を進めようとした。

　それを実現する必須条件として、アメリカの財政的支援が必要とされたため、国民政府は資源委員会所属の「駐米中国物資供応委員会」の任務を、物資貸与方案による必要物資の交渉・受入れから、アメリカとの借款交渉に改めた[17]。早くも1945年11月には、連合国救済復興機関（United Nations Relief and Rehabilitation Administraion：UNRRA）より合計6億ドルに達する大量救済物資を受けた[18]。そのうちに戦災交通施設復旧用として9,990万ドルが決定された。鉄道関連項目の内訳をみると、1946～48年の線路復旧費5,142万ドル、機関車242両、客貨車3,466両、レールおよびその付属品83,689トン、橋梁鋼材43,000トン、枕木100余挺、機械およびその部品1万トンであった。これらの資材は主に粤漢・浙贛の両大幹線、広九線、南潯線を復興するのに用いられることとなった。1946年2月にはカナダ借款200万加ドルを受け、交通資材などを購入したが、鉄道関連資材はレールおよびその付属品23,800トン、転轍機500個、枕木127万挺、鋼橋237個（1.9万トン）など総額1,072.8加ドルであった。

　1946年3月から6月にかけて、Morrison Knudsen Consulting Groupが長城以南の鉄道8,000キロおよび主要港湾を調査・研究して「善後」と「重建」という二冊の報告書を提出した[19]。それによれば、中国鉄道復興費用は34,639万ドルに達するが、そのうち70％をアメリカの借款で賄って、アメリカの技術指導のもとに交通復興事業を行うこととなっていた。そのため、1946年5月と7月には日中両国間に成（都）渝（重慶）、川（成都）滇（昆明）鉄路借款がそれぞれ締結された。また、1946年6月には鉄道資材に関する借款がワシントン輸出入銀行で調印された。借款額1,650万ドル、期限30年で、レールおよび付属品6.5万トン、転轍機720個、枕木150万挺、鋼橋422個、橋梁材料1.5万トンなどの購買資材は、その使用が鉄道整備のみに限定され、他への流用を認めなかった。

　こうしたアメリカの支援に基づいて、国民政府は既存路線の復旧作業に取り

組み、1946年1月11日は北平（北京）－天津間の特別快速を2時間30分で運行するなど路線が開通された[20]。ところが、1946年7月より国共内戦（後述）が全面化したため、日本人引揚者の報告によると、1946年末には華北の鉄道は間断ない中共軍の破壊工作のため復旧進捗せず、北京との連絡はわずかに天津と張家口のみであり、石門、太原、済南などの主要都市には陸路の便は途絶しており、山西王国のみがひとり完全運行を保持し、その他は、京漢（北京－保定、以南は不通）、京綏（北京－張家口のみ）、北寧（北京－瀋陽全通）、石太（太原－石門全通）、津浦（数ヵ所寸断されて全通不能）、同蒲（大同－蒲州全通）、膠済（済南、青島付近のみ開通）、隴海（状況不明）、石徳（石門近郊のみ）という状況であった[21]。鉄道それ自体が軍事作戦と密接な関係を有するだけに、鉄道管理も国共間の内戦の推移に従って、国民政府交通部の鉄道運営は絶え間なく変わっていく流動的なものであったといえよう。

　細部的運営においても体系的規律が確立されるというよりは、接収委員の性向によって多くのことが左右されていた。接収物品の中で貨物の相当部分が恣意的に処理され、横領されることも多く[22]、人員整理が敢行されて、労使紛糾が発生するなど、労働者の生活は決して安定しなかった。済南鉄路局においては、国民党行政員の国営事業政策に従って、6月27日に「緊急措置数項」が発表され、人員整理方案が明らかにされると、7月4日に緊縮減員に反対してストライキが発生した。しかし、3ヵ月の退職手当を受けて解雇されるか、あるいは他地域（湘桂黔浙贛隴海）へ転出されるかを選択しなければならなかった。国共内戦が展開するにつれ、軍事費調達のための通貨濫発が続き、ハイパーインフレーションが発生する中、賃金支払が行われず、従業員は生活維持のために野菜、石炭、ブリキ、用紙などを販売したりした[23]。これに対し、日本占領期には「捕まえられて監獄に座らせられた（被捉去坐過水牢）」とすれば、国民党の統治下では「病気にかかり、飢えて苦しみを受け死ぬ（被病餓折磨而死）」と呼ばれるほどであった。

　そうした中、アメリカの経済界は1947年にアメリカ陸軍を通して「中国鉄路建設計画」を提出した[24]。この建設計画は隴海鉄道の天水－蘭州区間を基幹と

表6-1-2　国民党政府の鉄道十年計画

期別	方　面	建設路線および距離
第一期	西北方面	①天水－成都716キロ、②天水－廸化2,414キロ、③蘭州－昌都1,609キロ
	西南方面	①成都－昌都1,513キロ、②川黔鉄路644キロ、③貴陽－威寧612キロ、④湘黔線998キロ
	東南方面	①京贛－閩998キロ
	中部方面	①重慶－浦口2,012キロ
	計	9路線、11,515キロ
第二期	西北方面	①廸化－ソ連辺境724キロ、②帰綏－ソ連辺境1,609キロ、③包頭－蘭州1,094キロ
	西南方面	①昌都－大吉嶺1,207キロ、②巴安－(インド)塞地亜805キロ、③川湘線(重慶－辰谿)805キロ、④富林－祥雲563キロ
	東南方面	①粵贛線(曲江－南昌)595キロ、②三水－桂林515キロ、③閩粵線(南平－広州)1,046キロ、④湘桂鉄路(黎塘－広州湾)402キロ、⑤南甯－欽州201キロ、⑥贛県－汕頭402キロ
	中部方面	①済南－内黄322キロ、②西安－襄陽402キロ、③広元－紫陽805キロ
	計	16路線、11,499キロ

出所：張公権『抗戦前後中国鉄路建設的奮闘』伝記文学出版社、1974年、200～202頁。

し、北に延長しては甘青・青新の両公路をめぐって西北の新疆にまで達する路線を建設し、南に向っては天成線（天水－成都）に連結される路線を、西南に向かっては雲南省を経てミャンマーより海に出る路線を建設しようとしたものであった。これに対し、国民政府は戦時下より鉄道建設についての検討を進め、表6-1-2のような「鉄道十年計画」を作成し、その敷設が至急に要請される9路線、11,515キロを対象とする第一期五ヵ年計画を進めようとした。それもあって、「中国鉄路建設計画」を「五ヵ年国防計画」の一部として受け入れて実施することにした。とはいえ、これが内戦の中で実現できなかったのは言うまでもない。

1948年4月になり、国民政府がすでに国共内戦で敗退を余儀なくされ、華南へと撤退の段階に入っていたとき、アメリカ議会はようやく「華援法案」を制定し、国民政府に借款4億6,000万ドルを提供することにした[25]。そのうち、6,000万ドルが経済建設用として用いられると決定されると、国民政府は粤漢線の支線たる穂梧（広州－梧州）と海南島鉄路を整備すると計画した。そのた

め、アメリカ技術援助調査団（1948年6月）が派遣され、国民党統治地区の鉄道、鉱山、発電所などについて調査が行われた。8月にはアメリカ余剰物資の処理案の1つとして若干のレール、枕木、鉄道車両などの237万ドルが国民政府に提供された。そして、アメリカ経済協力総局が3,500万ドルに達する援助を提供すると発表したが、そのうち粤漢、浙贛、平津、台湾の鉄路に対して1,050万ドルの援助が割り当てられることとなった。

こうして、アメリカの「大中国主義」政策によって、国民政府に対して一貫して膨大な経済援助が行われ、鉄道復興も開始され、粤漢線、浙贛線、湘桂黔線、淮江線、江南線の復旧作業が進み、列車運行をみた。国民政府の鉄道運営（山海関以西）についてみると、1946年に営業路線8,855キロ、旅客1億300万人、95億3,800万人キロ、貨物1,067万トン、17億余トンキロであったが、その翌年には営業路線が8,506キロへと多少減少したが、輸送量は旅客1億500万人、115億3,200万人キロ、貨物1,661万トン、31億9,600万トンキロへとむしろ増加した[26]。しかしながら、1948年になると遼瀋戦役、淮海戦役などの内戦の中で国民党側は共産党に敗退しつつあり、すでに全国的鉄道運営の管理統制を失っていた。

次の節では、国共内戦を通して新しい国家が創出される中、鉄道がどのような位置を占め、朝鮮戦争に際して如何に戦時動員されたのかを検討してみよう。

2．国共内戦と新しい国家建設

1）国共内戦と戦時動員

日本の敗戦が確実なものになって、国共対立が表面化すると、毛沢東は内戦を回避するために1945年8月に重慶に赴き、蒋介石と1ヵ月以上にわたって交渉を続け、「双十協定」（1945年10月10日）を締結し、国内和平・内戦回避・政治協商会議の開催について合意した[27]。それに基づいて、1946年1月に国共停戦協定が成立し、政治協商会議が開かれ、中国統一政府などについての決議が

行われた[28]。ところが、国民政府は3月にこの決議を破棄し、6月には共産党側の解放区に進撃したため、翌月から全面的な内戦が発生した。それをきっかけに、中国の鉄道は再び戦時動員されたが、その中で中共側の鉄道運営システムが定着することとなった。

　国民党側は鉄路職工を国民党と三民主義青年団に加入させ、国共内戦下に組織基盤を整えようとした。膠済線の周村－青島間「国民党特別党部」は1947年ごろに規模が区分部108所、党員4,051人に達した。また、従事員達の間に国民党側工会を組織し、戦闘に備えて「鉄路剿匪護路縦隊」という武装組織を設置した[29]。その他にも内部労働者を監視して共産党系として判断される場合、逮捕してリンチを加え、反省院に送った。戦況が悪化すると、国民党側は従事員らを撤収させ、共産党側へ要員が流出することを防ごうとした。1947年2月の莱蕪戦役後には膠済線から撤収した要員が済南2,600人、坊子557人、青島806人、合計3,963人に達した。それにもかかわらず、共産党系の従事員らは国民党の影響の下にある鉄道に対する地下闘争を模索し、場合によって人民解放軍の進入に際して、国民党側が鉄道施設を破壊して要員撤収作戦を展開したのに対し、護路護廠闘争を展開した[30]。

　共産党側にとって反撃の基盤となった鉄道網は、全国鉄路網の半分を占めた旧満鉄の東北地域であった。共産党は1946年6月に東北民主連軍鉄道司令部を設置し、その隷下に東満と西満の護路軍司令部を置き、7歩兵団と1装甲大隊、兵力6,298人の部隊を編成した[31]。それを通して、もともと東満、西満、綏佳、浜綏、中長など路線に分散されていた各護路部隊を統一し、北満解放区の路線約5,000キロの防衛を担当させ、その兵力規模は1947年に至って8,500人に達した。さらに、中共中央東北局の「関于加強鉄路工作的決定」に従って、1946年7月27日には陳云を兼任局長とする東北鉄路総局が組織され、中長鉄路以外の東北鉄路事業にあたって、中共軍の軍事作戦および兵站輸送を行った。輪転材料の不足を緩和するため、東北解放区東北鉄路総局が「死機復活」および「死車復活」すると、ハルピン機務段は老朽化した機関車の再生を急いだ[32]。

　中ソ友好同盟条約（1945年8月14日）によって両国合弁の中国長春鉄道（大

連-ハルピン間と満州里-ハルピン-綏芬河間）が設立されたが、ソ連軍が東北地方から撤退したあと、内戦のさなかで国民政府の派遣管理者が疎開したことから、中共中央東北局とソ連が協商し、東北鉄路総局と中国長春鉄路管理局の「合署弁公」を決定した。さらに、東北鉄路総局は公安機関（公安処-公安分処）を設置し、鉄道の治安にも力を注いだ。技術者の不足のため、多くの満鉄日本人社員がソ連の占領下で留用され、鉄道管理、機械、土建設計などの業務に携わっており、この留用状態は中国共産党によって支配された解放区においてはもとより、中華人民共和国の樹立後にも続けられた[33]。1947年1月には東北解放区の東北鉄路職工学校（1946年11月設立→47年3月に東北鉄路学院と改称）の第1期学員500人が6週間の教科を経て輩出したことをはじめ、工程、電務、機務、車務、駅務、材料、会計の7学科を設置し、修業期限5～10ヵ月の教科課程を設け、鉄道労働者の質的向上を図った。そのほかにも、『西鉄消息』『東北鉄路広報』『鉄路生活』などを刊行し、業務の円滑さや局内教育を図った。こうして、中共は内戦下の鉄道動員を行うための橋頭堡を東北解放区において構築したのである。

　内戦の推移をみると、国民党軍がアメリカの支援を受けて圧倒的な優勢を示し、1947年3月に共産党の根拠地たる延安を占領した[34]。それに伴い、蔣介石は国民政府の新憲法（1947年1月）を公布し、その翌年には総統に就任した。これに対して共産党側は、土地改革を実施して中国人口の多数たる農民より支持を獲得するとともに、1947年半ばから本格的反攻を展開した。

　東北解放区でも、共産党側は鉄道運営のため諸般の制度を整備しながら、占領地区の確保に伴い鉄道管理機構を整備していった。東北鉄路総局は1947年10月に鉄道運輸の任務を明確にし、内部経営資源の運用において事前準備を徹底し、厳重な冬季輸送を完遂することを決定した。この運動期間中、傘下の全職員を呼び出し、特に幹部陣に対して「学習技術」および「熟練業務」や「思想教育」が施された。さらに、「保護鉄路財産及使用鉄路運輸力暫行条例」および「関于鉄路員工服務与待遇的暫行規定」や「関于鉄路実行企業化的要求」（1947年12月）が設けられ、経営資源の管理や収益管理が体系化した。その一

方で、中共の鉄道運営は東北以外の地域へと拡大した。1947年11月10日には晋察冀辺区鉄路管理局が石家荘に成立し、解放された石太、平漢、石徳などの鉄路運輸の回復に取り組んだ。

1948年に入ると、人民解放軍は東北・華北・北西の各戦場で勝利を重ね、4月には延安を奪回した。さらに9月から12月にかけての遼瀋・淮海・平津の3大戦役に勝利し、東北

表6-2-1 国共内戦および復興期における共産党管轄の鉄道通車キロ

年 度	鉄道通車キロ
1947	6,884
1948	12,768
1949	21,715
1950	22,238
1951	23,063
1952	24,232
1953	24,821

出所:斉語編『新中国的鉄道建設』三聯書店、1953年8月。中国問題研究所『中国の交通運輸問題』国際善隣協会、1976年3月より再引用。
注:鉄道通車キロとは鉄道列車が運行されているキロ数を意味する。

および華北地方を占領し、49年1月末には北京に入城した。それに伴い、中国共産党側の管轄鉄道は表6-2-1のように急速に伸び始めた。

1948年9月に華北人民政府が石家荘に成立し、交通部を設置すると、武競天を部長として路・航・郵・電の「四政」を管轄した[35]。とりわけ、遼瀋戦役に際して、9月12日から10月12日まで東北解放区鉄道は軍用列車631本、貨車19,561両を運行し、586,830トンに達する軍需品を輸送した。そのほとんどは東北鉄路総局西線にそって遼東を経由して鄭家屯站などで取卸され、作戦地までに自動車などによって運ばれた。11月1日に中国人民解放軍済南特別軍事管制委員会は済南に華東区鉄路管理総局と中共華東鉄路委員会を設置した。こうして、1948年末、共産党側は管轄鉄道が12,768キロに達しており、華北、西北地区でも5,000余キロの鉄道を確保した(表6-2-1)。そのうちには津浦線北区間、京漢線南区間、隴海線東区間、同蒲線南北の一部区間および京綏線、膠済線、正太線などの華北鉄道が多く含まれていた。

内戦での共産党の勝利がほぼ確定した1949年に入ると、中国共産党によって全国鉄道の統一性が求められた[36]。1949年1月10日、中国人民革命軍事委員会鉄道部(軍委鉄道部と略称)が、中国人民革命軍事委員会(中央軍委と略称)の電令によって滕代遠を部長として石家荘に成立し、「統一全国各解放区鉄路

的修復、管理和運輸」と命じた。同月28日から2月7日にわたって中央軍委鉄道部は石家荘に各解放区の責任者を集め、全国鉄道管理を統一する必要性を力説した。①鉄道管理組織の一元化→戦時動員および経済建設への対応、②資材調達および使用の一元化→迅速な鉄道復興および建設、③鉄道管理の主要規定や施設補修および建設の規格標準の統一→安全確保と原価節減など。なお、同会議は、「解放軍打倒哪裏、鉄路修倒哪裏」を全国鉄路職員のスローガンとして「解放戦争」を積極支援することにした。3月21日には滕代遠書記をはじめ委員9人からなる中共軍委鉄道部委員会が構成された。

その後、4月に至って北京で和平会談が開かれたが、国民党が共産党の要求を拒否したため、人民解放軍は4月21日に総攻撃を開始し、南京、武漢、上海を占領し、敗走する国民党軍を追って華南に向って進撃し続けた[37]。それを支援するため、4月8日には軍委鉄道部が北平で全国鉄路運輸会議を開き、解放軍の迅速な南下輸送のための議論が行われた。軍事輸送の要求に応じて、新しい輸送計画が立てられ、直軍運用列車の編成、軍用車両の一元的配分、軍事輸送任務の完遂が決定された。そして「鉄路軍運暫行条例」（1949年4月10日）を制定し、軍事輸送における統一性と規律性を強調し、各級部隊は軍委鉄道部の作成・制定する軍事輸送計画や鉄道規定などを厳守するよう要請した。これが、中央軍委が初めて制定した全国統一的軍事輸送条例であった。同月には軍委鉄道部主催で全国鉄路工務工程会議（4月12日）も開かれ、解放軍の南下後の鉄道輸送需要に対応するため、鉄道復旧計画を中心に議論し、4月から年末まで2,167キロを復旧することにした。

それ以来、全国の統一的鉄道システムを構築するため、表6-2-2のように、各部門ごとに全国鉄路会議を開き、鉄道政策の方向性が定められた。全国鉄路調度会議（1949年5月16日）が開かれ、全国鉄道の配車業務や報告体系を一元化し、輸送計画および技術計画に基づく計画輸送体制を整えることとし、車両運用計画の樹立と車両停留時間の短縮を通じて輸送の効率化を図った。それによって「鉄路調度統一弁法」（1949年6月1日）として制定された。全国鉄路運価会議（5月18日）においては、貨物等級および技術的積載トン数の確定、

表6-2-2 中国における全国鉄路会議年表（1949～50年）

日付	内容
1949年1月28日	全国鉄路工作会議：全国鉄道管理を統一する必要性を力説。①鉄道管理組織の一元化→戦時動員および経済建設への対応、②資材調達および使用の一元化→迅速な鉄道復興および建設、③鉄道管理の主要規定や施設補修および建設の規格標準の統一→安全確保と原価節減など。
4月8日	全国鉄路運輸会議：人民解放軍の迅速な南下輸送について議論。直軍運用列車の編成、軍用車両の一元的配分、軍事輸送任務の完遂。
4月12日	全国鉄路工務工程会議：解放軍の南下後の鉄道輸送需要に対応するため、鉄道復旧計画を中心に議論し、4月から年末まで2,167キロを復旧。
5月16日	全国鉄路調度会議：全国配車業務や報告体系を一元化。計画輸送体制の確立→各管理局は輸送計画および技術計画を樹立・実施。車両停留時間の短縮などによる車両運用の効率化。
5月18日	全国鉄路運価会議：全国鉄道統一的貨物等級および技術的積載トン数を規定。運賃策定の遠距離逓減原則を確定。全国鉄道客貨運賃規程および客貨運輸規則について議論。
6月27日	全国鉄路機務会議：機関車乗務員の責任制度を確立。機関車定期検査キロ標準制度、車両修繕人工時間標準、客貨車検修保養規程などを制定。
7月1日	全国鉄路職工臨時代表大会：滕代遠など53人を選出し、全国鉄道労働組合準備委員会を組織。
10月17日	全国鉄路工務会議：1950年復旧事業系計画および全国鉄道緊急修理統一標準を作成。線路復旧および橋梁査収制度を確立。全国鉄路における保線責任制の実施を決定。
10月20日	全国鉄路財務会議：全国鉄道会計制度を統一し、予算制度を強化。鉄道部財務局は5月よりソ連鉄道会計制度の基本原則を採用し、米英日3ヵ国会計制度の長所を取り入れる。鉄道企業の特性を重視し、原価計算、手続きの簡素化を推進。とくに営業収入予算と事業費予算を分離し、精密計算による生産任務および標準を確立→予算編成。
10月24日	全国鉄路機務廠修検修聯席会議：新解放区の接収機関車および客貨車の鹵獲に伴って、全国工廠および機務段・検車段の検修能力を確定。ソ連および東北鉄道の先進的検修方法を導入。
1950年1月17日	全路第一次政治工作会議：1950年政治工作の基本要求を確定し、生産輸送の任務を完遂。現場の中に入り、業務学習を強化。
1月17日	全路工程計画聯席会議：1950年復旧工事配分と施工実施計画を確定。工事の順序は京漢・粤漢→隴海、橋梁永久復旧工事→線路永久復旧工事。長江以南は1950年4月まで、黄河以南は1950年5月まで完成。ソ連鉄道の経験に基づいて設計細則、橋梁規程、技術規程などについて討論。
1月25日	全国鉄路材料会議：自力更生原則の下に科学的管理方法を採択し、資材業務を推進。資材管理を企業化。従来の分散的在庫を止揚し、鉄道部材料局に在庫の管理を集中→資材浪費の防止。
2月7日	中国鉄路工会全国代表大会：代表者273人が全国32万鉄路工会会員を代表し、全国鉄路の合理化を決意。なお中国鉄路工会全国委員会委員72人を選出。
2月27日	全国鉄路人事会議：技術者の養成、優秀幹部の発掘、労働規律の確立、統一的賃金制の確立。
3月6日	全国鉄路廠務会議：鉄路工廠の企業化経営、車両検修の暫定方法や機械管理使用・検修規程暫定方法を決定。
3月6日	全国鉄路公安会議：鉄道治安の確立、運輸安全の確保など。
4月4日	全国鉄路衛生工作会議：鉄道医療施設の復旧、予防中心の医療方針の確立など。
6月30日	全国鉄路車両統計及貨運統計会議：科学的鉄道統計の作成、統計様式の統一、人材の養成。
8月24日	全国鉄路計画工作会議：1951年鉄道計画および1951～53年鉄道建設方針を樹立。国防強化、経済発展、西北・西南戦略基地の建設→西北・西南鉄路幹線の復旧改良・建設。
9月27日	全国鉄路行車安全監察会議：運転事故の防止のため、運転安全観察工作制度を確立。
11月1日	全路財務会議：経済的採算制度の導入。会計制度の改善による分局の責任の明確化。現業単位会計制度および流動資金制度の確立。収入検査の強化。現場長基金制の実施→収入超過分に対するインセンティブ提供。
12月20日	全国鉄路車両会議：不良修繕車率の減少、修繕時間の短縮→運用車の増大

出所：中国鉄路史編輯研究中心『中国鉄路大事記（1876～1995）』1996年。

遠距離逓減率の適用などによる全国統一的な運賃制度を設けた。6月27日に開催された全国鉄路機務会議においては、機関車定期検査キロ標準による定期修繕制度が決定され、車両修繕人工時間標準、客貨車検修保養規程などが制定された。

こうした中、1949年6月には早くも南京発の急行列車が上海駅に入っており、12月末には広州での列車運行が再開された。こうして、軍委鉄道部の鉄道管轄圏が中国全大陸へと広がると、奪還地区において鉄道管理機構を整備するとともに、それらの鉄道管理局を統制する自らの組織能力を強化し始めた[38]。4月27日には部内に運輸局、機務局、電務局、工務局、工程局、材料局、財務局、人事局、公安局、政治部、弁公庁、計画処、衛生処を設置したあと、7月25日には組織改正を行う。すなわち、工程局を撤退し、廠務局、監察室、参事室を新設するとともに、計画処→計画局、衛生処→衛生局、弁公庁総務処→直属処に改編した。それと同時に、地方管理組織として東北地区に東北鉄路総局を設置してその傘下に哈爾濱、斉斉哈濱、吉林、瀋陽、錦州の5ヵ鉄路管理局を置き、なお、山海関以南には平津、済南、太原、鄭州、上海、衡陽の6ヵ鉄路管理局を設置した。このような組織改変とともに、毛沢東の思想と中国革命理論を学習する運動が展開され、社会主義イデオロギーへの教化が全面的に遂行された[39]。ついに、1949年10月1日に中華人民共和国の成立を見ると、中国の鉄道は軍委鉄道部から中央人民政府鉄道部へと改められた。

2）中華人民共和国の成立と鉄道運営

中華人民共和国の成立に伴い、全国の鉄道に対して社会主義改造が断行され、国有化された。当時までに敷設された鉄道は約22,000キロに達したが、そのほとんどが戦災を被って、列車運行の可能な区間は1948年に12,768キロに過ぎなかった。南北縦貫線（京漢、粤漢、津浦）や東西横断線（隴海、浙贛）のうち、全区間運行可能な路線は一本もなかった。

そのため、新政府はまず破壊された路線の修復作業に取り組まなければならなかった。もちろん、解放以前より鉄道の応急復旧が実施されたが、1949年9

月15日には中央軍委より「関于修復前方鉄路及準備進行後方鉄路永久修復工程的命令」が出された。線路および橋梁復旧計画を立てて、復旧期限と列車運行期日を決定し、復旧事業を強化するとともに、銃後において応急復旧されていた鉄路施設を永久復旧することが命令された[40]。そして、第1回全国鉄路工作会議（1949年1月28日）においては2,765キロの線路復旧が決定されたのに対し、実際にはそれを大きく上回る8,364キロの鉄道を復旧させた[41]。こうした復旧作業には鉄道労働者だけでなく解放軍の鉄道部隊が動員された。鉄道部隊は鉄道の復旧と兵員や軍事物資の輸送にあたり、復旧作業や新線建設にも動員されたのである。鉄道復興には沿線住民も積極的に協力した。そのため、線路復旧作業は急ピッチで進み、同蒲線南部の復旧工事においては1日当たり12キロを敷設した。

表6-2-3　中華人民共和国成立以来2ヵ年間の鉄道復旧状況

項　目	復旧実績
線路の復旧	14,089km
建物の復旧・新築	150万m²
橋梁復旧	94.5km
破損機関車修理	566両
破損客車修理	983両
破損貨車修理	11,494両
新造貨車	1,419両
電線復旧	24万km
電線新設	12万km

出所：外務省アジア局第二課『中共鉄道の現況』1954年3月31日、6頁。
注：1951年秋の中国人民政治協商会議第1回全国委第3次会議における勝而遠鉄道部長の報告。

　復旧作業が困難を極めたのは橋梁の修理であった。例えば、京漢線の黄河鉄橋（3キロ）はすでに耐用年数がきれており、小型機関車による列車1本を2分して時速5キロで運転せざるを得なかった。そのため、1949年12月から1952年10月まで5回にわたる補強工事を実施した結果、「ミカ1」型機関車によって2,000トンを牽引して橋梁を5分間で通過できた[42]。一方、資材不足は深刻なものであったため、東北の錦古線、葉峰線、長白線、華北の京古線などのような「不要不急」路線を撤去して捻出した資材をもって、華東・華中方面の幹線修復を行った事例もみられた。また、戦災を被らなかったとはいえ、メンテナンスがほとんど施されず、施設の老朽化が甚だしかった。そこで、内戦が終息したことから、巨額の資材および労働力を投じて大々的補修工事に取りかかった。その結果、表6-2-3でみられるように、新政府の成立以来の2ヵ年間に復旧された線路や建物は14,089キロ、150万m²に達した。破損車両の修理成

績も機関車566両、客車983両、貨車11,494両であった。こうして、修復作業は着々とすすみ、1951年7月にはすべての既設線が基本的に復旧完了した。

既設線の修復と並行して、1950年下半期から新線の建設が開始された。1949年10月17日に全国鉄路工務会議が開催され、鉄道建設五ヵ年計画が決定され、1950年以降の5ヵ年間に、33線区13,877キロを敷設することとなった。しかしながら、同五ヵ年計画は国家予算の大半を投じてようやく実現できるほどの膨大な計画であっただけに、そのまま実現されず、成渝、天蘭、来睦の3線のような一部建設計画が優先的に実施された。この建設にも留用された日本人技術者が「トンネルや橋梁の設計、信号や電気の設置、工事機具の修理、資材・燃料の運搬、工事の最終検査など」を行った[43]。鉄道建設は第一次五ヵ年（1953～57年）計画とともに本格化し、1950年代半ば以降多くの新設が建設されるに至った[44]。

このように、鉄道復興や新線建設が進むなか、交通部による鉄道システム運営は大きな改善を示した。既存の鉄道は外国資本によって建設されたことから、線路規格はもとより、トンネルや橋梁でさえも統一基準がなかった。そのため、前掲表6-2-2の諸会議に見られるように、鉄道規格を統一し、管理体制を一元化しようとする諸般の措置がいち早く取られた。

そこで注目しなければならないのは、ソ連の管理制度と工作方式が導入されたことである。中国長春鉄道公司（以下中長鉄道）は1952年末日に中国に引き渡されるまで、中ソ両国の共同管理が行われたが、その間、ソ連式鉄道運営方式が大きく導入され、その経験が他の中国鉄道に伝播されたのである。中華人民共和国の成立当日の10月1日に、中共鉄道部党委は「関于在人民鉄道建設中学習蘇連先進経験的決定」を出し、東北鉄道がソ連の経験を学び、責任制を中心とする新しい一連の生産・管理制度などを取り上げ、ソ連専門家を招聘し、3年以内に各職場の幹部を中心にソ連の事例を学習することを決定した。1951年8月7日に鉄道部は「関于加強向社会主義蘇連鉄路建設先進経験学習的決定」を出し、ソ連式鉄道運営方式の組織的学習をよりいっそう強化した[45]。各業務単位ごとの業務改善研究態勢の確立、行政管理人の比率縮小、業務単位の

材料・燃料・労働力消化標準の作成・実施、独立採算制の採用、労働者代表参加の管理委員会制度、労働者の評議による給料決定の制度、ノルマ達成に対する褒賞制などというソ連式鉄道運営方式が組織的に学習されるに至った。「満載超軸500キロ運動」などの社会主義生産闘争も中長鉄道から始まった。経営、管理、勤務、技術研究、建設などにおいて「労働者の主導性、積極性を引き出し、批判と自己批判を行い、断乎として国難を克服する」社会主義的鉄道運営方式がこうして始まったのである[46]。

表6-2-4 中国鉄道部における鉄道運営の効率向上

年度	貨車回転時間（日）	運営人員労働性（千換算トンキロ／人）	収益率（％）
1949	4.39	86.2	
1950	3.34	149.9	23
1951	3.22	193.2	39
1952	2.90	224.9	46
1953	3.12	315.7	46
1954	3.04	348.2	46
1955	2.99	349.2	47
1956	2.99	417.9	55
1957	2.84	395.8	55
1958	2.75	479.8	62

出所：中華人民共和国鉄道部『鉄路十年1949～1958』1960年。
注：換算トンキロとは鉄道輸送量をトンキロに換算したという意味である。

それによって車両の運用効率が高められ、輸送力の増強が行われた。表6-2-4のように、計画の中に改善標準を定め、それを意識的に実行することによって、車両回転時間の短縮、列車速度の迅速化、積載重量の増大、燃料消耗量の減少、材料および人工の消耗ノルマの低下がもたらされ、労働生産性の向上と費用節減が可能となった。その結果、より多くの旅客や貨物が輸送できた。図6-2-1のように、1949年と1953年の輸送量を比較してみると、旅客は10,297万人から22,861万人へ、貨物は5,589万トンから16,131万トンへと急増したことがわかる。その後、鉄道復興に伴って輸送量が急増し、戦前水準を上回ったことは言うまでもない。ところが、1953年より鉄道輸送力がすべての輸送需要に応じられなかったため、貨物委託輸送計画は常に査定の上縮小されざるを得なかった。そのため、閑散期を利用して大量貨物（石炭・木材・食塩など）を輸送し鉄道輸送を効率よく使おうとする「平調輸送」を実行し、輸送力ロスを防ごうとした。そこで、究極的には輸送と生産の不均衡を是正するという計画輸送が強調されたのである。

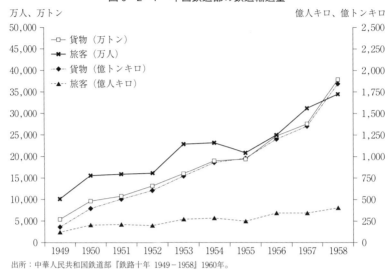

図6-2-1　中国鉄道部の鉄道輸送量

出所：中華人民共和国鉄道部『鉄路十年 1949-1958』1960年。

　その中で、朝鮮半島で冷戦体制の下に成立した2つの新しい国家間に戦争が勃発した。これに対し、中国共産党が「抗美援朝」を決定すると、鉄道部は戦時動員命令に応じて支援軍鉄道兵団、鉄路工程総隊、志願援朝大隊を組織し、朝鮮半島に配置され、軍事作戦輸送にあたった。それとともに、鉄道部は全国から人的物的資源を捻出し、東北地区の鉄路工作を強化した[57]。すなわち、中国の鉄道部は再び「一面戦争、一面輸送、一面建設」の戦時輸送に突入した。解放後の新国家経済を建設するためにすべての力量を投入しようとした局面で中国の鉄道が再び戦時動員されたのである。

注
1)　国民政府資源委員会「中米戦時及戦後経済合作方案草案」1943年11月；宓汝成著、依田憙家訳『帝国主義と中国鉄道』龍渓書舎、1987年、310頁；中国鉄路史編輯研究中心『中国鉄路大事記（1876〜1995）』1996年、153頁。
2)　金士宣・徐文述『中国鉄路発展史』中国鉄道出版社、1986頁、471頁；前掲『帝国主義と中国鉄道』311〜312頁。

3）　こうした接収方針は他の部門においても同様であった。1945年8月28日に岡村支部派遣軍総司令官は、中国軍副参謀長冷欣中将から「いかなることありとも、上海、南京、北平、天津、武漢、青島、広州、香港の八大都市はこれを確保せらるるよう努力せられたく」という中国側の意思を伝えられた。斉藤玄一「臨城愛路段1」『華交』第41号、1973年3月15日、14頁。

4）　門奈喜三郎「続華北鉄後日記抄（八）」『華交』第13号、1966年3月30日、4～5頁；佐藤九真男「張家口鉄路局平津地区引揚の前後」『華交』第30号、1970年7月20日、4～5頁；富田界一郎「蒙古から故国日本へ」『華交』第33号、1941年6月15日、4頁。

5）　萩秋次郎「終戦時の軍用貨物売払い：徐州での話」『華交』第41号、1973年3月15日、12～13頁。

6）　「華北交通発生の経緯とその性格」『華交』第2号、1963年1月1日、5頁。

7）　若井佐市郎「北京鉄路局日籍連絡団のこと」『華交』第8号、1964年12月15日；加藤吉和「石門鉄路局」『華交』第25号、1969年3月30日、6～7頁；「引き揚げ港、天津局の村上さん」『華交』第29号、1970年2月25日、1～2頁；新見嘉一「さらば徐州よ」『華交』第69号、1978年1月1日、8頁；華北交通社史編纂委員会編『華北交通株式会社社史』華交互助会、1984年、168～172、569～570、582～583、614～615、655～657、668～669、677～678、689～690頁；北京市地方誌編纂委員会『北京市・市政巻・鉄路運輸誌』北京出版社、2004年、406頁。

8）　片山英夫「戦争の始めと終り」『華交』第64号、1977年3月1日、12～13頁；前掲『中国鉄路大事記（1876～1995）』155頁。

9）　鉄道運営能力の引継ぎについて、「華北交通は接収された。しかし、それは形の上だけのことだ。自分が総裁として望んでいたのは、日本の高い鉄道技術を中国の大陸に生かすことであった」と、宇佐美総裁自らが強い意志を示した。「故宇佐美総裁を偲ぶ会」『華交』第14号、1966年6月10日、11頁。

10）　市丸善正「運城の終戦」『華交』第19号、1967年9月5日、7頁；佐藤九真男「張家口鉄路局平津地区引揚の前後」『華交』第30号、1970年7月20日、4～5頁；元太原鉄路局長佐藤欣二「太原鉄路局（山西省）の鉄道」『華交』第66号、1977年7月1日、5～7頁；本庄進「華北交通の思い出」『華交』第35号、1971年12月15日、2～3頁；前掲『華北交通株式会社社史』638～644頁。

11）　加藤吉和「石門鉄路局」『華交』第25号、1969年3月30日、6～7頁；今泉春男「終戦後のある列車事故」『華交』第29号、1970年3月25日、3頁；荒巻繁之丞「臨趙線と『かんざし』修理」『華交』第32号、1971年3月25日、8～9頁。

12）　李占才編『中国鉄路史（1876～1949）』汕斗大学出版社、1994年、313頁。

13) 中共青島鉄路地区工作委員会・中国科学院山東分院歴史研究所・山東大学歴史系編著『膠濟鉄路史』山東人民出版社、1961年、156-157頁。
14) 「華北交通発生の経緯とその性格」『華交互助会報』第2号、1963年1月1日。
15) 前掲『中国鉄路大事記（1876～1995）』157-158頁；前掲『北京市・市政巻・鉄路運輸誌』411頁。
16) 張公権『抗戦前後中国鉄路建設的奮闘』伝記文学出版社、1974年、203-204頁。
17) 前掲『帝国主義と中国鉄道』313頁。
18) 前掲『中国鉄路大事記』155、157頁。
19) Morrison-Knudsen Consulting Group in China, *Report on Requirements for Rehabilitation of Railroads of China South of Great Wall*, San Francisco: Royal Blue Print Co., 1946; Morrison-Knudsen Consulting Group in China, *Report on Harbors of China from Hulutao South*, San Francisco: Royal Blue Print Co., 1946；前掲『中国鉄路史』318頁。
20) 前掲『中国鉄路大事記（1876～1995）』157頁。
21) 「復旧は遠い、華北の鉄道」『華交互助会報』2・3月号、1947年3月25日。
22) 前掲『膠濟鉄路史』163～172頁。
23) 戦後国民政府は物価統制を実施して公務員と教員に対して現物を配給するなど対応策を提示したが、それに矛盾する通貨乱発が続き、1948年10月に物価制限の放棄を宣言するに至った。姫田光義編著『戦後中国国民政府史の研究 1945～1949年』中央大学校出版部、2001年、11頁。
24) 前掲『中国鉄路史』318～319頁。
25) 前掲『中国鉄路発展史』480頁。
26) 凌鴻勛『中国鉄路志』暢流半月刊社、1954年、74～75頁。
27) 前掲『中国鉄路史』320～321頁。
28) マーシャル元帥を委員長とする軍事三人委員会は、1946年1月26日に、ついに国府軍と中共軍との停戦協定を成立させた。
29) 前掲『膠濟鉄路史』163～167頁。
30) 同前、174～178頁。
31) 前掲『中国鉄路大事記（1876～1995）』158～159、162～165頁；前掲『中国鉄路発展史』474～477頁。
32) そのうち、機関車2両が「毛沢東号」と「朱徳号」と名付けられた。
33) 「大陸の動脈を支えた日本人」NHK「留用された日本人」取材班『「留用」された日本人：私たちは中国建国を支えた』日本放送出版協会、2003年；長見崇亮「満鉄の鉄道技術移転と中国の鉄道復興：満鉄の鉄道技術者の動向を中心に」『日本植

民地研究』15、2003年6月。
34) 横山宏章『中華民国史：専制と民主の相剋』三一書房、1996年。
35) 前掲『中国鉄路大事記』168～169頁。
36) 鉄道部档案史誌中心『新中国鉄路50年』中国鉄道出版社、1999年、25～31頁。
37) 国民党政府は1949年5月以降台湾移転を開始し、蒋介石は1949年12月に50万の軍とともに台湾に亡命した。
38) 前掲『中国鉄路発展史』487頁；前掲『中国鉄路大事記』174、178～180頁。
39) 学習教材は『中国革命和中国共産党』『新民主主義論』『論連合政府』『論人民民主専攻』などであった。前掲『膠済鉄路史』183頁。
40) 前掲『中国鉄路大事記（1876～1995）』179頁。
41) 山田俊明『鉄道からみた中国』築地書館、1985年、15頁。
42) 外務省アジア局第二課『中共鉄道の現況』1954年3月31日、5頁。
43) 前掲「大陸の動脈を支えた日本人」57頁。
44) 中国鉄路建設史編委会『中国鉄路建設史』中国鉄道出版社、2003年、37～43頁。
45) 前掲『中国鉄路大事記（1876～1995）』180、198～199頁。
46) 外務省アジア局第二課『中共鉄道の現況』1954年3月31日、11頁。
47) 鉄道部档案史誌中心『新中国鉄路50年』中国鉄道出版社、1999年、33～36頁。

おわりに

1. 日本による華北鉄道の占領

　本書は、日中戦争前の国民党が中心となった国有鉄道と、戦後国共内戦期を経て共産党が中心となった国有鉄道という2つの歴史的局面の間に存在する「日本占領下の華北交通株式会社の鉄道運営」を鉄道内外の複眼的視点から検討した。これを通し南満州鉄道の出向機関として出発した華北交通が、どのように占領地域の維持と日本の戦時経済の再生産を支えていったかを分析した。また、それとともに、戦争当時の特徴のみならず、戦後史に与えた意味合いも抽出しようとした。この分析を通して明確になった論点を要約し、そのインプリケーションを吟味したい。

　第一に、中国華北の軍事輸送と占領は事前に計画されたものなのか、それとも偶発的なものであったのか。華北交通の成立は戦前中国の国有鉄道の運営にとってどのような意味をもつのか。また、これは実質的親企業である満鉄にとって何を意味するのだろうか。

　戦前の華北は水運中心の華中・華南に比べて満鉄の東北地域のように鉄道を中心とする地域であった。その鉄道の殆どは石炭、鉱物などを開発するため、外国借款によって建設された。したがって、鉄道の建設と運営において、西欧列強と日本の利権が深く絡んでおり、鉄道運営の「分立」をもたらした。これに対して、中国国民政府は北伐で勝利し、中国を統一した後、鉄道部を設置して統一性を帯びた交通インフラストラクチャーの構築に乗り出した。会計、資材、人事、警察力に対する中央統制を進める一方、商業的経営方法を通して経営の合理化を図った。これらの措置は一定の効果を見たものの、根本的な改革

には至らなかった。鉄道管理において分区制でなく分線制が採択されたことからわかるように、列強の利権と地域の各軍閥の影響力から鉄道運営が完全に自由ではなかった。即ち、国民党が推進した国有鉄道の一元的運営と管理は完了形でなく現在進行形であった。

こうした中国側の試みに対し、日本軍部は、満鉄と子会社の興中公司を使って経済面での華北分離工作を展開した。満州国を成立させ、中国大陸から東北3省を分離するのに成功した関東軍と支那駐屯軍は、武力の衝突とともに、経済的にも華北地域を国民党の影響力が強かった華中と華南から分離しようとしたのである。これは華北において総合国策会社として事業展開をしようとした満鉄の利害とも一致した。そのため、北寧鉄道運営計画はもとより、華北の8路線に対する詳細な調査が行われた。このような華北分離工作は、盧溝橋事件を契機についに中国と日本の全面戦争をもたらすに至った。それによって、中国政府の鉄道政策は当然日本によって否定されることとなったが、日本側にとっては華北において新しい鉄道システムを如何に形成するかが問題とならざるを得なかった。

盧溝橋事件が発生すると、関東軍鉄道線区司令部は満鉄に対して華北戦地への派遣準備を命じた。それによって、満鉄は鉄道総局内に輸送本部を、山海関に輸送班を、天津に連絡班を設置したうえ、北寧線上に満鉄側の駅区を設けた。北寧側には現業員を派遣するという趣旨を通達したあと、主要駅に満鉄社員を配置し、集中輸送にあたらせた。そして、臨時北支事変事務局を設置し、従事員の配置や動員集中輸送などに関する業務一切を処理した。事変の進展が北寧線上に止まらず、華北の各線にまで拡大したため、天津に満鉄北支事務局が設置され、占領鉄道の運営や軍事輸送を管轄するようになった。また、北支事務局と軍事輸送機関たる鉄道監部との区域調整も行われ、北支事務局は鉄道隊区域にまで延長して鉄道を運営した。

集中軍事列車が544回運行されると、北支事務局は北支那諸鉄道運営要綱にしたがって、迅速に交通回復を図り一般民間需要に対応するため、仮営業を開始した。徐州会戦以降、華北のほとんどの地域を日本側が占領すると、戦争初

期にはイギリス利権を考慮して二元的に運営していた北寧鉄路局を廃止し、北支事務局の天津鉄路局を設置し、鉄道運営を一元化した。また、仮営業を本営業に切り換え、その後、戦災施設を迅速に復旧し、輸送力を強化しなければならなかった。しかし、当時の実態を見れば、輸送力が需要増加に追いつかずむしろ輸送力不足が発生し、抗日ゲリラが大規模な攻撃を敢行して被害が急増した。

　日本側は占領鉄道を運営する一方、新しい会社の設立の準備に入った。満鉄は戦争勃発直後より満鉄を中心とする総合的開発案を提示したが、北支那方面軍特務部は華北興業公司を設立し、日本の経済界に自由に参加させるという構想を明かした。それによって、満鉄としては華北鉄道の経営委託を受けること以外に選択の余地はなかった。しかし、これも軍部と企画院が反対して実現できず、新しい会社を設立することで議論が整理され、遂に1939年4月に華北交通が北支那開発の子会社として設立された。しかし、大陸鉄道間連絡輸送の重要性が認められ、華北交通は満鉄と緊密な関係をもつように配慮された。

　要するに、日本の華北鉄道の占領と軍事輸送は日本軍部と満鉄が事前に準備した結果であった。実際の輸送過程においては偶発的要因があったことは否めないが、日本側が8路線の重要施設を殆ど把握しており、これが占領鉄道を運営するのに緊要であったことは再論を待たない。また、日本側の華北交通の設立は国民政府の鉄道部が追求した一元化政策を否定するものではあったが、一方その一元的運営を占領地の運営と主要資源の輸送のために実現するものでもあった。事実上、これらのすべてを主導したのが満鉄であったにもかかわらず、軍部による対ソ戦略に対する満鉄の力量の集中要請と日本政府および財界の進出反対のため、満鉄北支事務局は華北交通株式会社へ再編されることとなり、親企業としてのスタンスも認められなかった。ただし、鉄道運営上満鉄と華北交通株式会社の連関性が強調され、満鉄は華北交通の設立と運営のロール・モデルとなった。

2．華北交通の資源動員と運営

　第二に、経営資源の動員と運営について考察してみよう。外部からの経営資源の調達・確保は円滑に行われたのか。そのための対策は平時と同様のものであったのか。あるいは戦時の特徴はみられないのか。

　経営資源は物的資源と人的資源に分けて検討できる。鉄道を含めて経営活動を行う組織体は外部から物的・人的資源を動員したあと、組織内部で結合し、商品あるいはサービスを生産し、これを組織外部へ販売あるいは配分する。当然、鉄道の場合、商品というのは旅客と貨物といった輸送対象を運搬するサービスの提供を意味する。これはサービスであるだけに、生産と同時に消費される特徴がある。

　商品が生産されるためには何よりも外部から経営資源を確保しなければならないが、戦時の「不足の経済（shortage economy）」では、その代価を支払う意思と予算があっても、これらを直ぐに確保できるわけではない。当時の鉄道の生産要素市場は、物的資源も人的資源もともに、超過需要状態であったといえよう。即ち、需要制約型経済（demand-costrained economy）ではなく資源制約型経済（resource-constrained economy）であった。この状態からは経営主体が市場での単純な購買のみに頼らず、場合によっては市場に直接介入し、生産者との取引を組織し、そのために持続的かつ包括的関係を発展させ、上位の資源配分機関である計画主体あるいは指令主体である国家機構、あるいはそれに匹敵する機関との意見調整を拡大する必要があった。

　まず、物的資源を中心に考察してみよう。日本の華北占領初期には多くの車両をはじめ莫大な物的資源が要請された。初めは満鉄がこれに応じたが、満鉄も輸送力不足が懸念されたため、不足分を鉄道省や朝鮮鉄道局から一部賄うとともに、現地の鹵獲車両を活用した。しかし、仮営業が本営業に切り換えられると、華北交通に対する輸送需要が急激に増加した。華北が開発されるにつれ、鉱山品を中心に営業品が急増した。輸送経路別に見れば、対日輸送と華中への

移出に向けられる青島、塘沽への到着量が急増した。しかしながら、輸送実績は計画を下回っており、輸送力不足が石炭生産を制約し、いわば輸送難が発生した。

こうした輸送力不足に対して、華北交通は輸送力増強計画を作成し、実施した。まず、幹線網の建設を内容とする北支新線鉄道および主要鉄道強化三ヵ年計画を作成したが、その実施が資源的制約のため困難になると予想されると、次に、支線建設、軽便線の改軌、改良事業を内容とする北支・蒙古鉄道輸送力増強五ヵ年計画を北支産業開発五ヵ年計画の一部として作成・実施した。とはいえ、これも資材不足のために不可能となり、華北交通の鉄道投資は改良事業を中心に行われた。要するに、占領地の開発に伴って輸送量が急増し、これに対応する輸送力増強が計画されたが、「不足の経済」のため、それができなかった。

初期華北交通の資材調達システムは、経理の観点より運営されたが、それによる主要資材の調達は入手率が極めて低かった。そのため、華北交通はより多くの資材を確保するため、外部の要素市場に積極的に介入した。東京支社に技術監を常置させ、車両製作や発注資材の確保に関する業務にあたらせた。また、鉄道車両協議会や鉄道車両技術協議会にも積極的に参加し、車両確保に努力するとともに、各メーカーには職員を送り込んだ。さらに、子会社として華北車両会社も設立し、自ら車両生産態勢を整えた。組織内部でも、経理部を解消して金銭部門の主計局と物品部門の資材局を新設し、資材局を中心として資材調達の確実性を高めた。業務審議会に資材専用分科会、物資節約分科会、代用品研究分科会を設けて、物資節約や代用品の開発に注力した。

なお、陸運転嫁のため、華中と満州を結ぶ戦略的縦貫幹線に対する輸送力強化が至急の課題となり、華北交通は運炭線以外にはできる限り新線建設を抑制し、京山・津浦両線を増強することとし、日満支資材懇談会や大陸鉄道輸送協議会を通して資材確保を図ったが、資材の入手量は極めて少なかった。また、新規車両の入手も低下し、特段の措置が要請された。そこで、断行されたのが、新線の建設中止と既設線の撤去である。日常の鉄道運営においても資材の不足

のため、車両修繕が困難となり、また線路のメンテナンスも不十分で、レール破損、枕木の腐朽が進んだ。こうした資材問題を解決するため、資材節約と代用品の使用を目的に、鉄道技術研究所を設置した。

即ち、平時の物的資源調達経路とは全く異なる方式が導入され、資源調達経路を華北交通が自ら組織した。生産者とはもとより、政府とも協議して必要な資材が物資動員計画に反映されており、経営資源調達の各段階で割当量が入手されるように調整した。にもかかわらず、その入手量が少なくなり、質も粗悪にならざるを得ず、日常的運営さえ困難となった。ついに、1945年になると米軍の上陸が予想され、現地で資材を調達することが閣議で決定された。華北交通は車両をはじめとして石炭、油脂、枕木などを原則的に自給し、日本内地の支援が不可欠な要員と機械類の確保、資材の供給を完了しようとした。事実上物的資源の極端な不足が前提とされた現地調達によって、もはや正常な鉄道運営を期待することは難しくなったと言わざるを得ない。

3. 華北交通の人的資源の活用

第三に、人的資源はどうであったのか。人的資源の場合でも質的低下現象が生じたが、物的資源とは異なる側面があった。即ち、物的資源の不足のために生じた問題点を、人力によって行おうとする動きがあらわれた。ところが、人的資源が無限に豊富なものでは決してなく、期待水準を下回らざるを得なかった。即ち、労働集約的な鉄道運営が進行したとはいえ、その結果は常に計画を下回った。

盧溝橋事件が発生した直後、占領鉄道の運営に必要な要員は満鉄から派遣された。しかし、物的資源と同様に、満鉄の輸送力低下が懸念されたため、その足りない人力を鉄道省と朝鮮鉄道局から調達すると同時に、現地の旧従事員を活用する方案が講じられた。しかし、旧従事員の残留率はその50％程度に過ぎず、すでに1万人以上の中国人を新規採用せざるを得なかった。鉄道要員の民族別構成をみると、華北交通は台湾鉄道、朝鮮国鉄、満鉄に比べて、創立時か

ら日本人の割合が極めて低かった。そのため、日本人社員が交戦下の占領鉄道をいかに掌握し効率的に運用するか、言い換えれば、組織内部の人的運用において鉄道運営の「日本人中心主義」をいかに貫徹していくかが、華北交通にとっては他の植民地鉄道より切実な課題とならざるを得なかったのである。そのため、新会社は満鉄をモデルとしてデザインされ、運営されることとなった。日本人に機密、計画、教育、技術部門を担当させるとともに、中国人を主に現場労働力として活用し、そのうちの有能な者を日本人社員の「協力者」として幹部級に配置するという植民地鉄道の人的運営方式を整えた。

人的資源でも、若年従事員の大量採用に伴う労働力の質的低下が進んだ。それに対し華北交通は、自家養成方針を立てて、鉄路学院体制を整備して対応しようとした。そこで注目に値するのが、中央鉄道学院は日本人中心、鉄路学院は中国人中心としてそれぞれ運営し、より少ない日本人に対して高級技術を習得する機会をより多く与えたことである。このような教育機関は日本の効率的鉄道運営システムを導入する窓口となっていた。その一方、社員会と青年隊を通してイデオロギー教育を進めると同時に、それを社員達の生活練成と連結し、精神力高揚を図った。中国人に対しても、広範囲の日本語教育を展開し、組織内部に統合しながら、沿線各地で講演会などを開催し、華北交通精神の徹底を期した。以上の内部教育が民族別ヒエラルキーと密接な連関性を帯びており、これを再生産したことはいうまでもない。

華北交通は、特に陸運転嫁後、物的資源が甚だしく不足すると、既存施設をよりいっそう労働集約的に運営しようとした。要員運用においても、現場中心の組織構造の再編が断行され、本社から社員約1,000人が現業機関に転入された。また、東京支社総務課が主体となって、関係官庁の協力を得て要員供出を受ける体制を整えた。そのほか、激しい労働力の流動化に対して、華北交通は養成部署を強化し、鉄道学院以外の現場などで行われる「学院外」の短期養成を広範囲に展開した。既存社員の配置においても、より少なくなった日本人を、身分別に中間管理層および現場上層部に、職場別には運営管理・計画および技術部門に重点的に配置し、交通運営のイニシアティヴを維持・掌握しようとした。

さらに、戦時インフレーションの進行によって、社員の実質賃金が低下し、職場からの離脱が著しくなるのに対し、生計所の運営充実、生活必需品の割当、社員炭の支給などフリンジ・ベネフィットたる「現物給与」を拡充し、社員へのインセンティブの提供を強化した。さらに1944年度には、生活安定対策と輸送緊急対策という項目で別途の予算を策定した。

　しかし、要員の確保難は甚だしくなり、とりわけ中国人の場合、共産系地下組織の活動もあったため、職場離脱が目立つようになった。現業員の欠勤率は鉄道空襲とゲリラ攻撃が頻繁になるにつれ、1944年12月に24％へ上昇し、地域によっては40％近くなったこともあった。しかし、要員の確保難が深刻になった要因のうちの1つは、日本軍が展開した大陸打通作戦であった。南方との陸上交通路を打開しようとするこの作戦は、多くの要員を分散させた結果をもたらした。

　一方、米軍の上陸による鉄道網の断絶に備えて、華北交通が北支那交通団に再編されると、日本人社員は軍属となって軍の指揮に従うこととなった。なお、交戦下の中国人の離脱を想定して、非常配置人員計画が作成された。主な内容は本社本部および鉄路局本部から日本人を捻出するほか、外部からの支援を得て、より多くの日本人を現場に重点的に配置し、日本人中心の鉄道運営を維持しようとした。しかし、抗日ゲリラの鉄道破壊、米軍の空襲、職場規律の弛緩が相継いだため、青年隊員の中から志願者を募り、「鉄火隊」を組織し、さらに勤務時間を延長し、そのなかで決戦輸送を敢行した。

　物的資源の不足を人的資源で補い輸送能力を倍化しようとした過程で労働集約的鉄道運営が実現しようとしたが、人的資源の供給すら思わしくなかった。特に、日本人社員が増えるどころか、むしろ相対的にだけでなく絶対的にも減ったのである。この難関に対して華北交通は内部の教育システムと民族ヒエラルキーにおいて、日本人中心主義を強化することによって対応しようとした。その結果、現場労働力である中国人は大きく増えたが、技術管理部門の中国人は日本が敗戦するまで相対的に少数に過ぎなかった。これが戦後鉄道運営管理の面で技術的空白をもたらす要因となった。これを解決するためには日本人技

術者たちの留用が必須であったが、国民党の統治下の華北地域では、これが体系的に行われたとは言い難い。

4．危機の中の輸送力増強対策

　第四に、このような組織の外部から物的・人的資源を確保し難い状況の中で、必要な解決策はどのようなものであったのか。もし根本的な解決がそもそも不可能であったとすれば、どうすれば輸送力増強を達成できたのだろうか。

　華北交通も、日本帝国の他の鉄道と同様に既存施設の改良投資を行い、施設の効率化を図った。しかし、この過程は決して組織内部に限られなかった。組織外部の輸送需要者と、時によっては他の交通機関との連繋を通して輸送力配分をめぐる事前調整を強化した。

　まず、鉄道施設を効率的に運用しようとした側面について考察してみよう。華北交通は車両修理を担当する鉄道工廠を各鉄路局別に定め、車両状態を的確に把握し、修繕の責任を明確にしたうえ、機関車、客貨車別の検査修繕期間を定めることによって、定期検査システムを構築した。そして、修繕施設の整備や作業インセンティヴの強化を行った結果、華北交通の車両修繕能力は大幅に向上した。出廠車の平均在廠日数は1938年から41年にかけて大幅に短縮された。そのうえ、機務段と検車段でも鉄道車両の修繕改善に対する努力が行われ、鉄道車両の運用効率が大きく向上した。次に、華北交通は配車業務も強化し、貨車運用に関する一切を計画処理することとなった。配車科長会議を開催して輸送能率の増進を図り、荷主との協力を得て「平調輸送」を確保した。また、貨車の停留時間を短縮するため、駅構内作業も定型化したが、そのためにも、1941年10月に小運送の華北運輸を設立した。その結果、貨車の貨車運用を効率化し、車両不足を緩和したことはいうまでもない。

　しかしながら、すべての輸送要請に応えられなかったことから、不要不急部門に対しては需要調整が行われた。とくに、関特演の実施のため、車両の対満供出に伴って、当初の想定に対し貨物輸送の減少が余儀なくされると、貨物輸

送に対する統制が強化された。それによって、主要物資の輸送は、第二野鉄の影響下にある北支那輸送統制本部を頂点に、輸送供給側の華北交通運輸局と、需要側の輸送組合あるいは配給統制機関の3者間で事前に決定された。いわば、計画輸送が実施されたわけである。こうした鉄道をめぐる統制は鉄道内部にとどまらず、沿線住民に対する統制へと拡大した。当時、ゲリラ活動が華北交通にとって実質的に最大の阻害要因であっただけに、警務能力を高める一方、愛路工作を意欲的に展開し、ゲリラ攻撃の匪害も減少傾向を示した。以上のように、華北交通における鉄道輸送は戦前に比べて極めて効率的に運営されたが、日米開戦後、海上輸送力が減退すると、華北交通は従来とは異なる状況に置かれることとなった。

　船舶不足現象を緩和するため、陸運転嫁輸送が決定されると、華北交通は戦時陸運非常体制を整備した。まず、港湾における海陸一貫輸送体制を強化し、荷役力の増強を図る一連の措置が取られた。また、鉄道運輸業務方針を決定し、車両運用を中心とする既存施設の労働集約的運営を図った。しかし、不足している車両によって満州と朝鮮を経由して、膨大な物資を輸送せざるを得なかったので、車両の酷使が余儀なくされ、故障も相次いだが、修理部品の不足のため、車両修繕が計画通りに進められず、機関車の休車率が増え始めた。また、貨物輸送の遠距離化によって、所要運用車が増加し、車両運用効率も低下した。これに対し、華北交通は輸送単位の長大化を通して運用効率の低下を補おうとした。すなわち、貨車の増し積みや機関車の牽引増加を行うことで、貨物列車の輸送トン数を増やしたのである。貨車の停留時間が最も長かった石炭専用鉄道に対しては運営の一元化措置をとり、車両の捻出を図った。

　こうした中で、より多くの貨物を輸送するため、団体旅行の制限、旅客列車の運休、旅行証明制度の強化による旅客輸送の圧縮が行われた。とくに国際列車「大陸」の縮減も決定された。座席使用効率をみても、華北交通は日本国鉄と満鉄より高く、旅客輸送に対する強力な圧縮が行われた。また、対日貨物輸送が華中鉄道→華北交通→満鉄→朝鮮国鉄→短距離海上輸送→日本国鉄という経路を沿って行われただけに、他の大陸鉄道との緊密な調整が重要な問題

として台頭した。この問題を解決するため、華北交通は他の大陸鉄道、即ち満鉄、鮮鉄、華鉄とともに、大陸鉄道輸送協議会を構成した。この協議会を通じて輸送計画、施設改善計画を決定し、さらに鉄道間に資材調整や車両融通、鉄道運営方式の統一化を進めた。計画輸送は華北地域に限定されず、日本帝国圏のすべての鉄道に拡大されたのである。

ところが、こうして実施された陸運転嫁輸送は必ずしも円滑であったとはいえない。配船計画との乖離があり、なお生産計画との時間的齟齬を免れず、1943年度鉄道輸送は計画を10％近く下回った。それにもかかわらず、労働生産性は1943年まで上昇し、華北交通の対応が如何に有効であったかがわかる。しかし、1944年に入ると輸送力の低下が著しくなり、同年末に輸送危機が発生すると、大陸鉄道次元から特段の措置が模索された。その方法は満鉄を中心に大陸鉄道を統合するものであった。しかし、満鉄の朝鮮国鉄委託経営が決定されなかったため、大陸鉄道の完全な一元化は不可能となり、結局陸軍の鉄道管理権が発動され、これを通して各地域ごとに軍事輸送を一元的に運営する方案が決定された。「支那鉄道」の軍運営管理要領が閣議決定されると、大陸鉄道の運営は大陸鉄道司令部の命令体制下に置かれた。

戦時期鉄道施設の効率的運営は、単に鉄道内部に止まらず、組織外部に対する統制まで拡大された。輸送効率化は事前に輸送力を配分することを意味する計画輸送へと発展し、これは華北占領地に限られず、日本帝国圏の大陸鉄道間の調整を生み出すに至った。生産と輸送を計画的に調整することは、鉄道の独占性に基づくことであるが、消費者たる旅客と荷主の価格に基づく選択権を、優先順位という垂直的公共性によって否定することであった。このような輸送の計画性が戦後の社会主義的鉄道運営に対して親和的であったことは否めない。

5．華北交通の対応が示した限界

第五に、華北交通の鉄道輸送が戦時に効率性と計画性を追求したにもかかわらず、なぜその限界に達したのだろうか。組織内部の運営上の問題であったの

か、それとも外的要因のためであったのか。

　華北交通のこうした効率性と計画性に対する追求が、戦争遂行のための合理性に基づいていたにもかかわらず、戦争それ自体の非合理性によって破壊されたことは一種の逆説である。日中戦争期にも抗日ゲリラの攻撃が絶え間なく続き、さらに外部からの経営資源調達にも困難があったが、華北交通は鉄路愛護村事業と内部の効率化を通して対応できた。1941～42年頃には華北交通は治安問題に対して自信を表明し、生産性と経営安定性を確保できた。これは会社設立時に提示されたように、初期には赤字経営が余儀なくされたが、1941年からは黒字経営が可能となるという予想が実現されたことから確認できる。

　しかし、日中戦争がアジア太平洋戦争へエスカレートすると、このような華北交通の対応はその限界に達した。詳しくは、海上輸送力不足を緩和するため、戦時陸運非常体制が実施されると、華北交通の対応力には限界が生じ始めた。華北からの対日中継輸送は1942年の約7万3千トンから44年に100万トン以上となり、またそれをはるかに上回る規模で大陸交通物資輸送が行われた。例えば、華北から満州への輸送は、43年度に約344万トン、華北から華中への輸送は186万トンに達し、華北は石炭、鉱石などの供給地となった。また華北からの輸移出輸送も海送から陸送に切換えられ、節約された海上輸送力が対日輸送に回された。こうした陸運転嫁のため、一般貨物の輸送制限が行われ、滞貨は30万トン以上の規模となったが、陸運転嫁のしわ寄せが中国人旅客輸送に最もおよび、文字通り「輸送地獄」が演出された。

　さらに、陸運転嫁輸送は会社の経営収支を悪化させた。低運賃貨物の長距離輸送は採算を度外視したものである。陸送転嫁貨物の増加によって得られる運賃収入の増加があったものの、それを上回る規模で他の貨物や旅客の運賃収入の減少があった。純損益をみれば、1943年より会社経営は再び赤字を記録して、44年は減価償却を計上しないことでようやく黒字となった。そのため、会社資金調達の70％以上に達するほどの借入金を親会社たる北支那開発から受けざるを得なかった。その負担を何とか減らすため、旅客運賃の引上げを断行し、旅客から貨物への内部補助を図った。これまでの対応を労働生産性から考えると、

1943年に戦時下最高水準を記録したことから、甚だしい経営資源の不足や各種事故の多発にもかかわらず、華北交通は1943年度までは何とか組織的に対応できたと言える。ところが、1944年に入ると輸送危機に直面せざるを得なかった。

　貨物輸送の実績をみれば、1944年6月は良好な成績を示したが、7月より落ち始め、年末には輸送危機を示した。こうした輸送力減退は空襲、荷役障碍、他線関係貨車の出入り不均衡、そして運転事故・水害などによるものであった。まず、経営資源の運営力低下とその流出である。当時要請量に比べて入手された資材と人力の比率は従来より低くなり、要員の確保難が深刻になった状況の中で、大陸打通作戦が実施され、経営資源の流出が避けられなかった。抗日ゲリラの攻勢も激しくなり、少なくなっていた匪害も1943年に再び41年の水準に戻り、44年にはさらに328件が増加した。ゲリラの攻撃も従来より大胆かつ積極的なものとなった。これは、中国戦線から南方への兵力抽出によって華北の日本軍の戦力が低下した結果である。そして、華北交通に対するアメリカ空軍の攻撃も激しくなった。マッターホルン計画が実施されると、華北交通に対する空襲が本格化した。5月から12月まで延べ738機に及ぶアメリカ空軍機が来襲し、かなりの被害を与えた。そのうえ、多くの人命被害もあって、華北交通は早急に防空施策に取り組んだ。

　こうして、鉄道輸送力が減退するなか、年末より異常な寒気が来襲し、四半期別の鉄道輸送力は1,000万トンから「殆ど半減せる状況」となった。これに対し、華北交通は「輸送力確保対策」をとって、既存の輸送計画を縮小調整したうえ、本社に臨時輸送推進機関を設置して労務管理を強化し、また軍からの協力を得て、輸送危機を切り抜けようとした。とはいうものの、実績率は50％台に過ぎなかった。

　そこで、軍の華北交通管理が実施され、米軍が中国華南および長江下流に接岸作戦を展開すると予測されたため、華北からの兵力転用などの決戦輸送が断行された。しかしながら、運転事故の頻発や列車遅延を避けられず、鉄道運営の正常性を失ってしまった。そのため、日本と大陸の交通が遮断されるにいたった。加えて、連合軍の攻撃は北から始まり、ソ連は対日宣戦を布告して華北

に進攻し、また中国共産党軍も鉄道沿線の解放区の抗日軍隊に対して命令を出し、抗日ゲリラの攻撃が全面化した。華北交通は大陸鉄道だけでなく、地場鉄道としても、もはや寸断され始めたのである。

以上のように、華北交通は外部環境の変化に対して、経営資源の確保と内部運営の合理化、そして外部機関との調整を通して対応したが、戦況の悪化に伴う外的衝撃に柔軟に適応できず、組織的対応力の限界を表出した。これはまさに「点」と「線」の崩壊を意味し、中国による華北交通の接収と解体に繋がった。

6．戦後中国の華北鉄道

第六に、華北交通は戦後の国共内戦と新国家の成立に如何なる意味をもつのか。即ち、その戦後的意味は何であろうか。果たしてこれが新国家の成立に寄与する「正」の遺産になったのか、あるいは新国家の成立にとってむしろ障碍となる「負」の遺産になったのか。

まず、一部路線の建設と改軌工事など鉄道投資が広範に行われたのは肯定的な要因であった。しかし、アジア太平洋戦争の開戦後、物的資源の不足が甚だしくなり、日常的な維持保守が充分に行われず、車両の酷使が避けられず、施設の老朽化をもたらしたという点も重要である。これが戦後に大規模な鉄道復興計画が要請される背景となった。

また、人的資源の面では大規模な新規労働力が採用され、多くの中国人青少年が鉄道運営にかかわる契機が作られたことも評価できよう。というものの、彼らが身分別には主に傭員などの下層部に、職場別には現業機関に配置されたことは、植民地主義的雇用構造（colonial employment structure）から決して自由ではなかったことを意味する。このような民族別ヒエラルキーは中国人の鉄道運営がすぐに正常化されなかった原因ともなった。したがって、国民政府側の鉄道接収とともに、運営管理と計画および技術空白を埋めるため、日本人の残留が行われ、そのノウハウが中国人に伝授された。しかし、日本人の残留

が全体的に6ヵ月に過ぎず、接収過程において技能的部分よりは物品および施設の引継ぎが重視されたという点は、中国人への包括的技術伝授が不充分であったことを意味する。また、地域レベルでは中国人が鉄道を接収して自主的に運営したり、共産党系が抗日ゲリラと連携し、武装闘争を展開するなど、多様かつ複雑な様相を示した。

　その後、米国の支援を得た国民党が主導して、中国人による鉄道運営が開始された。しかし、鉄道は国共内戦に際して再び分断され、国民党が支配する区間と共産党が支配する区間が混在し、国民党が支配権を奪還した地域でも、地下活動などによる妨害工作が展開された。中国鉄道は再び戦時動員されたものの、戦況の推移とともに、国民政府の鉄道運営力も向上した。そこで、中国共産党側の反転基盤となった鉄道網は、まさに旧満鉄が支配する東北地域であった。ソ連があったからこそ可能であったが、中国共産党は当時中国鉄道網の半分を占めたこの地域を確保することで、人民解放軍の南下に伴って迅速な軍事輸送と兵站を展開できた。この地域においては、むしろ長く体系的に満鉄社員を活用して技術の伝授を引き継ぐことができた。

　この過程で中国共産党側の鉄道運営が拡大されつつ、鉄道の一元的管理が回復され、共産党は内戦勝利を達成した。その後、中国鉄道は新しい国家と計画経済の物的基盤となり、さらに朝鮮半島で生じた冷戦の熱戦化を北の方面から支える補給ルートとなった。また、ソ連の技術支援が本格化されるに従って、中国国有鉄道の社会主義的鉄道運営が成立した。

　以上のように、国民政府の鉄道接収過程において、華北交通の戦時経験は中国人側に部分的にしか引き継がれなかった。これを華北交通に限定せず、満鉄を含めてより広い視覚から見れば、職務の階層と序列によって妨げられていた民族間技術移転が、日本人の残留を通して部分的に行われたといえよう。これは日本の敗戦と戦後再編という大きな断絶の歴史局面において見られる鉄道運営の連続的側面である。しかしながら、これも国共内戦と解放後の新国家の成立過程の中で、その変容が不可避であった。日本占領下の鉄道運営の経験が、戦後中国人による鉄道運営を保障するものではなかったものの、戦後中国鉄道

の再編が始まる歴史的出発点となったことは確かである。「中国」の近代国家の創出とそのための国民経済の建設は、日本の侵略によって挫折することになったものの、これを克復して歴史創出の契機（momentum）を主導的に掌握したのは、正にもう1つの異なる「中国」であった。

あとがき

　華北交通株式会社（The North China Railway Co.）のポスターが本書のカバーに掲載されている。はじめてみてから15年も経過したものの、見れば見るほどその宣伝性の緻密さに驚くばかりである。北極星が輝く夜明けに、中国東北部に位置している満州国から華北、華中に向けて列車が遠くより走ってきており、これを東方より昇る太陽、即ち日本帝国が輝く光で祝福している。きわめて巧みに意図されたプロパガンダである。しかし、その後の歴史の流れでは、パクス・ジャポニカ（Pax Japonica）が達成されるというより、むしろ中国が解放と文化大革命そして改革開放を経て新しい覇権国として浮上している。今はこれが周辺国やアメリカとのさまざまな葛藤を生み出しており、中国の浮上は果たして戦後冷戦体制のなかで東アジアに形成したパクス・アメリカ（Pax America）に取って代わるパクス・シニカ（Pax Sinica）として具体化されるのだろうか。

　本書は2005年に東京大学出版会が公刊された拙著『戦時経済と鉄道運営：「植民地」朝鮮から「分断」韓国への歴史的経路を探る』の姉妹書に該当する。東アジアにおいて展開された戦時経済を究明することで、戦前から戦後へつながる歴史的経路（historical path）を明らかにするという問題意識を共有しているからである。また、博士学位論文を準備する過程で、日本帝国鉄道の戦時変容という大きな枠組みから幅広く資料収集をしなかったら到底得られなかったはずの華交互助会の保管資料に出会った。華交互助会は日本側が中国華北地域を占領して管理するために設立した華北交通株式会社で勤務して引き揚げた前社員達が、戦後かえって不慣れになった日本での生活基盤を築き、互いに助力するために作られた引揚者団体（1946.4-2000.10）であった。会社調査部に属して参謀本部嘱託を務めた伊藤清司が、数多くの会社関連の極秘資料を華交互助会に寄贈しており、また社史の編纂にあたって全国各地の会員達が持っていた資

料もここに集まったのである。

　筆者が博論のため、韓国の大学図書館、国立中央図書館、政府記録保存所（現、国家記録院）、日本の大学図書館、国立公文書館、防衛研究所史料閲覧室、国会図書館、友邦文庫などはもちろん、アメリカ国立公文書記録管理局（NARA）までに足を運んだことに比べて、いとも簡単に上の資料が手に入った。しかもそれは会社内部の一次資料であった。何回か訪ねて願ったにもかかわらず、戦時輸送関連資料の有無についてうんともすんとも答えなかった方々から2001年末に事務室の閉鎖に際して資料が残っており、東京大学経済学部に寄贈したいという旨を伝えられた時、とても妙な感じがした。

　その後、筆者は博論を完成して帰国を告げ、それらの資料を東京大学経済学部資料室に入れた。その資料を利用して意味のある研究をしてほしいと周囲に頼んで、韓国に帰った。しかし、帰国してから何年かが経ったものの、それらを利用して研究する人は誰もいなかった。これは世の中にはそれほど良い資料が溢れているが、資料の価値を知っている者が利用するしかないことを意味し、そのために貴重な資料の放置は心理的負担となってきた。大学にポストを得てからその研究に取り組み、日本と韓国で研究成果の一部（「日中戦争下の華北交通の設立と戦時輸送の展開」『歴史と経済』49(1)、2006年；「戦時期華北交通の人的運用の展開」『経営史学』42(1)、2007年；「満鉄의［の］華北分離工作과［と］華北進出」『経済史学』40、2006年）を発表し、それらを通じて研究者の方々との交流ができた。そうした過程を経て、このように一冊の本として纏めて世に出すことになった。浅薄菲才な筆者としては自分の愚かさを世に再び披瀝し、恥ずかしい限りであるが、自分の研究成果を謙虚にあらわし、専門家の方々からの正直な批判とコメントを伺うのが学問する者の道理であろう。

　本書の執筆にあたっては、多くの方々のご好意や援助をいただいたことを記しておきたい。誰よりも感謝すべきな方々は渡邊真前理事長をはじめとする華交互助会の方々である。韓国から来た一人の留学生を信頼して貴重な資料を寄贈していただき厚くお礼を申し上げたい。本書は上記の図書館・公文書館のほか、吉林省社会科学院満鉄資料館、北京市档案館、中国国家図書館、北京大学

図書館、南京大学図書館の所蔵資料を利用しているが、主な資料を東京大学経済学部資料室の華交互助会コレクションに頼っている。外国人にとって中国大陸の档案館の利用が難しくなる中、このコレクションは戦時経済史、植民地経済史、中国経済史の専門家の方々よりぜひとも広く利用されたい。華交互助会が寄贈意思を明らかにした後、直接運転されて東京銀座にある事務室から資料を運んでいただいた武田晴人先生に感謝申し上げる。韓国への帰国後にもその他の実証研究でも多くのお教えをいただいた。

さらに、筆者が留学時代に原朗先生の大東亜共栄圏に対する実態的批判論を接しなかったら東アジアを眺める目を持ち得なかっただろう。韓国に帰った後にも弟子の拙稿を読んでいただきお礼を申し上げたい。初めて北京市档案館を訪れた時、不慣れなところで物心両面から協力をいただいたソウル大学校の金衡鍾先生にも感謝申し上げる。当時朴哲顕氏は人民大学留学生として忙しい日々のなかでも档案館だけでなく北京大学や中国国家図書館などまでをも直接案内していただき、たいへん有難く思う。また、東京大学経済学部図書館から華北交通株式会社に関する資料を送っていただいた韓載香氏にも感謝申し上げる。ソウル大学校在学中であった中国人留学生の張日洙氏には透き間ごとに中国の地名と人名を確認していただいた。

韓国に帰ってから研究会や共同プロジェクトなどの場を通じて筆者よりやや年配の方や同世帯の研究仲間からは多大の示唆をいただいた。金洛年、車明洙、丁振聲、朴基炷、朱益鍾、朴燮、朴煥斌、李明輝、宣在源、呂寅満、金載昊、鄭安基、李相哲、李澈義、徐文錫、崔相伍、李宇衍、金明洙、裵錫満、Kim Du Ol、洪錫喆、趙映俊、柳尙潤の諸氏との自由な議論は個人の産業史分析への客観性を加えるとともに、とくに金洛年・車明洙の両先生が主導する韓国歴史統計プロジェクトは数量経済史へ分析視野を広げるきっかけとなった。これとは対照的に、前職のソウル大学校日本研究所においては人文・社会科学の全分野を網羅した研究所の特性上、それまで馴染まなかった思想、文化、政治・外交、社会などといった研究領域から新しい刺激を受け、社会文化史の重要性を改めて再認識することとなった。産業史研究会は現代日本経済史研究会と

2004年以来ほぼ毎年東アジア経済史シンポジウムを開催したことから、日韓両国の観点より戦前から戦後にいたる東アジアの経済再編を理解するのに自分の認識を深める機会をいただき、それが本書に反映されている。

 立教大学経済学部に職を得て研究の場を日本に移してからは、中島俊克、須永徳武、岡部桂史、菊池雄太の経済学部歴史部会の同僚たる諸氏より近世から現代に至るまでの世界史について新鮮な刺激を受けている。現代日本経済史研究会では原朗先生を始め、山崎志郎、加瀬和俊、伊藤正直、金子文夫、柳沢遊、岡崎哲二、植田浩史、池元有一、渡辺純子、寺村泰、山口由等、沼尻晃伸の諸氏からは学問的伝統に基づく多大なお教えいただいている。「高度成長期の日本経済」研究会では武田先生を囲んで、平山勉、宮崎忠恒、小堀聡、榎一江、金容度、祖父江利衛、石井晋の諸氏との議論を通じて戦後日本経済の成長プロセスを理解する機会をいただき、これが呉聡敏、河村徳士、湊照宏、張紅咏の諸氏との東アジア高度成長比較史へ進展している。

 そうした中、東アジア経済史の視点は堀和生先生との共同研究を通じて大きく啓発された。「20世紀東アジア全域の経済変動を、19世紀ヨーロッパ資本主義の台頭に比肩する資本主義の発展と捉え、その長期の過程を総合的に分析」しようとした試みは筆者にとって大きな挑戦となった。堀先生との共同研究を通じて久保亨、木越義則、萩原充、谷ヶ城秀吉、加島潤、浅野豊美、富澤芳亜、堀内義隆、福岡正章、趙祐志、許世融の諸氏と議論できる機会をいただいて、近現代の中国経済史と台湾経済史に関する知的刺激を強く受けている。中国研究のためには長生きし档案館が開くのを待つしかないという久保先生の助言を今なお思い出す。さらに、本書との関連性が何よりも強い鉄道研究においては沢井実先生を始め中村尚史、鳰澤歩、蔡龍保の諸氏との鉄道技術史研究会を通じて東アジアを中心に世界鉄道技術の歴史的展開についてお教えいただいた。さらに、戦後鉄道史研究会や鉄道観光史研究会を通じて老川慶喜先生を始め、渡邉恵一、高嶋修一、曽山毅、千住一、石井里枝、高媛の諸氏からは鉄道研究に関する啓発の機会をいただいた。

 こうして本書は、以上のような多くの方々のご支援や研究からいただいた刺

激があったからこそ、ようやく形づくられることができた。本書の刊行に際しては日本経済評論社の谷口京延氏に大変お世話になった。また、平成28年度独立行政法人日本学術振興会科学研究費補助金（研究成果公開促進費「学術図書」）の支援を受けた。ここに謝意を表明するものである。

 2016年11月2日

林　采成

参考文献

資 料

愛路中央委員会「昭和十六年度北支交通線路愛護村工作計画要綱」1941年6月、北京市档案館。

浅谷実次「日支事変に於ける鉄道戦史（北支、自昭十三年四月下旬至昭十四年十二月上旬）」1947年7月、厚生省復員局『軍事鉄道記録Ⅱ』年度未詳、所収。

安達興助「日支事変に於ける鉄道戦史」1948年3月、厚生省復員局『軍事鉄道記録 Ⅱ』年度未詳、所収。

阿部嘱託『華北鉄道の概況』1944年12月。

泉哲「北支ニ満鉄高級委員会ヲ設クルノ必要及蒙古連合委員会ノ将来」1938年2月24日、満鉄資料館。

市原善積（満鉄北支事務局工作班長）『業務日記』年度未詳。

稲川正一「釜山・北京直通列車運転に就て」朝鮮鉄道協会『朝鮮鉄道協会会誌』1938年10月。

宇佐美寬爾「華北交通ト愛路工作」年度未詳。

華交互助会編『華交』各号。

――――――――『華交互助会会報』各号。

華北合作事業總会「民国三十一年度北支交通愛路工作實施計画要綱」1941年、北京市档案館。

華北交通株式会社「運輸問題」1943年。

――――――――「運用車確保に対する対策」1945年。

――――――――『営業報告書』各年度版。

――――――――『会社自動車運営ノ将来ト会社財政ニ及ボス影響（要約）』1943年11月。

――――――――『華北交通』1940年12月。

――――――――『華北交通概観』1941年12月。

――――――――『華北交通概要』1942年1月。

――――――――『華北交通会社事業の概要』1940年。

――――――――『華北交通会社の概要』1940年。

――――――――『華北交通統計月報』各月版。

――――――――『華北交通の運営と将来』1946年。

――――――――『決算説明資料』各年度版。

_____「機関車休車概表」1945年1月31日。
_____『膠済津浦沿線ノ私設専用線調査報告』1943年1月。
_____「昭和十五年度車両新造計画要旨（準軌、自昭和十五年四月至昭和十六年三月）」1939年4月1日。
_____「昭和十七年度北支交通愛路工作実施計画要綱」1941年、北京市档案館
_____『昭和18年度配車統計年報速報』1944年。
_____「昭和二十年度華北鉄道輸送見透の一案」1945年2月13日。
_____『昭和二十年度機関車車両補修能力増強対策』1945年。
_____「設備上特ニ重点ヲオクベキ事項」1943年。
_____「生活安定方策」1945年2月。
_____「鉄道技術研究所概況」1946年。
_____『鉄道車両現在輌数表』各月版。
_____『統計年報　第一編社務一般・経理・人事』各年度版。
_____『統計年報　第四編運転・工務・工作』各年度版。
_____『統計年報　第五編配車』各年度半。
_____「日支事変前ニ於ケル支那陸上交通関係統計資料」年度未詳。
_____『北京を中心とする小運送業調査報告概要』1944年7月。
_____「北支空襲状況（自五月至十二月）」1945年。
_____『北支鉄道状況』各月版。
_____『北支蒙古産業開発計画ノ推進状況』1942年3月。
_____『輸送ノ現況ト輸送力確保對策』1945年2月。
_____「輸送問題」1944年。
_____『陸送転嫁ノ営業収支ニ及ボス影響調』1943年11月。
_____「旅行目的別調査表」1944年11月。
_____運輸局「従事員日華人男女別月別趨勢表」1944年8月25日。
_____「昭和十九年七、八両月分貨物運輸成績不振ノ検討」1944年8月24日。
_____「二十年度石炭仕向先別輸送計画資料」1945年2月28日。
_____「輸移出貨物年度別経路別輸送噸数総括表」1944年11月4日。
_____運輸部「済南站構内入換機関車給炭水設備計画」1944年1月19日。
_____運転課「津浦線済南徳県間列車給水ニ関スル件」1944年4月15日。
_____工務局「華北鉄道電気施設概況」1944年。
_____改良課『昭和十九年度済鉄管内鉄道工務（改良）関係施設整備要領』1938年9月1日。

＿＿＿＿＿＿＿＿＿＿車両係「昭和十九年度内新制車両落成実績」1944年10月。
＿＿＿＿＿＿＿＿＿＿主計局資金「昭和十八年度事業資金調達対策ニ就テ（案）」1942年。
＿＿＿＿＿＿＿＿＿＿徐州鉄路局局長佐藤周一郎『徐州鉄路局概況報告書』1945年2月8日。
＿＿＿＿＿＿＿＿＿＿総裁室資業局交通課「自昭和十四年至昭和十七年間北支鉄道輸送数量及能力想定ニ就テ」1939年6月。
＿＿＿＿＿＿＿＿＿＿＿＿＿＿＿＿＿＿「自昭和十四年至昭和十七年間北支鉄道及港湾輸送能力調査附属説明書」1939年9月1日。
＿＿＿＿＿＿＿＿＿＿＿＿＿＿＿＿＿＿「第一次北支鉄道新設及主要改良計画要綱（自昭和十四年至同十七年）案に對する検討」1939年9月。
＿＿＿＿＿＿＿＿＿＿＿＿＿＿＿＿＿＿「北支新設鉄道及主要強化鉄道三箇年計画要綱（案）」1939年9月4日。
＿＿＿＿＿＿＿＿＿＿＿＿＿＿＿＿＿＿『北支鉄道増強計画（自昭和13年度至昭和17年度）』1939年10月1日。
＿＿＿＿＿＿＿＿＿＿総裁室総務部人事『華北交通会社従業員表』1944年11月。
＿＿＿＿＿＿＿＿＿＿総務部人事「非常配置人員計画表」1945年2月27日。
＿＿＿＿＿＿＿＿＿＿＿＿＿＿＿＿「月別休務率調」1945年2月。
＿＿＿＿＿＿＿＿＿＿東京支社「要請要員数」1945年3月9日。
＿＿＿＿＿＿＿＿＿＿＿＿＿＿『華北展望』各月号。
＿＿＿＿＿＿＿＿＿＿＿＿業務課「昭和十五年度北支炭輸移出計画実績比較表」1942年1月。
＿＿＿＿＿＿＿＿＿＿東京事務所交通課第一係「昭和十九年度鉄道運輸成績調」1945年。
＿＿＿＿＿＿＿＿＿＿編纂委員会『華北交通株式会社創立史』興亞院華北連絡部、1941年。
＿＿＿＿＿＿＿＿＿＿防空総本部「昭和二十年度防空対策整備ニ伴フ要望」年度未詳。
＿＿＿＿＿＿＿＿＿＿＿＿＿＿＿＿『新郷開封塘沽空襲被害状況説明』1944年7・8月。
華北交通史編集委員会編『華北交通株式会社社史』華交互助会、1984年。
華北交通社員会『華北交通社員会要覧』1940年6月。
＿＿＿＿＿＿＿＿＿＿『興亞』各号。
華北労工協会「民国三十一年度北支交通愛路工作実施計画要綱」1941年、北京市档案館。
河村弁治「満洲に於ける鉄道管理」1947年3月、『軍事鉄道記録I』年度未詳、所収。
企画院第五部「日満支主要物資交流計画に基づく輸送計画資料」1943年8月『柏原平太郎文書』457〜5、国立国会図書館所蔵。
企画院第三委員会「北支経済開発方針及上海方面ニ於ケル帝国の経済的権益設定ニ関スル件」1937年12月18日『公文雑纂・昭和十二年・第三の一巻・内閣三の一・第一委員会・第二委員会・第三委員会』国立公文書館所蔵。

北支那開発株式会社『北支那開発株式会社竝北支那開発株式会社ノ関係会社概況』1939年度版。
北支那方面軍司令部「監督機構並監督要領」1938年9月1日。
＿＿＿＿＿＿＿＿＿「北支那株式会社所要員及人件費査定要領」1938年9月1日。
＿＿＿＿＿＿＿＿＿「北支那交通株式会社営業収支予想」1938年9月1日。
＿＿＿＿＿＿＿＿＿「北支那交通株式会社営業収支予想説明書」1938年9月1日。
＿＿＿＿＿＿＿＿＿「交通会社ノ監督ニ関スル処理事項」1938年9月1日。
＿＿＿＿＿＿＿＿＿「日本軍最高司令官ノ交通会社ニ対スル指揮命令ニ関スル件」1938年9月1日。
＿＿＿＿＿＿＿＿＿「北支交通整備要領（自昭和十四年度至昭和十七年度）」1938年9月1日。
＿＿＿＿＿＿＿＿＿「北支交通整備要領（自昭和十四年度至昭和十七年度）説明書」1938年9月1日。
＿＿＿＿＿＿＿＿＿『北支鉄道現状』1938年11月。
＿＿＿＿＿＿＿＿＿『北支鉄道現状』年度未詳。
＿＿＿＿＿＿＿＿＿「北支ニ於ケル輸送状況ト滞貨ニ就テ」1938年。
北支那方面軍特務部「北支開発国策会社要綱送付ノ件」1937年10月15日、『昭和十二年「陸支密大日記 第九号」』所収。
＿＿＿＿＿＿＿＿＿「北支経済開発基本要綱（案）送付ノ件」1937年10月15日、『昭和十二年「陸支密大日記 第十一号」』所収。
軍事史学会編『大本営陸軍部戦争指導班機密戦争日誌』錦正社、1998年。
軍需省「昭和十九年度物動計劃第四四半期実施計画ニ関スル閣議説明要旨」1945年2月5日、石川淳吉編『国家総動員史 資料編Ⅱ』国家総動員史刊行会、1975年。
＿＿＿＿「昭和二十年度第一四半期物動実施計画要旨」1945年4月19日、石川淳吉編『国家総動員史 資料編Ⅱ』国家総動員史刊行会、1975年。
＿＿＿＿「昭和二十年度第二四半期物動計画運営要領」1945年7月、石川淳吉編『国家総動員史 資料編Ⅱ』国家総動員史刊行会、1975年。
興亞院華北連絡部『華北交通会社概説』1940年8月。
＿＿＿＿＿＿＿＿＿「北支産業開発五箇年計画総合調整要綱」1940年7月4日、北京市档案館。
＿＿＿＿＿＿＿＿＿「北支蒙古鉄道輸送力増強五箇年計画（修正）案」1940年7月8日、北京市档案館。
交通通信省石田参事官・森田書記官・大東亞省好井技師「北支鉄道輸送視察報告（其の一）」1944年5月19日。

　　　　　『満鉄与華北経済（1935〜1945）』社会科学文献出版社、2007年。
国民党政府資源委員会「中美戦時及戦後経済合作方案草案」1943年11月、国民党政府資
　　源委員会档案。
参謀本部所蔵『敗戦の記録』原書房、1979年。
支那駐屯軍司令部乙嘱託班『北寧鉄道調査報告：総務関係』1937年6月。
　　　　　　　　　　　　　『平漢鉄道調査報告：総務関係』1937年6月。
　　　　　　　　　　　　　『北寧鉄道調査報告：総務・経理関係』1937年7月。
　　　　　　　　　　　　　『隴海鉄道調査報告：総務・経理関係』1937年7月。
　　　　　　　　　　　　　『正太鉄道調査報告：総務・経理関係』1937年7月。
　　　　　　　　　　　　　『平綏鉄道調査報告：総務・経理関係』1937年8月。
「JACAR（アジア歴史資料センター）Ref. B08060390900、大東亜戦争中ノ帝国ノ対中国
　　経済政策関係雑件　第四巻（E-0-0-0-5）（外務省外交史料館）」。
鈴木貞編『北支派遣車両修理班「鈴木部隊」の記録』1978年。
第一復員省史実調査部『大東亞戦争間に於ける軍事鉄道記録 其の一』1947年3月、防衛
　　研究所図書館所蔵。
大東亞省総経好井技師「二十年度北支鉄道輸送計画参考案」1944年11月2日。
大東亞省総務局経済課『昭和十九年度満州支那石炭物動計画』1944年。
第二野戦鉄道司令部『状況報告』1939年1月5日。
　　　　　　　　　『第二野鉄追憶録　第一号』1941年6月17日。
大陸鉄道輸送協議会事務局『第二回大陸鉄道輸送協議会議事録』1943年9月。
　　　　　　　　　　　　『第五回大陸鉄道輸送協議会議事録（別冊）』1944年9月。
　　　　　　　　　　　　『第五回大陸鉄道輸送協議会議事録』1944年9月。
　　　　　　　　　　　　『第六回大陸鉄道輸送協議会議事録』1944年12月。
　　　　　　　　　　　　『第七回大陸鉄道輸送協議会議事録』1945年3月。
大陸鉄道輸送協議会事務局「昭和十八年度転嫁及交流物資輸送概況表」1944年。
朝鮮鉄道協会編「鉄道ニュース」『朝鮮鉄道協会会誌』1939年6月。
知侠『鉄道遊撃隊』上海新文藝出版社、1954年。
中央档案館・中国第二歴史档案館・吉林省社会科学院『華北経済略奪：日本帝国主義侵華
　　北档案資料選集』中華書局、2004年。
中国鉄路史編輯研究中心『中国鉄路大事記（1876〜1995）』1996年。
中華人民共和国鉄道部『鉄路十年 1949〜1958』1960年。
中華民国新民会「民国三十一年度北支交通愛路工作実施計画要綱」1941年、北京市档案館
鉄道省上海弁事処『鉄道部成立後の支那鉄道』1935年。
東京商工会議所調査部編『支那経済年報』改造社、各年度版。

日本近代資料研究会『日満財政経済研究会資料：泉山三六氏旧蔵』第二巻、1970年。
日本国『公文別録・内閣（企画院上申書類）・昭和十五年～昭和十八年・昭和十七年』国立公文書館所蔵。
_____『公文類聚第六十九編昭和二十年第三十九巻族爵位階勲等、儀典服制国葬、外事雑載』国立公文書館所蔵。
_____『公文類聚第六十九編昭和二十年第六十五巻交通通信（郵便・電信電話）、運輸（鉄道・航空・船舶）』国立公文書館所蔵。
_____「大陸鉄道現地自給態勢確立ニ関スル件」『公文類集第69編昭和20年第63巻交通門通信』国立公文書館所蔵。
_____内閣決定「北支那開發株式会社設立要綱並中支那振興株式会社設立要綱ニ関スル件」（内閣決定、1938年3月10日）、『公文雑纂・昭和十三年・第二ノ三巻・内閣二ノ三・第三委員会』国立公文書館所蔵。
日本国際観光局満州支部編『満支旅行年鑑』博文館、1940年度版・1941年度版。
復員局『鉄道作戦記録』1946年3月。
米国戦略爆撃調査団『太平洋戦争Ⅴ：太平洋戦争報告書1946～1947』1975年、みすず書房。
南満洲鉄道株式会社「重役会議決議事項」1938年5月11日。
南満洲鉄道株式会社・華北交通社員会編『支那事変大陸建設手記』満鉄社員会、1941年。
南満洲鉄道株式会社社員会編『協和』各号。
南満洲鉄道株式会社調査部編『支那経済年報』改造社、各年度版。
南満洲鉄道株式会社通州建設事務所『通古線建設概要』1938年2月。
南満洲鉄道株式会社鉄道總局輸送委員会「戦時大陸鉄道総管理局設置ニ関スル法制的処置（案）」1938年7月、大野緑一郎文書、国立国会図書館。
南満洲鉄道株式会社北支事務局『北支鉄道状況』1938年12月下旬分。
_____工作班『工作班部所功績調査資料（自昭和12.7.7至昭和13.4.30）』1938年8月29日。
山田茂編『鉄路を支えて：鉄道第6連隊材料廠』火車会、1984年。
陸軍省「満鉄ニ対シ鉄道省従業員ノ派遣方ニ関スル件」1937年7月29日、『昭和十二年「陸満密大日記　第十九号」』所収。
_____『北支那資源要覧　四部（12）』『昭和十七年「陸支密大日記　第51号　1/2」』防衛研究所図書館。
遼寧省档案館編集『満鉄と盧溝橋事件1、2、3』原書房、1997年。

研究書

浅田喬二編『日本帝国主義下の中国：中国占領地経済の研究』樂游書房、1981年。

アジア経済研究所『中国統一化論争資料集』1971年。
安藤彦太郎『満鉄：日本帝国主義と中国』御茶の水書房、1965年。
石島紀之・久保亨編『重慶国民政府史の研究』東京大学出版会、2004年。
尹輝鐸『中日戦争과［と］中国革命：戦争과［と］革命의［의］二重奏、戦争革命』一潮閣、2003年。
林采成『戦時経済と鉄道運営：「植民地」朝鮮から「分断」韓国への歴史的経路を探る』東京大学出版会、2005年。
臼井勝美『日中戦争』中央公論新社、2000年。
黄美眞編『日偽対華中淪区経済的略奪與統制』社会科学文献出版社、2004年。
大江志乃夫編『支那事変大東亞戦争間動員概史』不二出版、1988年。
岡部牧夫『南満州鉄道会社の研究』日本経済評論社、2008年。
解学詩『隔世遺思：評満鉄調査部』2003年。
_____『満鉄与華北経済（1935〜1945年）』社会科学文献出版社、2007年。
外務省アジア局第二課『中共鉄道の現況』1954年3月31日。
華交援助会編『華北交通株式会社社史』1984年。
加藤聖文『満鉄全史：「国策会社」の全貌』講談社、2006年。
金子文夫『近代日本における対満州投資の研究』近藤出版社、1991年。
華北交通外史刊行会『華北交通外史』1988年。
金士宣・徐文述『中国鉄路發展史（1876〜1949）』中国鉄道出版社、1986年。
渓友吉『北支・蒙疆に於ける自動車運輸事業の開設』蒙疆会、1987年。
久保亨編『中国経済史入門』東京大学出版会、2012年。
小林英夫『満鉄：「知の集団」の誕生と死』吉川弘文館、1996年。
_____『近代日本と満鉄』吉川弘文館、2000年。
_____『満鉄調査部の軌跡1907〜1945』藤原書店、2006年。
沢井実『日本鉄道車輛工業史』日本経済評論社、1998年。
下谷正弘・長島修『戦時日本経済の研究』晃洋書房、1992年。
沈矛『日本大陸政策史（1868〜1945）』社会科学文献出版社、2005年。
斉語編『新中国的鉄道建設』三聯書店、1953年。
関根保右衛門編『華中鉄道沿革史』華鉄会、1962年。
鮮交会『朝鮮交通史』1986年。
蘇崇民著・山下睦男・和田正廣・王男訳『満鉄史』葦書房、1999年（原著『満鉄』中華書房、1991年）。
高橋康隆『日本植民地鉄道史論：臺灣、朝鮮、満州、華北、華中鉄道の経営史的研究』日本経済評論社、1995年。

竹前栄治『占領戦後史：対日管理政策の全容』双柿舎、1980年。
田中申一『日本戦争経済秘史：十五年戦争下における物資動員計劃の概要』コンピューター・エージ社、1975年。
張公權『抗戰前後中國鐵路建設的奮闘』傳記文学出版社、1974年。
張端徳『中国近代鉄路事業管理的研究』中央研究院近代史研究所、1991年。
中華人民共和国国家統計局『偉大的十年』人民出版社、1959年。
中共青島鉄路地区工作委員会・中国科学院山東分院歴史研究所・山東大学歴史系編著『膠済鉄路史』山東人民出版社、1961年。
中国鉄路建設史編委会『中国鉄路建設史』中国鉄道出版社、2003年。
中国問題研究所『中国の交通運輸問題』国際善隣協会、1976年3月。
陳暉『中国鉄路問題』三聯書店、1955年。
鉄道部档案史誌中心『新中国鉄路50年』中国鉄道出版社、1999年。
東亞研究所『支那占領地経済の發展』1944年。
中村隆英『戦時日本の華北経済支配』山川出版社、1983年。
日本国有鉄道『日本国有鉄道百年史 10』1973年。
萩原充『中国の経済建設と日中関係：対日抗戦への序曲 1927～1937年』ミネルヴァ書房、2000年。
服部卓四郎『大東亞戰爭全史Ⅳ』鱒書房、1953年。
原朗『日本戦時経済研究』東京大学出版会、2013年。
────『満州経済統制研究』東京大学出版会、2013年。
原田勝正『満鉄』日本経済評論社、2007年（岩波新書『満鉄』1981年の増補版）。
范力『中日"戦争交流"研究：戦時期の華北経済を中心』汲古書院、2002年。
姫田光義編著『戦後中国国民政府史の研究 1945～1949년』中央大学校出版部、2001年。
宓汝成著、依田憙家訳『帝国主義と中国の鉄道』龍渓書店、1987年。
福田英雄編『華北の交通史：華北交通株式会社創立史小史』TBSブリタニカ、1983年。
藤原書店編『満鉄とは何だったのか』2006年。
北京市地方誌編纂委員会『北京市・市政巻・鉄路運輸誌』北京出版社、2004年。
防衛庁防衛研修所戦史室『大本営陸軍部10』朝雲新聞社、1975年、92頁。
法政大学大原社会問題研究所『太平洋戦争下の労働者状態』東洋経済新報社、1964年。
松村高夫・柳沢遊・江田憲治編『満鉄の調査と研究：その「神話」と実像』青木書店、2008年。
────・解学詩・江田憲治編著『満鉄労働史の研究』日本経済評論社、2004年。
松本俊郎『侵略と開発：日本資本主義と中国植民地化』御茶の水書房、1988年。
────『「満洲国」から新中国へ：鞍山鉄鋼業からみた中国東北の再編過程 1940～1954』

名古屋大学出版会、2000年。

満洲国史編纂刊行会編『満洲国史 各論』財団法人満蒙同胞援護会、1971年。

満鉄会編『満鉄四十年史』吉川弘文館、2007年。

三浦康之『満鉄と東インド会社、その産声：海外進出の経営パラダイム』ウェッジ、1997年。盛田常夫『ハンガリー改革史』日本評論社、1990年。

─────『体制転換の経済学』新世社、1994年。

李占才・張勁『超載：抗戦與交通』廣西師範大学出版社、1996年。

李占才編『中国鉄路史（1876～1949）』汕斗大学出版社、1994年。

劉大年・白介夫編（曽田三郎ほか訳）『中国抗日戦争史：中国復興への路』桜井書店、2002年。

凌鴻勛『中国鉄路志』暢流半月刊社、1954年。

山崎志郎『戦時金融金庫の研究』日本経済評論社、2009年。

─────『戦時経済総動員体制の研究』日本経済評論社、2011年。

─────『物資動員計画と共栄圏構想の形成』日本経済評論社、2012年。

山田俊明『鉄道からみた中国』1985年。

庾炳富『満鉄撫順炭鉱の労務管理史』九州大学出版会、2004年。

吉原矩編『燦たり鉄道兵の記録』全鉄会本部、1965年。

横山宏章『中華民国史：専制と民主の相剋』三一書房、1996年。

王士花『"開發"與略奪：抗日戦争時期日本在華北華中淪区的経済統制』中国社会科学出版社、1998年。

Arthur N. Young, *China and the Helping Hand, 1937-1945*, Harvard University Press, 1963.

János Kornai, *The road to a free economy: shifting from a socialist system, the example of Hungary*, Norton, 1990.

Leszek Balcerowicz, *Socialism, capitalism, transformation*, Central European University Press, 1995.

Marie Lavigne, *The economics of transition: from socialist economy to market economy*, St. Martin's Press, 1995.

NHK「留用された日本人」取材班『「留用」された日本人：私たちは中国建国を支えた』日本放送出版協会、2003年。

研究論文

林采成「戦時期華北交通の人的運用の展開」経営史学会『経営史学』42（1）、2007年6月。

─────「戦前期国鉄における鉄道運営管理の特質と内部合理化」、老川慶喜編著『両大戦

　　　　間期の都市交通と運輸』日本経済評論社、2010年。
_____「戦争の衝撃と国鉄の人的運用」政治経済学・経済史学会『歴史と経済』209、2010年。
_____「日中戦争下の華北交通の設立と戦時輸送の展開」政治経済学・経済史学会『歴史と経済』193、2006年。
_____「満鉄における鉄道業の展開：効率性と収益性の視点より」政治経済学・経済史学会『歴史と経済』55（4）、2013年7月。
_____「満鉄의［の］華北分離工作과［と］華北進出」『経済史学』（韓国語）40、2006年。
内田知行「抗戦前中国国民政府の鉄道建設」東洋文庫近代中国研究委員会『近代中国研究彙報』第10号、1988年。
大上末広「支那資本主義と南京政府の統一政策」『満州評論』第12巻第12〜17号、1937年。
尾崎秀実「支那の産業開発と国際資本」『自由通商』1937年5月。
幸野保典「華北交通株式会社創立史解題」興亜院華北連絡部編『華北交通株式会社創立史　第三分冊（復刻版）』本の友社、1995年復刻。
小林英夫「華北占領政策の展開過程：乙嘱託班の結成と活動を中心に」『駒澤大学経済学論集』第9巻第3号、1977年12月。
高橋泰隆「日本帝国主義による中国交通支配の展開」淺田喬二編『日本帝国主義下の中国』樂游書房、1981年。
東條由紀彦「労務動員」原朗編『日本の戦時経済：計画と市場』東京大学出版会、1995年
中西功「支那社会の基礎的範疇と『統一』化との交渉」『満鉄調査月報』1937年8月。
長見崇亮「満鉄の鉄道技術移転と中国の鉄道復興：満鉄の鉄道技術者の動向を中心に」『日本植民地研究』15、2003年6月。
原朗「経済総動員」大石嘉一郎編『日本帝国主義史　Ⅲ』東京大学出版会、1994年。
_____「『大東亞共栄圏』の経済的実態」土地制度史学会『土地制度史学』71、1976年4月。
_____『日本戦時経済研究』東京大学出版会、2013年。
_____「日本戦時経済分析の課題」土地制度史学会『土地制度史学』151、1996年4月。
_____「『満洲』における経済統制政策の展開」安藤良雄編『日本経済政策史論　下』東京大学出版会、1976年。
福田英雄・山口亮「インフレーション下の華北鉄道経営に就て」『インフレーションと鉄道』運輸調査局、1947年。
矢内原忠雄「支那問題の所在」『中央公論』1937年2月。

索　引

あ行

愛新覚羅溥儀 …………………………………… ii
愛路村 ……………………………………… 117, 192
安奉線 …………………………………………… 24
池田成彬 ………………………………………… 65
石田英熊 ………………………………………… 48
伊藤武雄 ………………………………………… 22
伊藤太郎 …………………………………… 47, 51
宇佐美寛爾 ………………………………… 44, 50, 222
粤漢鉄道 ………………………………………… x
閻錫山 ……………………………………… 3, 223
袁世凱 …………………………………………… 9

か行

開河と粤漢北段 ………………………………… 12
「改主建従」 …………………………………… xiv
海南線 ………………………………………… 209
カシニー条約 …………………………………… 4
ガダルカナル作戦 …………………………… 125
華中 …… xi, xii, 1, 12, 13, 16, 78, 127, 138, 247, 254
華中・華南鉄道 ………………………………… 9
華中鉄道 …………………………………… 134, 205
加藤定 ………………………………………… 205
華南 ……………………… 1, 12, 13, 78, 127, 232
河南省 …………………………………………… 1
華北 …… iv, xi, xiii, xv, 1, 3, 13, 16, 17, 111, 125, 127, 140, 185, 207, 212, 254
華北運輸株式会社 …………………………… 111
華北汽車公司 …………………………………… 16
華北交通 …… i, iii-ix, xiii-xv, 41, 43, 51-53, 56, 58, 59, 65, 69, 70, 72, 74-80, 82-85, 87, 92, 93, 95, 97-101, 103-105, 107, 110-112, 114-116, 125, 128, 130, 132, 134, 138, 140, 141, 144-147, 151, 158-160, 163, 167-172, 174, 176-178, 185, 187, 189-191, 193, 195, 196, 198-200, 202-207, 209, 212-214, 219, 221, 243, 245-249, 251, 253-257
華北交通運輸局 ……………………………… 171

華北交通青年隊 ……………………………… 157
華北車両株式会社 ……………………………… 79
河北省 ……………………………………… 1, 15
華北石炭輸移出計画 …………………………… 70
華北鉄道 …… xiii, xiv, 1, 4, 5, 8, 9, 12, 13, 18, 27, 29, 34, 35, 38, 40, 42, 49, 52, 58, 69, 75, 76, 245, 256
華北分離工作 ………………………………… 14
関東軍 …………… 14-16, 18, 29, 35, 39, 46, 65, 244
関東軍鉄道線区司令部（関東軍野戦鉄道司令部）
　………………………………………………… 21
関特演 ………………………………………… 251
企画院 ………………………… 46, 135, 137, 172
北支那開発 ……………… vii, viii, xi, 51, 52, 144, 254
北支那交通団 ………………………………… 209
北支那方面軍 ……………… 28, 39, 43, 45, 47, 51
「北支那輸送統制本部」 ……………………… 115
共産党 ……………………………… 232, 243, 257
軍需省 …………………………………… 135, 140
京漢線 ……………………………………… 38, 39
京義線 …………………………………………… 24
京山線 ………………………………………… 38
京山線（北寧鉄道） …………………………… 31
京包線 ……………………………………… 31, 38
小磯国昭 ……………………………………… 204
興亜院 ………………………………… 52, 111, 125
興亜院経済部 ………………………………… 126
膠済線 ………………………………………… 38
膠済鉄道（のち、膠済線） …………… 1, 3, 6, 36
郷誠之助 ……………………………………… 65
呉士思 ………………………………………… 222
江蘇省 …………………………………………… 1
興中公司 …………………………… 16, 45, 244
抗日ゲリラ …………………………………… 191
国際旅客列車 ………………………………… 171
国民政府 …… x, 9, 10, 12, 15, 221, 227-229, 245
国民政府鉄道部 …………………………… 9, 13
国民党 ……… ii, 9, 224, 229, 232, 243, 244, 257
国民党軍 ……………………………………… 230
国民党政府 ……………………… xv, 8, 15, 220, 224

国共内戦 ······················ xv, 227, 228, 257
国有鉄路管理局 ···························· 9, 10
国有鉄路工程局 ································· 9

さ行

佐伯文郎 ···································· 47, 48
阪谷希一 ·· 22
佐原憲次 ······································ 221
山海関 ·· 24
山建汽車公司 ·································· 16
「三国干渉」 ····································· 4
山西省 ··· 1
山東省 ··· 1
参謀本部 ···················· 14, 29, 49, 172, 203
事業拡充五ヵ年計画 ························ 141
支那駐屯軍（天津軍） ······ 15, 17, 18, 244
支那駐屯軍司令部乙嘱託班鉄道班 ····· 16,
支那派遣軍第一鉄道隊 ····················· 206
社員会 ··· 99
社員制 ···································· 53, 150
車両修理班 ···································· 31
上海 ··· 232
朱徳 ··· 214
蒋介石 ······························ i-iii, x, 223, 228
正太線 ································· 35, 38, 39
正太鉄道（のち、正太線） ············ 1, 3, 5
承平汽車公司 ·································· 16
辛亥革命 ··· i
津浦・京漢両鉄道 ······························ 9
津浦線 ································ 38, 39, 209
津浦鉄道（のち、津浦線） ····· 1, 3, 5, 36
人民解放軍 ·························· 231, 232, 257
杉広三郎 ······································· 23
西安事件 ······································· 21
生計所 ································· 102, 159
生産拡充五ヵ年計画 ······················· 141
青年隊挺身中隊 ····························· 194
石志仁 ·· 222
全国鉄路会議 ································ 232
戦時規格 ······································· 81
戦時港湾荷役増強対策協議会 ·········· 132
戦時陸運非常体制（陸運転移輸送）···· 126, 133, 165
鮮満支一貫軍事輸送 ······················· 204
十河信二 ······································· 16

ソ連 ··· 255
孫文 ·· i, 9

た行

大東亜縦貫鉄道 ····························· 190
大東亜省 ····································· 172
大同炭輸送用鉄道 ························· 202
第二次国共合作 ····························· 219
大陸打通作戦 ······························· 190
大陸鉄道司令官 ····························· 206
大陸鉄道輸送協議会 ········· 134, 137, 172
台湾鉄道 ····································· 248
中央鉄路学院 ······························· 156
中華人民共和国 ····················· 230, 234
中華民国臨時政府 ···················· 51, 65
中共軍委鉄道部委員会 ·················· 232
中国共産党 ···················· xv, 230, 231, 238
「中国工業化十ヵ年計画」 ················ 10
中国政府 ······································ 10
中国長春鉄道公司 ······················· 236
中国鉄道 ····································· xv
中国鉄路総公司 ······························ 9
中ソ友好同盟条約 ························ 229
張学良 ·· i
張鼓峰事件 ··································· 37
張作霖 ··· ii
朝鮮 ·· iii, iv
朝鮮国鉄 ············· 74, 81, 105, 134, 248, 252
朝鮮戦争 ································· ii, 238
朝鮮総督府 ································· 204
朝鮮総督府鉄道局（朝鮮国鉄）··· iii, 48, 134, 246
張多汽車公司 ································ 16
津浦と平漢の両鉄道 ························ 1
津石鉄道 ······································ 16
鉄道技術研究所 ···························· 207
鉄道車両技術協議会 ······················· 79
鉄道省 ······· iii, 29, 36, 38, 48, 51-53, 75, 81, 85, 246
鉄路学院 ···················· 32, 93, 95, 116, 151, 230
鉄路病院（診療所） ················· 103, 106
天津 ·· 24
東亜興業株式会社 ··························· 3
東支鉄道 ······································· 4
道清鉄道 ······································· 5
滕代遠 ······································· 231

索　引　277

東北 ································· 13
東北鉄路総局 ······················· 229
同蒲線 ·························· 35, 38, 39
同蒲鉄道（のち、同蒲線） ······ 1, 3, 5, 36

な行

南京 ································· 232
南京漢線 ···························· 191
南部路線（すなわち、満鉄） ············ 4
日満経済研究会 ························ 14
日露講和条約 ·························· 4
日籍連絡団 ·························· 223
日中戦争 ····························· 85
日中全面戦争 ··················· 134, 138
日本国鉄 ···························· 252
日本東亜興業 ·························· 3

は行

平田馴一郎 ······················· 27, 221
武漢 ································ 232
平漢 ································· 25
平漢鉄道（のち、京漢線） ········ 3, 5, 13, 36
平綏鉄道 ·························· 5, 6, 25
奉山線 ···························· 15, 24
北支交通 ··························· 47, 49
「北支産業開発」 ······················· 68
北支産業開発五ヵ年計画 ············ 65, 71
北支事変 ······························ ii
北支鉄道 ···························· 46
保健科学研究所 ···················· 163
北寧鉄道（のち、京山線）···· 3, 5, 6, 15, 18, 25, 27, 29, 36
北寧と平綏の両鉄道 ····················· 1

ま行

マッターホルン計画 ···················· 194
満州 ······ iii, iv, 78, 127, 138, 140, 201, 247, 254
満州開豊鉄道 ························· 35
満州国 ···················· 14, 16, 115, 244
満州国政府 ···························· 14
満州産業開発五ヵ年計画 ·········· 14, 65, 74
満州事変 ····················· ii, 8, 14, 15, 59
満州重工業開発 ···················· ii, 14
満鉄（南満州鉄道） ······ ii, iii, vii, viii, xiii, xiv, 14, 16, 21, 23, 28, 29, 31, 34, 35, 37, 39, 45-48, 51-53, 57, 59, 65, 74, 75, 85, 105, 134, 141, 146, 147, 244-246, 248, 249, 252
満鉄経済調査会 ······················· 14
満鉄消費組合 ························ 102
満鉄調査部 ··························· 16
満鉄北支事務局 ······ 23, 26, 29, 32, 37, 39, 40, 92
民新汽車公司 ························· 16
蒙古 ································· xi
毛沢東 ··························· 214, 228

や行

結城豊太郎 ··························· 65
輸送危機 ························ 186, 198
輸送力増強五ヵ年計画 ················· 70

ら行

陸軍省 ····························· 172
陸軍省軍務局 ························· 49
留学派遣制度 ························ 158
連合軍 ····························· 255
連合国救済復興機関 ·················· 225
隴海鉄道（のち、隴海線） ········ 1, 3, 5, 6, 31
盧溝橋事件 ················ ii, iii, 21, 51, 244, 248

【著者略歴】

林　采成（イム・チェソン）

1969年生まれ
韓国ソウル出身
2002年に東京大学大学院経済学研究科経済学博士取得後
現在、立教大学経済学部教授
主要業績：『戦時経済と鉄道経営：「植民地」朝鮮から「分断」韓国への歴史的経路を探る』東京大学出版会、2005年
「日本国鉄の戦時動員と陸運転移の展開」『経営学史』第46巻第1号、2011年6月
「満鉄における鉄道業の展開：効率性と収益性の視点より」『歴史と経済』第55巻第4号、2013年7月

華北交通の日中戦争史
中国華北における日本帝国の輸送戦とその歴史的意義

2016年11月17日　第1刷発行　　　　定価（本体8500円＋税）

著　者　　林　　　采　成
発行者　　柿　﨑　　　均

発行所　株式会社　日本経済評論社

〒101-0051　東京都千代田区神田神保町3-2
電話　03-3230-1661　FAX　03-3265-2993
info8188@nikkeihyo.co.jp
URL：http://www.nikkeihyo.co.jp

装幀＊奥定泰之　　　　　印刷＊文昇堂・製本＊誠製本

乱丁・落丁本はお取替えいたします。　　　Printed in Japan
Ⓒ Lim Chaisung 2016　　　　　　　ISBN978-4-8188-2431-7

・本書の複製権・翻訳権・上映権・譲渡権・公衆送信権（送信可能化権を含む）は、㈱日本経済評論社が保有します。
・JCOPY 〈㈳出版者著作権管理機構　委託出版物〉
本書の無断複写は著作権法上での例外を除き禁じられています。複写される場合は、そのつど事前に、㈳出版者著作権管理機構（電話03-3513-6969、FAX03-3513-6979、e-mail: info@jcopy.or.jp）の許諾を得てください。

植民地台湾の経済と社会

老川慶喜・須永徳武・谷ヶ城秀吉・立教大学経済学部編

須永徳武編著

A5判　五六〇〇円

植民地台湾の経済発展を社会資本の整備や制度移入、企業活動などから歴史具体的に解明し、植民地経済の多様性の実証を試みる日台共同研究の成果。

植民地台湾の経済基盤と産業

郭洋春・關智一・立教大学経済学部編

A5判　六〇〇〇円

植民地台湾の経済発展と市場の生成について論究する。鉄道、糖業、農業、石炭産業、労働市場などから何が見えるか。

物流の形成、制度の移植、産業化と市場の三点から植民地台湾の経済発展と市場の生成について論究する。鉄道、糖業、農業、石炭産業、労働市場などから何が見えるか。

グローバリゼーションと東アジア資本主義

A5判　五四〇〇円

東アジア資本主義の類似性と差異性はどこにあるのか。国際関係、産業、環境、家族経営など多角的なアプローチによりグローバリゼーション下の東アジアの多様性を解明する。

帝国日本の流通ネットワーク
―流通機構の変容と市場の形成―

谷ヶ城秀吉著

A5判　五八〇〇円

帝国日本と植民地および東アジアを結びつけるネットワークを財の移動から観察し、その担い手や取引制度が日本の帝国化を通じて変容していく過程を解明する。

「満洲国」労工の史的研究
―華北地区からの入満労工―

王紅艶著

A5判　六五〇〇円

戦後70年を迎える今日、「満洲国」の強制連行をはじめとする労働者移動に関する労務政策の形成、実施、労働実態をめぐって、もつれた日中関係の根源に迫る画期的労作。

（価格は税抜）　日本経済評論社